Laura Aguilar · Ueli Redmann

Schaffhausen

Hochrhein – Klettgau – Randen – Reiat – Hegau

60 ausgewählte Wanderungen

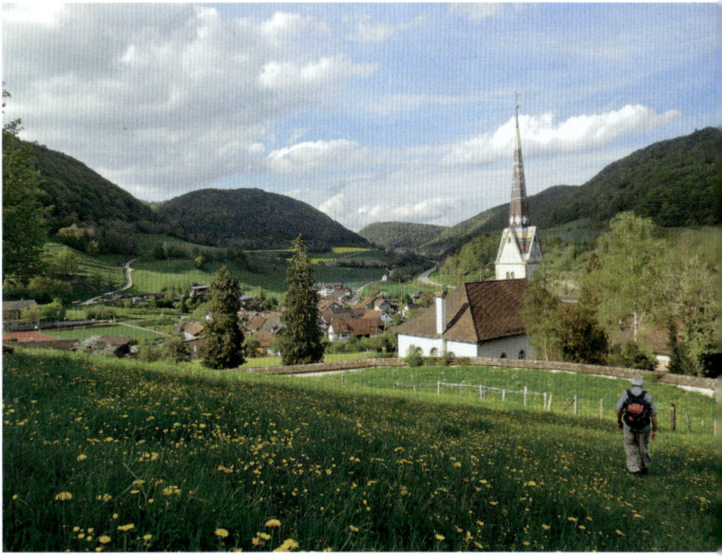

ROTHER
BERGVERLAG

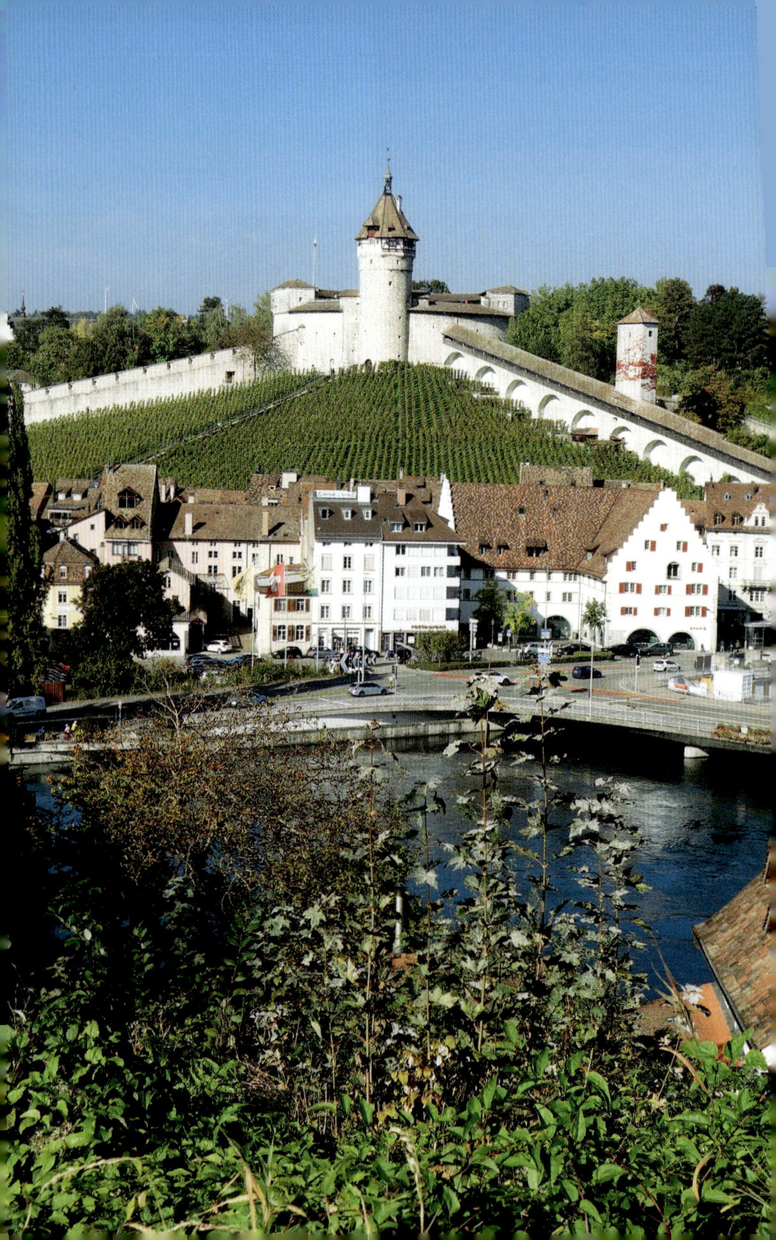

VORWORT

Schaffhausen ist ein kleiner und der nördlichste Kanton der Schweiz. Er liegt an der eindrucksvollen Stromlandschaft des Hochrheins im Schnittpunkt der umgebenden Naturräume: Schwarzwald, Jura, Bodensee, Hegau und Schwäbische Alb. Von all diesen hat er etwas, gehört jedoch zu keinem, sondern bleibt einzigartig und unverwechselbar.
Wandern in Schaffhausen ist wunderbar vielfältig: Es geht über die aussichtsreichen weiten Kalkhöhen des Randen mit ihrem reizvollen Wechsel zwischen naturnahen Trockenwiesen und reichhaltigen Laubmischwäldern mit vielseitiger Fauna und vor allem Flora (viele seltene Pflanzen!), frei von Verkehr und Lärm, über ein dichtes, gepflegtes Wegenetz mit Rasteinrichtungen (viele helle Forststraßen mit dem weißgelben Jurakalk, spannende Fußwege mit federndem Boden, kaum Asphalt), hinab in die Täler zu den intakten Dörfern voll plätschernder Brunnen mit einer freundlichen und offenen Bevölkerung, und hinaus in die großzügigen Becken des Hegaus oder Klettgaus, hin zum ruhig-kräftig dahinziehenden Hochrhein. Schaffhausen, »das kleine Paradies«, ist ein wahres Wanderwunderland! Der bestens ausgebaute öffentliche Verkehr mit Taktfahrplan ermöglicht jederzeit den Zugang und die Rückkehr.
Klimatisch begünstigt im Regenschatten von Vogesen und Schwarzwald eignet sich Schaffhausen ganzjährig für erlebnisreiche und erholsame Tagestouren. Auf kleinem Raum bietet Schaffhausen eine Vielfalt an kürzeren und längeren Routen.
Dank der hervorragenden touristischen Infrastruktur Schaffhausens lässt sich hier auch bestens Wanderurlaub machen und mit kurzen Anfahrtswegen jeden Tag eine neue begeisternde Tour unternehmen. Ein umfangreiches Angebot an kulinarischen, kulturellen und weiteren Erlebnismöglichkeiten ergänzt das Wandererleben ideal.
Der vorliegende Wanderführer führt uns in alle Gegenden des Kantons und über die Grenzen hinaus in die umliegenden Regionen. Er dient der Schaffhauser Bevölkerung als Ideengeber für ihre Wandergelüste, den Einwohnern der benachbarten Ballungsgebiete zur Planung ihrer Tagesausflüge und nicht zuletzt den verweilenden Touristen für die Gestaltung von ganzen Wanderwochen: Freude, Erholung und Naturerleben sind immer garantiert.
Für die 2. Auflage haben wir sämtliche Angaben und Touren sorgfältig kontrolliert und aktualisiert.

Schaffhausen, im Frühling 2022
Laura Aguilar und Ueli Redmann

Der Munot, imposant und sehenswert.

INHALTSVERZEICHNIS

Hegau

Hochrhein

Klettgau

Wutach

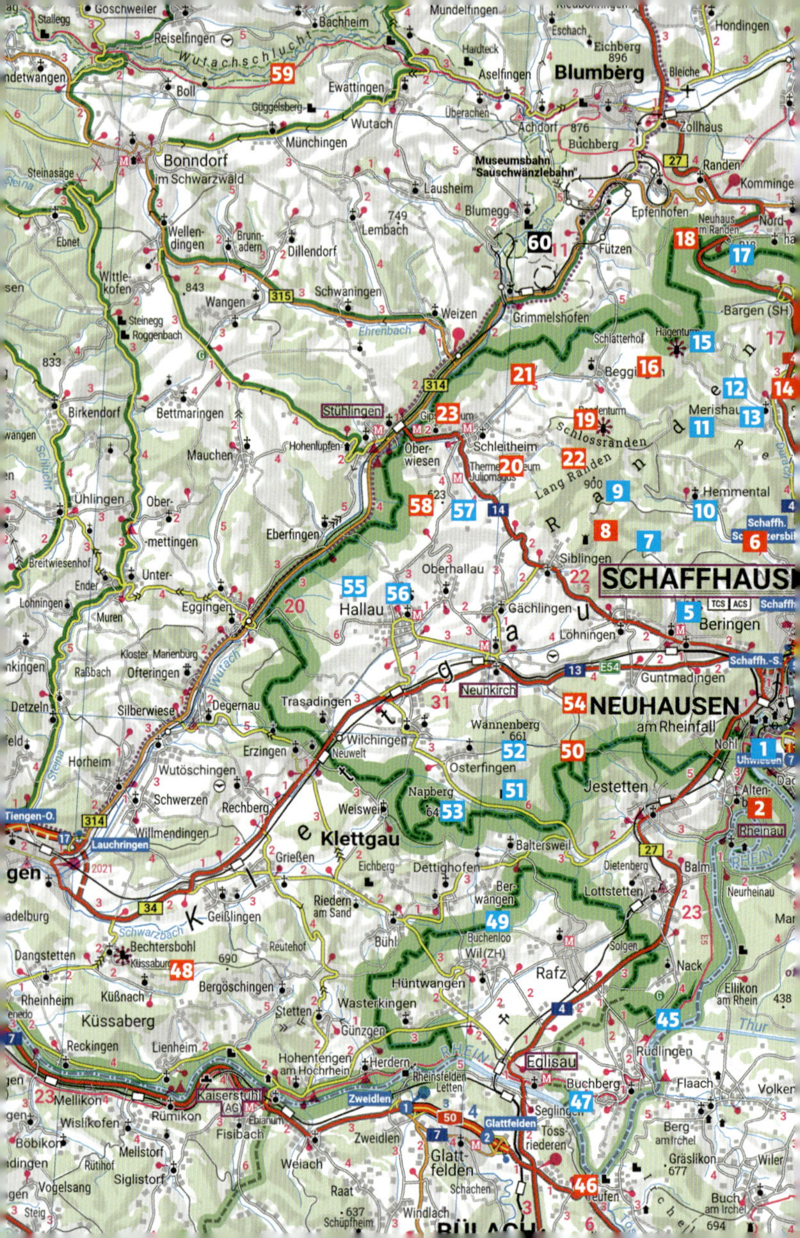

Goschweiler
Stallegg
Bachheim
Mundelfingen
Hondingen
Reiselfingen
Wutachschlucht
Eschach
Eichberg
896
Blumberg
Hardteck
Aselfingen
Bleiche
59
Ewattingen
Boll
Güggelsberg
Überachen
Achdorf
876
Zollhaus
Buchberg
Wutach
Münchingen
Bonndorf
im Schwarzwald
Steinasäge
Steina
Museumsbahn
"Sauschwänzlebahn"
27
Randen
Kommingen
Lausheim
Epfenhofen
Blumegg
749
Lembach
Neuhaus
am Randen
Nord-
Wellen-
dingen
Brunn-
adern
Dillendorf
60
Fützen
18
17
Ebnet
Wittle-
kofen
843
Wangen
315
Schwaningen
Grimmelshofen
Bargen (SH)
Steinegg
Roggenbach
Weizen
Ehrenbach
Schlatterhof
Hagenturm
15
833
21
Beggingen
16
Birkendorf
Bettmaringen
314
Stühlingen
23
12
14
Merishausen
13
Hohenlupfen
Gipsmuseum
19
Schlossranden
11
Oberwiesen
Schleitheim
Therme Juliomagus
20
22
Lang Randen
Schlucht
Mauchen
900
Hemmental
Ühlingen
Ober-
-mettingen
623
58
57
14
9
10
Schaffh.
Schweizersbild
6
Eberfingen
8
7
Breitwiesenhof
Ender
Unter-
Oberhallau
Siblingen
SCHAFFHAUSEN
Lohningen
Muren
Eggingen
20
55
Hallau
56
Gächlingen
TCS
ACS
5
Beringen
Löhningen
Kloster Marienburg
Ofteringen
Raßbach
Wutach
13
E54
Schaffh.-S.
Guntmadingen
Neunkirch
Detzeln
Silberwiese
Degernau
Trasadingen
31
54
NEUHAUSEN
am Rheinfall
Wannenberg
661
Horheim
Erzingen
Wilchingen
Neuwelt
52
50
Nohl
1
Uhwiesen
Wutöschingen
Osterfingen
Jestetten
Schwerzen
Rechberg
Napberg
64
53
51
Weisweil
Alten-
burg
2
Tiengen-O.
314
Lauchringen
Willmendingen
Klettgau
Rheinau
Balterswil
27
Dietenberg
Balm
RHEIN
Neurheinau
Grießen
Eichberg
Dettighofen
Lottstetten
2021
34
Geißlingen
Riedern
am Sand
Ber-
wangen
49
23
Schwarzbach
Reutehof
Buchenloo
Wil (ZH)
Solgen
Bechtersbohl
Küssaburg
690
48
Bühl
Rafz
Nack
Dangstetten
Bergöschingen
Hüntwangen
Ellikon
am Rhein
438
Rheinheim
Küßnach
Stetten
Wasterkingen
4
45
Küssaberg
Günzgen
Thur
Reckingen
Lienheim
Hohentengen
am Hochrhein
Herdern
Rheinsfelden
Letten
Eglisau
Rüdlingen
Flaach
Volken
23
Mellikon
Kaiserstuhl
(AG)
Zweidlen
Buchberg
47
Rümikon
Fisibach
Ebianum
50
Glattfelden
Seglingen
Töss-
riederen
Berg
am Irchel
Wislikofen
Böbikon
Mellstorf
Zweidlen
Glatt-
felden
Gräslikon
677
Wiler
Rütihof
Siglistorf
Weiach
Schachen
46
Teufen
Vogelsang
Raat
Buch
am Irchel
Steig
637
Schüpfheim
Windlach
BÜLACH
694
Irchel

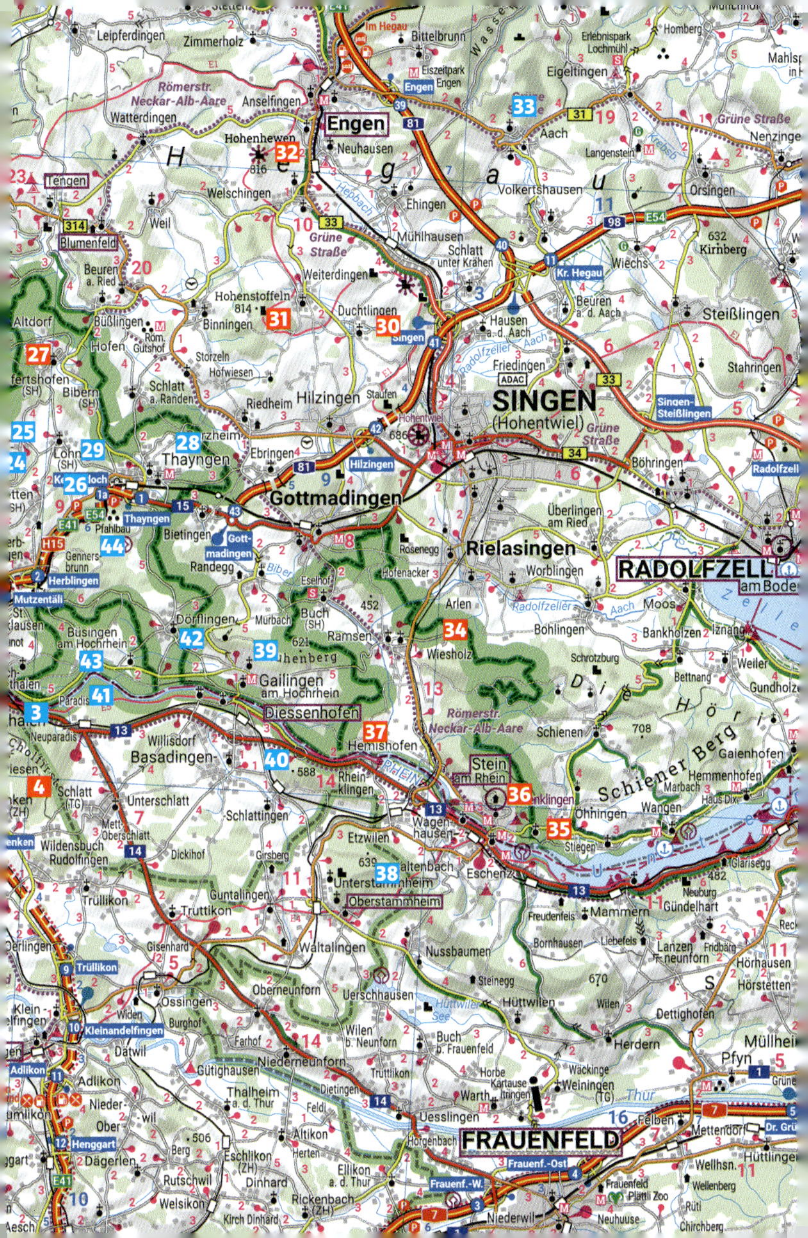

Im Hegau
Leipferdingen
Zimmerholz
Bittelbrunn
Erlebnispark Lochmühl
Homberg
Eigeltingen
Eiszeitpark Engen
Engen
Römerstr. Neckar-Alb-Aare
Anselfingen
Watterdingen
Hohenhewen
Neuhausen
Aach
Grüne Straße
Nenzingen
Langenstein
Tengen
Welschingen
Volkertshausen
Orsingen
Ehingen
Blumenfeld
Weil
Mühlhausen
Kirnberg
Schlatt unter Krähen
Beuren a. Ried
Weiterdingen
Kr. Hegau
Wiechs
Hohenstoffeln
Duchtlingen
Beuren a. d. Aach
Steißlingen
Altdorf
Büßlingen
Binningen
Hausen a. d. Aach
Hofen
Röm. Gutshof
Singen
Radolfzeller Aach
Friedingen
Stahringen
Bibern (SH)
Schlatt a. Randen
Storzeln
Hofwiesen
ADAC
SINGEN (Hohentwiel)
Singen-Steißlingen
Riedheim
Hilzingen
Staufen
Hohentwiel
Thayngen
Lohn (SH)
Ebringen
Hilzingen
Böhringen
Radolfzell
Gottmadingen
Pfahlbau
Bietingen
Gott-madingen
Überlingen am Ried
Herblingen
Genners-brunn
Randegg
Rosenegg
Rielasingen
Worblingen
RADOLFZELL am Bodensee
Mutzentäli
Hofenacker
Eselhof
Biber
Arlen
Moos
Büsingen am Hochrhein
Dörflingen
Murbach
Buch (SH)
Ramsen
Böhlingen
Bankholzen
Iznang
Wiesholz
Schrotzburg
Weiler
Gailingen am Hochrhein
Paradis
Bettnang
Gundholzen
Diessenhofen
Die Höri
Neuparadis
Willisdorf
Römerstr. Neckar-Alb-Aare
Schienen
Hemishofen
Basadingen
Schiener Berg
Gaienhofen
Hemmenhofen
Stein am Rhein
Rhein
Rhein-klingen
Marbach
Schlatt (TG)
Unterschlatt
Öhningen
Haus Dix
Wangen
Schlattingen
Wagen-hausen
Mett-Oberschlatt
Etzwilen
Stiegen
Wildensbuch
Kaltenbach
Eschenz
Rudolfingen
Dickihof
Girsberg
Unterstammheim
Glarisegg
Neuburg
Trüllikon
Guntalingen
Oberstammheim
Gündelhart
Truttikon
Freudenfels
Mammern
Gisenhard
Waltalingen
Bornhausen
Liebefels
Lanzen-neunforn
Nussbaumen
Hörhausen
Trüllikon
Steinegg
Hörstetten
Oberneunforn
Uerschhausen
Hüttwilen
Hüttwiler See
Ossingen
Widen
Dettighofen
Kleinandelfingen
Burghof
Wilen b. Neunforn
Buch b. Frauenfeld
Herdern
Müllheim
Farhof
Dätwil
Adlikon
Niederneunforn
Gütighausen
Pfyn
Trüttlikon
Horbe
Kartause Ittingen
Wäckingen
Weiningen (TG)
Thalheim a. d. Thur
Dietingen
Thur
Warth
Uesslingen
Felben
Feldi
Mettendorf
Altikon
Henggart
Dägerlen
Berg
Eschlikon (ZH)
Herten
FRAUENFELD
Horgenbach
Frauenf.-Ost
Wellhsn.
Hüttlingen
Rutschwil
Dinhard
Ellikon a. d. Thur
Frauenf.-W.
Wellenberg
Welsikon
Rickenbach (ZH)
Frauenfeld Plättli Zoo
Rüti
Kirch Dinhard
Niederwil
Neuhuuse
Chirchberg

TOP-TOUREN

Rheinfall
Das ganzheitliche Erleben des machtvollen Naturschauspiels: oberhalb, wo die Wasser zu ziehen beginnen – am schäumenden gewaltigen Mittendrin – unterhalb beim beruhigenden Auslaufen *(Tour 1, 2 Std. / alternativ Tour 2).*

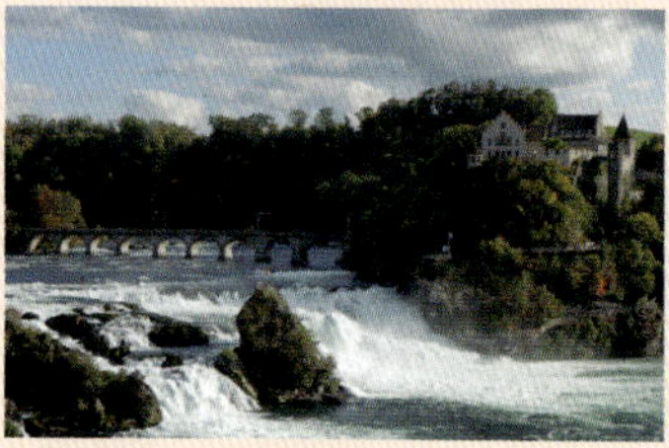

Botanische Höhepunkte
Die trockenwarmen Randenhänge und ihr Reichtum an wunderbaren Pflanzen *(Tour 13, 2.45 Std. / alternativ Touren 11, 12, 14, 17 oder auch 51 und 53).*

Randenhöhen
Hinauf auf sonnige Höhen in die Parklandschaften und durch lichte Wälder zu Türmen mit befreiender Weitsicht: frei durchatmen *(Tour 15, 4 Std. / alternativ Touren 8, 9, 12, 19, 22).*

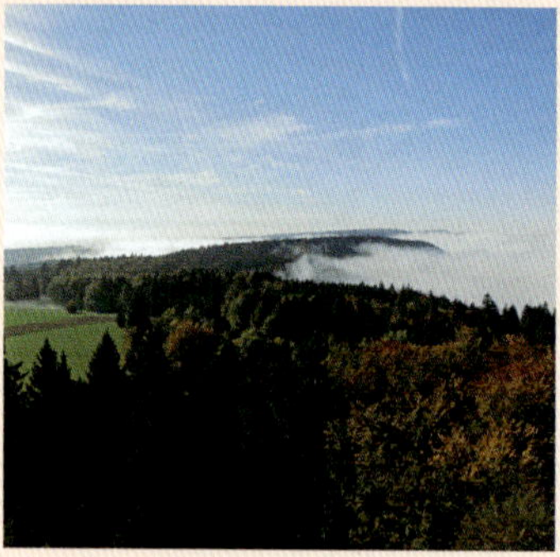

Reiat und Hegauvulkane
Die kegelförmigen Vulkanberge mit ihrem besonderen Gestein, ihren Burgen auf den Gipfeln, ihrer Botanik, ihren Aussichten und ihren komischen Namen *(Tour 30, 5 Std. / alternativ Touren 27, 31 und 32).*

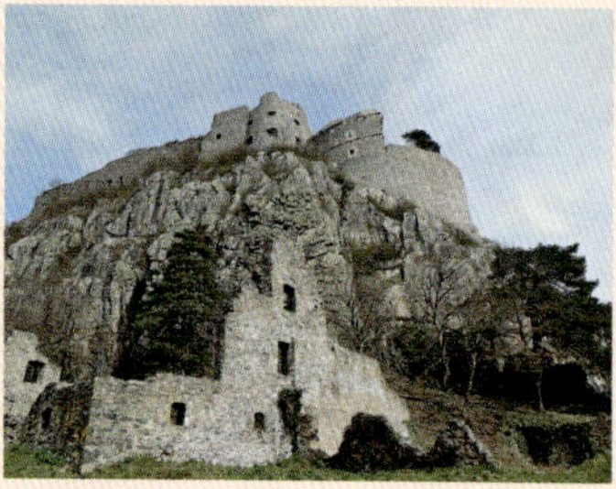

Stein am Rhein
Das Bijou von Städtchen an der Nahtstelle zwischen See und Strom, samt seiner wunderbaren Burg *(Tour 36, 2.30 Std. / alternativ Touren 35, 37, 38).*

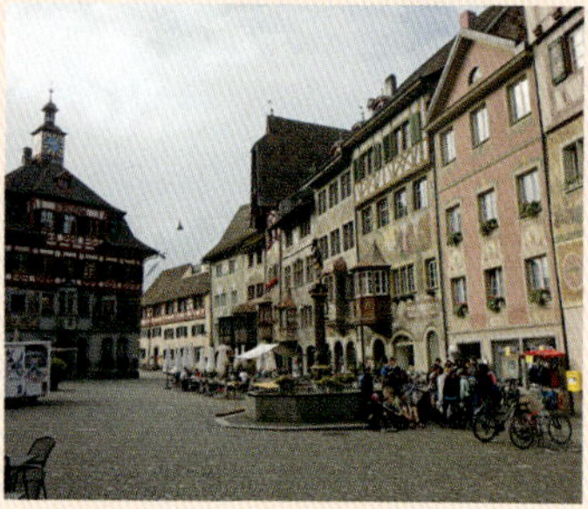

Hochrhein
Eine Uferwanderung am Hochrhein, dem ruhig-intensiven, urtümlichen Strom mit den Naturrändern – vielleicht verbunden mit einer Flussfahrt? *(Tour 41, 2.30 Std. / alternativ Touren 2, 42, 43, 45, 46.)*

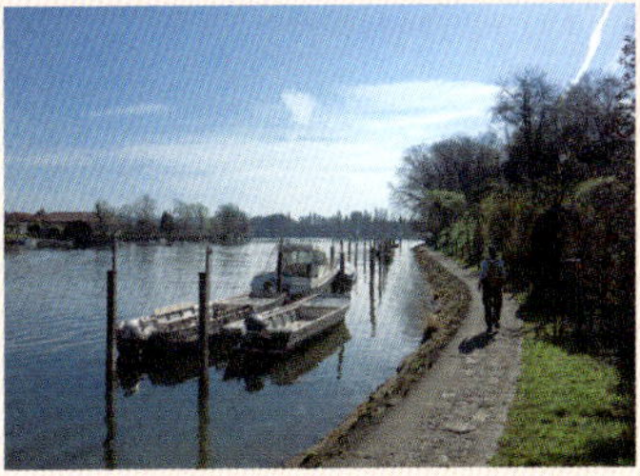

Eiszeit
Spuren der Eiszeit – wassergeformte Natur mit seltsamen Tälern, Findlingen, Tümpeln, Pfahlbauten und Höhlen *(Tour 44, 3 Std. / alternativ Touren 26 und 39).*

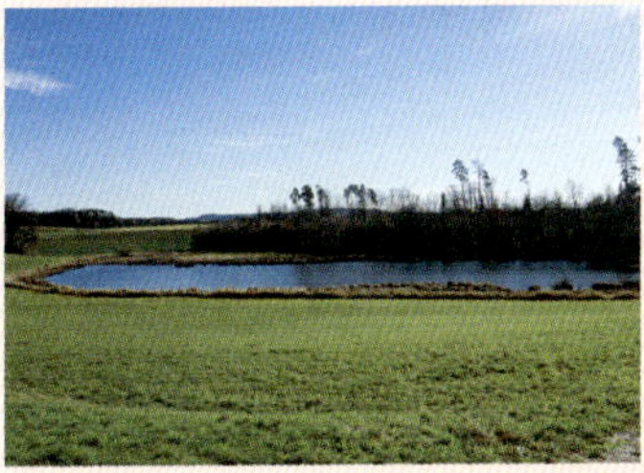

Südranden
Bohnerzgruben und Grenzland – die kraterlöchrige Landschaft der frühen Industrie samt weiten Wäldern voll erholter Natur *(Tour 54, 4 Std. / alternativ Touren 50, 53).*

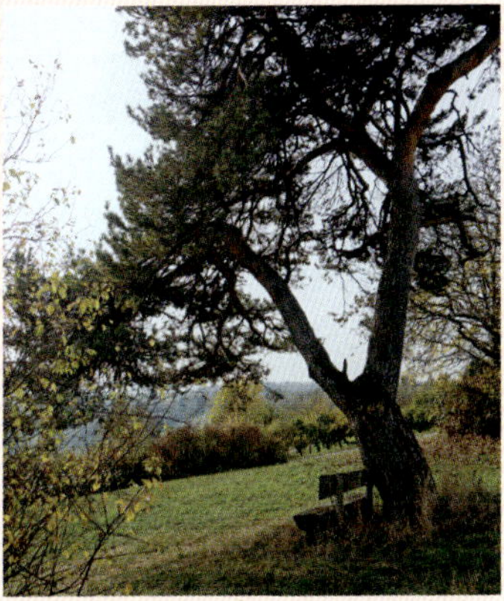

Klettgau
Genuss und Weite – die offene Geländeschale mit ihren Weinberghängen *(Tour 55, 3 Std. / alternativ Touren 51, 52 und 56).*

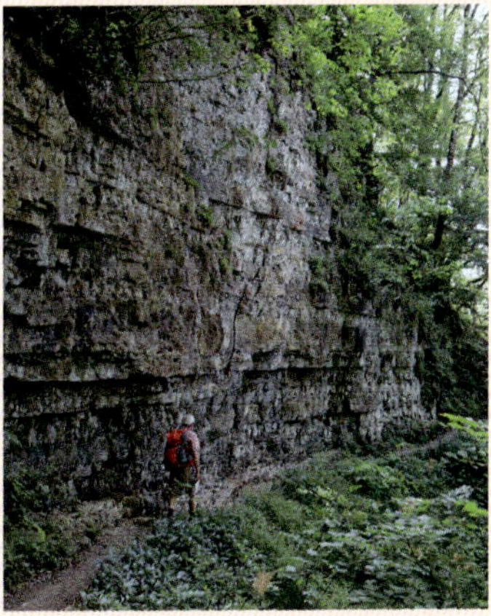

Randental und Wutachschluchten
Die tief eingegrabenen Schluchten mit ihren imposanten Steilwänden und schmalen Pfaden *(Tour 60, 6.30 Std. / alternativ Touren 21, 23 und 59).*

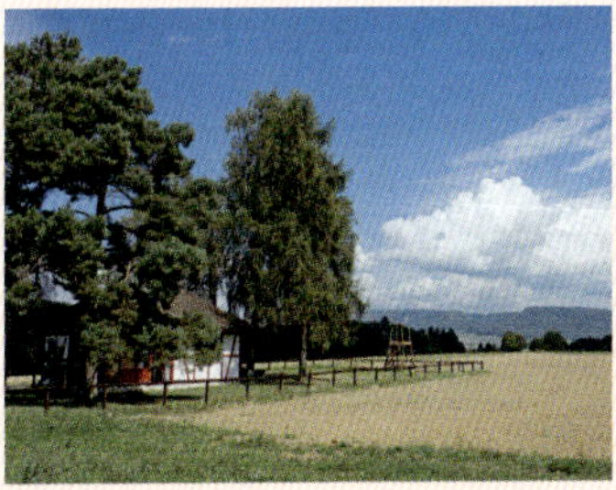

WICHTIGE HINWEISE FÜR UNTERWEGS

Das vorliegende Buch präsentiert das reichhaltige Angebot hervorragender Schaffhauser Wanderrouten unterschiedlichster Art, um eine passende Wahl je nach Lust und Interesse, nach Jahreszeit und Bedürfnis, nach Begleitung und Umständen zu ermöglichen. Die Wandervorschläge sind ausgehend vom Hauptort Schaffhausen und dem nördlich anschließenden Randen im Uhrzeigersinn geordnet.

Anforderungen

Die meisten hier beschriebenen Wanderungen verlaufen auf klar angelegten Wegen und bieten keine besonderen Schwierigkeiten. Recht häufig sind infolge der Topografie im Wandergebiet kurze, steile Passagen im Auf- oder Abstieg zu bewältigen, die ein gewisses Maß an Gehsicherheit erfordern. Einige Routen sind trotz der Nähe zu bewohnten Gebieten recht einsam und wenig begangen, vor allem unter der Woche. In allen Dörfern findet man Brunnen, doch sind an vielen Orten die Einkaufs- und Einkehrmöglichkeiten spärlicher geworden oder ganz verschwunden. Ein Grundmaß an Verpflegung und Getränken sollte daher stets mitgetragen werden.

Gehzeiten

Die angegebenen Gehzeiten bezeichnen die Zeit, die eine durchschnittlich trainierte erwachsene Person bei normalen Verhältnissen für das Zurücklegen der vorgesehenen Strecke benötigt. Da die meisten Wandernden nicht nur die Route ablaufen, sondern auch gelegentlich etwas betrachten,

SCHWIERIGKEITSKATEGORIEN

Zur besseren Einschätzung des Schwierigkeitsgrades ist jede Tour farblich markiert; die Farben bedeuten:

■ = Leicht

Die Wege sind größtenteils ausreichend breit und deutlich erkennbar; sie können gefahrlos auch von unerfahrenen Wanderern begangen werden.

■ = Mittel

Die Route kann längere Zeit über schmale oder undeutliche Pfade führen; es wird ein gewisses Maß an Orientierungssinn, Trittsicherheit und Kondition vorausgesetzt.

■ = Schwierig

Diese Touren sind trittsicheren, schwindelfreien, orientierungssicheren und trainierten Wanderern vorbehalten. Im vorliegenden Buch erfüllt nur die Tour 60 diese Bedingung.

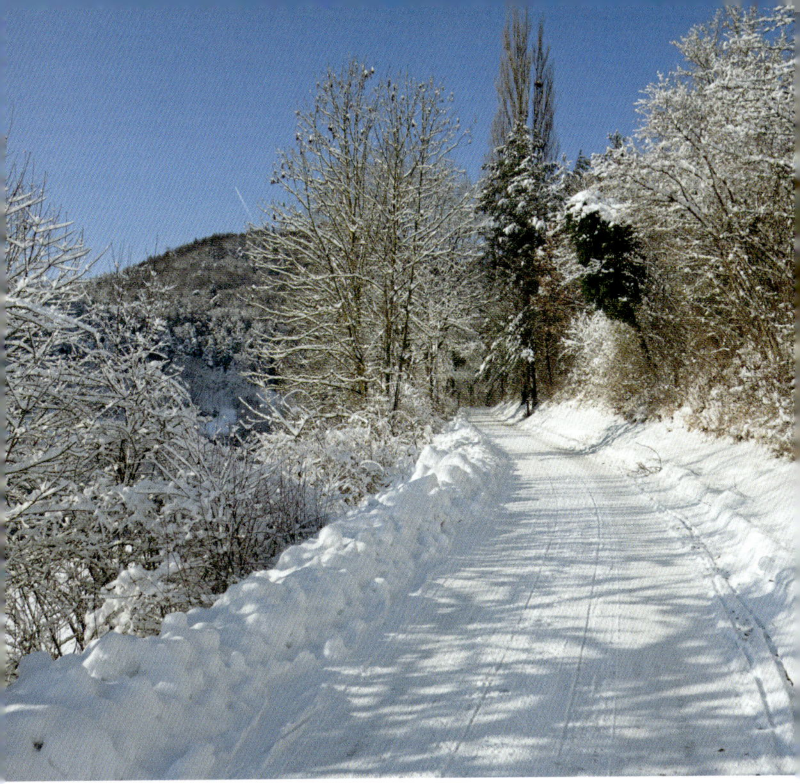

Wunderbares Winterwandern, Aufstieg zum Hagen.

Fotos aufnehmen, Pausen einlegen und rasten wollen, ist die tatsächliche Wanderzeit länger als die Gehzeit.
Als Faustregel kann man gut die halbe Gehzeit dazuzählen; eine dreistündige Route wird so leicht zur viereinhalb- bis fünfstündigen Wanderung. Längere Pausen oder Besichtigungen müssen dazugerechnet werden; schwierige Wanderverhältnisse können die Gehzeit verlängern. Eine sorgfältige Zeitplanung mit Reserve ist zu empfehlen.
Die meisten in diesem Buch vorgeschlagenen Wanderungen weisen eine reine Gehzeit um die drei Stunden auf, weil dies die meistgewünschte Tourlänge darstellt. Mit der An- und Rückreise geben sie so einen straffen Halbtages- oder einen gemütlichen Tagesausflug. Wer gerne länger am Stück geht, konzentriert sich auf die längeren Vorschläge oder kombiniert die kürzeren mit Varianten oder durch Querverbindungen.

Gefahren

Schaffhausen und die angrenzenden Gebiete sind insgesamt ein ausgesprochen sicheres Wandergebiet, wo keine besonderen Gefahren lauern. Beachten Sie bitte für Ihr Wohlergehen dennoch folgende Punkte:

- Sturmwind: Viele Routen führen streckenweise durch Wald, wo der Aufenthalt bei Sturmwind nicht ratsam ist. Bei Sturmwind (Gefahrenstufe 3 und höher, siehe www.meteoschweiz.admin.ch/) Wälder nicht betreten!
- Schwimmen im Hochrhein: ist im Sommer ein Hochgenuss. So ruhig und gelassen der Rhein vom Ufer aus gesehen dahinströmen mag, so intensiv und kräftig zieht die Strömung im Wasser selbst und bildet da und dort gefährliche Wirbel, insbesondere auch bei den Wiffen (Pfosten mit Schiffverkehrszeichen). Informieren Sie sich bei Ortskundigen und beobachten Sie deren Verhalten! (www.shpol.ch/)
- Zecken: Wie viele andere Gegenden ist auch ganz Schaffhausen Hochrisikogebiet für infizierte Zecken, welche Frühsommer-Meningoenzephalitis (FSME) und Borreliose – beides sehr ernsthafte Erkrankungen – übertragen können. Zecken sind von März bis Oktober aktiv, können in warmen Wintern aber auch schon ab Januar auftreten. Informieren Sie sich im Internet (→ Zecken-App) oder in Apotheken und schützen Sie sich durch lange Kleidung, durch Zeckensprays und vor allem durch sorgfältiges Absuchen des ganzen Körpers (Leistengegend und Intimbereich, Achselhöhlen, Kniekehlen) nach der Wanderung. Eine möglichst rasche Entfernung von Zecken mindert das Risiko erheblich. Zögern Sie nicht, bei Unsicherheit einen Notfalldienst aufzusuchen!

Ausrüstung

Wichtigstes Ausrüstungsmerkmal bei den Schaffhauser Touren ist die Profilsohle! Die Erosion hat steile Hänge geschaffen, sodass häufig auch auf sonst einfachen Routen kurze steile Partien zu begehen sind. Nicht selten sind morgenfeuchte Wiesenwege anzutreffen, sodass wasserdichtem Schuhwerk der Vorzug zu geben ist. Teleskopstöcke sind kaum nötig, können aber einige rutschige Abstiege erleichtern.

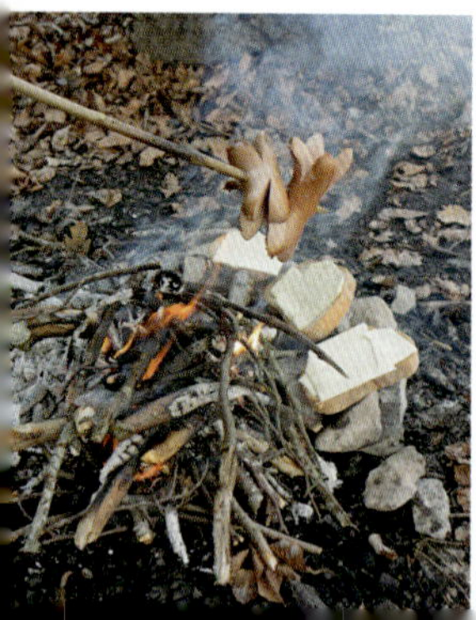

In allen Jahreszeiten können deutliche Temperaturunterschiede zwischen sonnenbeschienenen Südhängen und biswindigen Höhen spürbar werden, sodass sich generell eine leicht anpassbare Kleidung empfiehlt, wie Zip-Hosen, dünne Windstopperjacke, (Schirm-)Mütze. Es regnet eher selten, gelegentlich auch nur fein; bei entsprechenden Wetterlagen genügt ein leichter Regenschutz, sonst leistet ein Schirm gute Dienste. Ein üblicher Sonnenschutz ist selbstverständlich.

Cervelats und Käseschnitten: en Guete!

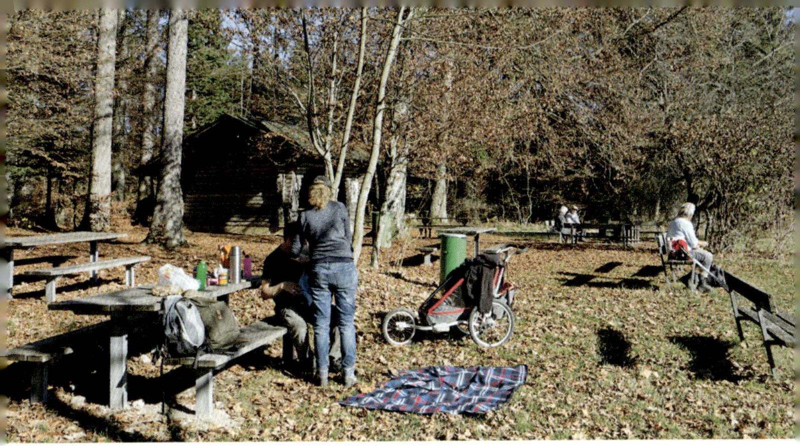

Rastplatz beim Zelgli (Tour 9).

Ein ausreichender Grundvorrat an Getränken und Verpflegung ist auf den meisten Touren nötig, obwohl wir uns nie sehr weit von bewohnten Gebieten entfernen. Recht viele Rastbänke säumen die Wege, und vielerorts stehen Rastplätze mit Feuerstelle (nicht immer, aber häufig mit gerüstetem Brennholz), Grill und Tischen, manchmal auch mit Schlechtwetterunterstand zur Verfügung.
Eine Fernglas für die Vogelbeobachtung, ein ornithologisches und ein botanisches Bestimmungsbuch oder eine entsprechende App im Smartphone (z. B. die »Flora helvetica«) und eine Lupe für die Details leisten unterwegs gute Dienste.

SYMBOLE

Symbole im Tourenkopf

- Mit Bahn/Bus erreichbar
- Einkehrmöglichkeit unterwegs
- Für Kinder geeignet

Symbole im Höhenprofil

- Ort mit Einkehrmöglichkeit
- Einkehrmöglichkeit
- Parkplatz
- Bus- bzw. Bahnanschluss
- Fähre, Schiffsanlegestelle
- Gipfel
- Pass, Sattel
- Kirche, Kapelle, Kloster
- Burg, Schloss, Ruine
- Aussichtsturm
- Aussichtsplatz
- Höhle
- Brücke
- Archäologische Stätte
- Picknickplatz
- Quelle
- Bademöglichkeit

DIE GRENZSTEINE VON SCHAFFHAUSEN

Immer wieder auf unseren Wanderungen begegnen wir Grenzsteinen, die meisten von der gleichen Machart und Größe: Auffällig die Buchstaben »GB« auf der einen Seite, die nichts mit England zu tun haben, sondern das Großherzogtum Baden meinen. Gegenüber »CS« steht für den Canton (die Cantonseinteilung stammt von Napoleon) Schaffhausen. Die Jahreszahl »1839« gibt das Jahr an, in dem der Grenzberichtigungsvertrag zwischen der Schweiz und Baden geschlossen wurde. Und die vierte Seitenfläche schließlich zeigt die fortlaufende Nummer. Auf dem Kopf tragen die Steine den »Weiser«, eine Einkerbung, die den Verlauf der Grenze angibt.
Ab und an sehen wir auch neuere Steine, selten auch ältere von ehemaligen Landgrafschaften oder auffällige Findlinge, die seit alters Grenzpunkte markieren.

Grenzbestimmungen

Wandernde können die Landesgrenzen frei an jeder Stelle überqueren, sofern sie anerkannte und gültige Reisedokumente (Pass oder Identitätskarte) mit sich tragen. Persönliche Gebrauchsgegenstände und Reiseproviant dürfen selbstverständlich zollfrei mitgetragen werden. Für übrige Waren gelten die Wertfreigrenze und die Bestimmungen über Freimengen.

Karten

- Hervorragende Dienste leistet die „swisstopo-App", die gratis in App-Stores heruntergeladen werden kann; wird das entsprechende Gebiet – hier also der Kanton Schaffhausen – online heruntergeladen, steht die Karte mit allen Funktionen auch offline zur Verfügung.
- Genaueste Papierkarte ist die neue Landeskarte der Schweiz, 3329 T: „Wanderkarte 1:33'333 Schaffhausen", wasser- und reißfest; der Südranden und der südliche untere Kantonsteil fehlen.
- Landeskarte der Schweiz, Swisstopo, Blatt 405 T, Wanderkarte Schaffhausen – Stein am Rhein, 1:50.000 (der Untere Kantonsteil mit Rüdlingen und Buchberg fehlt auf dieser Karte)
- Hallwag, Kümmerly und Frey, Schaffhausen – Winterthur, Wanderkarte 1:60.000, gute Übersicht, nicht detailgenau

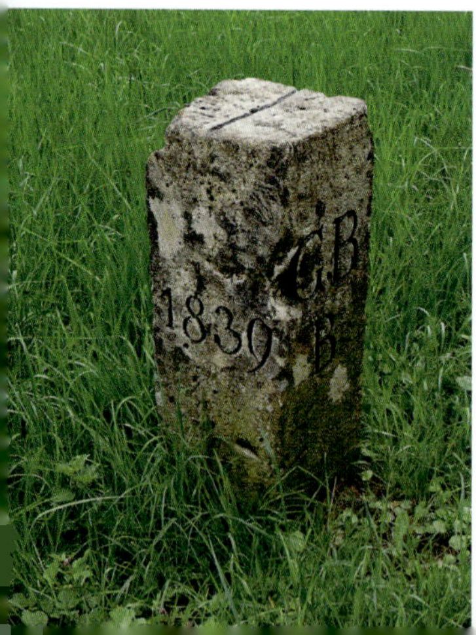

Grenzland Schaffhausen.

- KOMPASS-Wanderkarten: Die Karte 783, Hegau – Westlicher Bodensee, 1:50.000, zeigt das ganze Wandergebiet ohne den Unteren Kantonsteil. Die Karte 887, 2, Schwarzwald Süd zeigt das ganze Wandergebiet ohne den Oberen Kantonsteil.
- Internet: offizielles Schweizer Geoportal, Wanderwege zuschaltbar: http://map.geo.admin.ch

Literaturhinweis

Regionaler Naturpark Schaffhausen / Der Natur auf der Spur / Der Natur- und Exkursionsführer für den Regionalen Naturpark Schaffhausen; Naturforschende Gesellschaft Schaffhausen, Susi Demmerli (Hrsg.), ott-verlag, hep verlag ag, Bern 2016.

Beste Jahreszeit

Schaffhausen ist ein Ganzjahreswandergebiet; eine »beste« Jahreszeit lässt sich nicht benennen. Zu vielfältig sind die Reize und Vorteile der verschiedenen Jahreszeiten:
Der Frühling bringt die ganze botanische Pracht. Die Mischwälder leuchten hellgrün im angenehmen Sonnenlicht. April, Mai, Juni zeigen die Hochblüte der vielen Orchideen und die bunte Vielfalt der Magerwiesen. Der Sommer bleibt angenehm dank der vielen schattigen Waldpartien und der wunderbaren Erlebnismöglichkeiten am Wasser. Der Herbst zeichnet sich durch die überwältigende Pracht der Farben aus, und nach kalten Nächten lockt bereits über den Talnebeln die klare Fernsicht zu den Alpen. Wun-

Die Reize der Jahreszeiten.

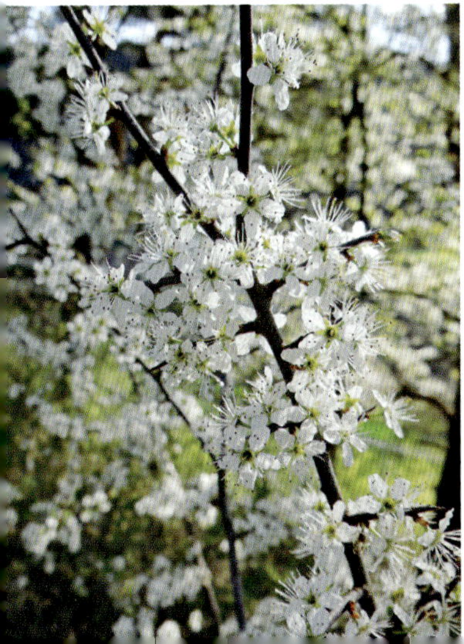

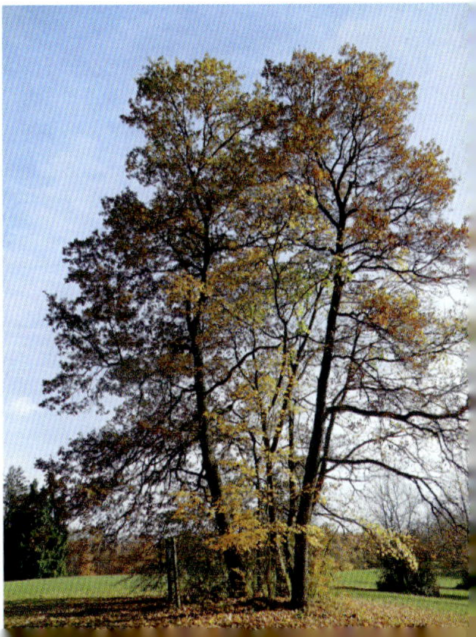

derbar ist auch der Winter, wo das Licht schräg durch die entlaubten Bäume bis auf den Boden dringt und ein helles Wandern ermöglicht. Größere Schneemengen sind ein seltenes, und wenn ein willkommenes Ereignis. Im Nu überzieht sich der Randen mit einem ausgedehnten Loipennetz; auf gepfadeten Wegen oder mit Schneeschuhen querfeldein lässt sich jetzt hervorragend wandern. Der größte Teil der kalten Jahreszeit bleibt aber schneefrei und zeichnet sich wie erwähnt durch die ausgezeichnete Fernsicht aus.

Touristische Sehenswürdigkeiten im Wandergebiet

- Rheinfall: Europas prächtigster Wasserfall
- Hochrhein: eindrückliche Stromlandschaft mit Naturufern, Flussfahrten
- Stadt Schaffhausen: sehr sehenswerte malerische Altstadt – Festung Munot – Kloster zu Allerheiligen mit Kreuzgang, Münster und dem Museum (Kunst, Archäologie, frühe Hochkulturen, Geschichte, Naturgeschichte; auch im Museum Stemmler) – weitere Museen
- Stein am Rhein: malerische Altstadt und Burg Hohenklingen
- Blauburgunderland Hallau, Trasadingen, Wilchingen, Osterfingen: Weinbau und Reblandschaft
- Besuchenswerte größere Orte: Neunkirch, Schleitheim mit dem Römer- und dem Gipsmuseum
- Im Umfeld: Singen mit der Festung Hohentwiel – Altstadt Diessenhofen – mittelalterliches Städtchen Eglisau – Sauschwänzlebahn Weizen–Blumberg

Der Munot – das Wahrzeichen von Schaffhausen.

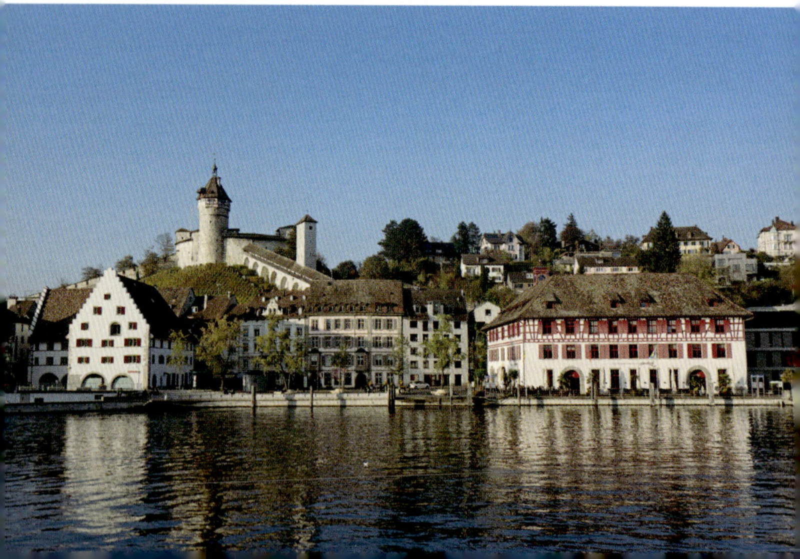

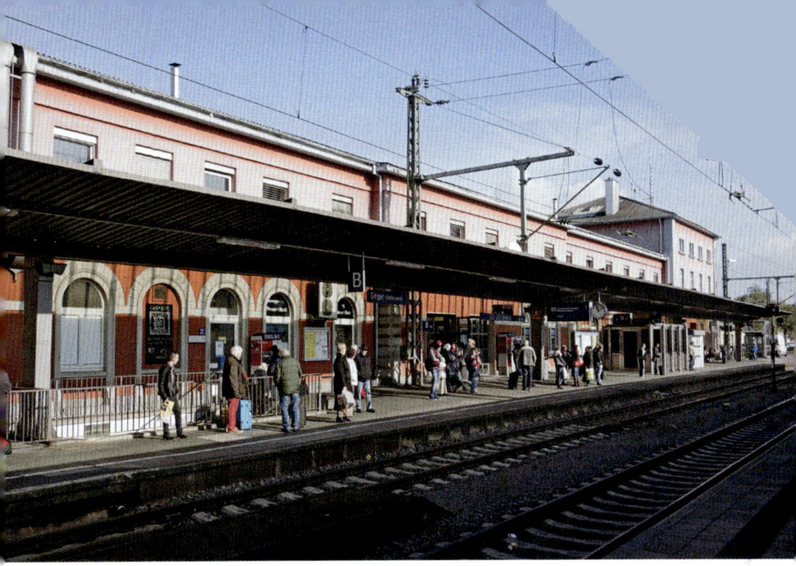

Der Bahnhof von Singen am Hohentwiel.

Anreise nach Schaffhausen

Bahn:

- aus Richtung Zürich: Interregio ohne Halt, Regionalexpresse mit Halt in Oerlikon und Bülach, S 24 via Winterthur, S 9 mit Halt an allen Stationen
- aus Richtung Winterthur (und Ostschweiz): S 24 (mit Halt nur in Andelfingen und Neuhausen), S 33 mit Halt an allen Stationen, direkt nach Stein am Rhein: S 29
- aus Richtung Basel: Interregio (Basel Bad Bf – Waldshut – Singen (Htw). Günstige Baden-Württemberg-Tickets; mit Schweizer GA (Generalabonnement) über Zürich fahren
- aus Richtung Waldshut: S 36 mit Umsteigen in Bülach oder Eglisau
- aus Richtung Singen (Htw): Intercity, Interregio, Regionalbahnen, S 22
- aus Richtung Konstanz: Regionalbahn via Singen (Htw), ab Kreuzlingen S 8 via Stein am Rhein, Diessenhofen etc.
- aus Richtung Stuttgart: Intercity (Stuttgart–Zürich), Regionalzüge mit Umsteigen in Singen (Htw)

Postautos und Busse:

- aus Richtung Frauenfeld: NFB 825 nach Stein am Rhein, NFB 823 nach Diessenhofen
- aus Marthalen: NFB 847, Bus 630 (Marthalen–Schaffhausen) via Uhwiesen, Feuerthalen

- aus Singen (Htw): NFB 33 (Singen–Stein am Rhein)
- aus Radolfzell: via Singen (Htw) oder Höribus 7368 (Radolfzell–Stein am Rhein)

Schiff:
Kursschiffe der URh verkehren zwischen Schaffhausen und Konstanz, Kreuzlingen (nur im Sommerhalbjahr, GA gültig).

Flugzeug:
Nächster Flugplatz ist der Flughafen Zürich, von dort kann man direkt per S 24 nach Schaffhausen fahren.

Auto:
- von Süden: via Autobahn N 1 nach Winterthur-Nord (Ausfahrt Nr. 70) und auf der Schnellstraße N 4 nach Schaffhausen; alternativ von Zürich aus auch auf N 51 bis Bülach-Nord und via Rafzerfeld und Deutschland nach Neuhausen
- aus Westen: via Waldshut-Tiengen und die E 54 durch das (den) Klettgau
- aus Norden: via Blumberg, Bargen (Schnellstraße 4); Autobahn E 41; E 54 via Großraum Singen (Htw) und Gottmadingen
- aus Osten: via Konstanz und Großraum Singen (Htw) zur E 54, oder Straße 13 dem Untersee und Hochrhein entlang

Die Schaffhauser Schifflände.

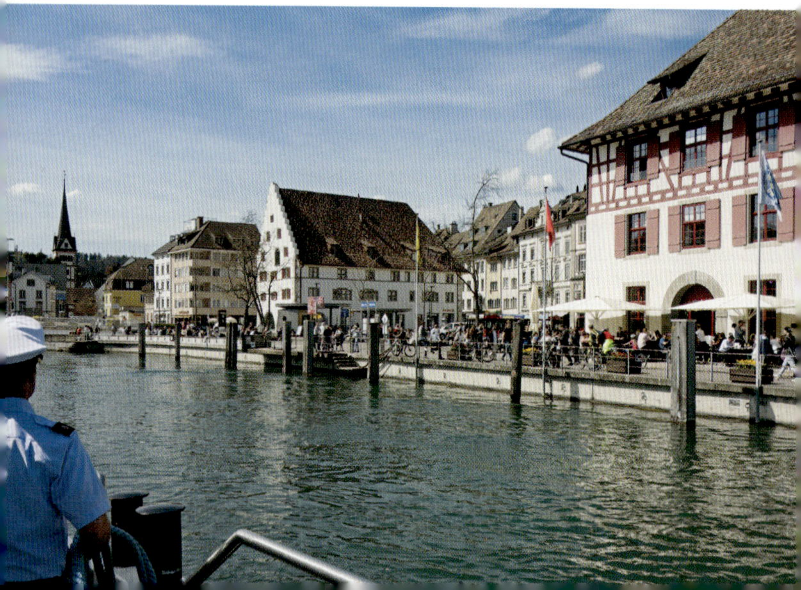

Öffentliche Verkehrsmittel innerhalb des Kantons Schaffhausen

Im zentralen Teil: Alle öffentlichen Verkehrsmittel verkehren (mit wenigen Ausnahmen) via Bahnhof Schaffhausen, der entsprechend die große Drehscheibe und Umsteigemöglichkeit darstellt wie auch die Verbindung zum Fernverkehr ermöglicht. Der gesamte öffentliche Verkehr verläuft gemäß einem Taktfahrplan (viertelstündlich, halbstündlich, stündlich, zweistündlich – je nach Linie und Region; in der Stadt auch 10- oder 20-minütlich).

Im Oberen Kantonsteil: Die Gemeinden im Osten sind per Regionalbus nach Buch und Ramsen, durch die S-Bahn nach Stein am Rhein sowie durch die Südbadenbuslinie von Singen nach Stein am Rhein verbunden.

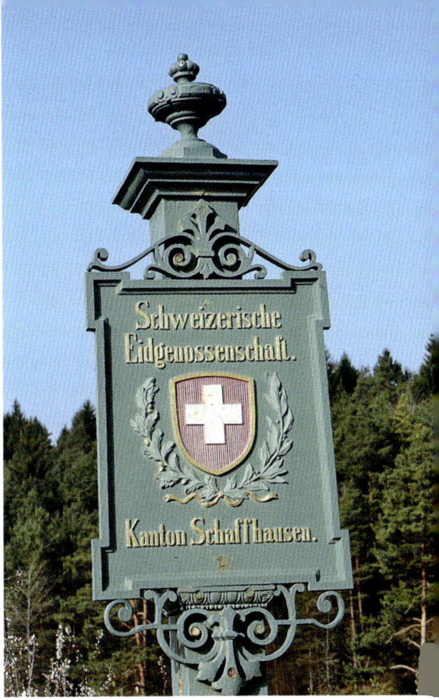

Grenzland Schaffhausen.

Im Unteren Kantonsteil: Die beiden südlichen Gemeinden Buchberg und Rüdlingen sind verkehrsmäßig am »unabhängigsten«; man erreicht sie durch die Busverbindung zwischen Rafz und Flaach, rsp. Rafz und Winterthur.

Im Internet (unter www.sbb.ch) zeigt die Fahrplanauskunft der Schweizerischen Bundesbahnen alle Regionalverbindungen inkl. Bus und Postautokurse an, ebenso die wichtigsten Verbindungen im angrenzenden Ausland. Auf dieser Website lassen sich auch online die Billette aufs Smartphone laden oder zum Ausdrucken kaufen.

Das deutsche Pendant dazu findet man unter www.bahn.de.

Flextax

Alle öffentlichen Verkehrsmittel innerhalb des Kantons SH sind zusammengeschlossen im Tarifverbund Ostwind. Der Kanton ist in 6 Zonen eingeteilt. Man löst entsprechend eine Fahrkarte für die Anzahl benötigter Zonen und die gewünschte Zeit. Die benötigten Zonen sind an den Verkaufsstellen ersichtlich. Der doppelte Preis einer einfachen Fahrt – also gleichsam eine »Rückfahrkarte« – bedeutet immer eine Tageskarte, berechtigt also zu beliebig vielen Fahrten innerhalb der gelösten Zonen. (Liest sich kompliziert, ist im Vollzug aber recht einfach und praktisch.) Schweizerische Vergünstigungen (Generalabonnement GA und Halbtax) sind gültig. Mit den umliegenden Tarifverbünden (ZVV, VHB, WTV) bestehen Abkommen.

Bahnlinien:
Innerhalb des Kantons verkehren sowohl die Schweizerische Bundesbahn SBB wie auch die Deutsche Bahn DB. Der Bahnhof von Schaffhausen enthält sowohl einen SBB- wie auch einen DB-Teil und entsprechend Bahnschalter und Fahrkartenautomaten der beiden Betreiberinnen. Innerhalb der Kantonsgrenzen sind alle schweizerischen Fahrausweise gültig, außerhalb entsprechend alle deutschen. Für grenzüberschreitende Fahrten muss ein entsprechendes Ticket gelöst werden (Bahnschalter oder Automat; zunehmend auch per Internet und App beziehbar). GA und Halbtax gelten im grenzüberschreitenden Verkehr als Bahncard 25 der DB.

- Schaffhausen – Herblingen – Thayngen (und weiter bis Singen, Htw)
- Schaffhausen – Neuhausen SBB (und weiter – je nach Verbindung ohne Halt! – nach Schloss Laufen am Rheinfall, Dachsen ... bis Winterthur)
- S-Bahn Schaffhausen: Schaffhausen–Neuhausen Bad Bf – Beringerfeld – Beringen Bad Bf – Neunkirch – Wilchingen-Hallau – Trasadingen – Erzingen (Baden)

Achtung: Die Stationen Beringen, Neunkirch und Trasadingen verfügen nicht über eine Personenunterführung am Bahnhof; man muss den nächstgelegenen Bahnübergang benutzen, was schwierig wird, wenn man knapp kommt.

Buslinien der Stadtbusse:
(innerhalb der Stadt Schaffhausen und inkl. Neuhausen); Fahrkarten gibt es an den Automaten in jedem Bus oder an den größeren Haltestellen.

- 1 (grün) Waldfriedhof – Bahnhof – Herbstäcker (das ist in Neuhausen)
- 3 (rot) Krummacker – Bahnhof – Sommerwies
- 4 (schwarz) Gruben – Bahnhof – Birch
- 5 (blau) Schlossweiher – Bahnhof – Buchthalen
- 6 (gelb) Falkeneck – Bahnhof – Neuhausen SBB
- 8 (violett) Im Freien – Bahnhof
- 9 (dunkelblau) Ebnat – Einkaufszentren
- 23 (hellgrün) Bahnhof – Mühlental

Buslinien der Regionalbusse:
(Fahrkarten gibt es an den Automaten an größeren Haltestellen und in einigen Bussen oder sonst beim Chauffeur – vorne einsteigen.)

- 21 (rot) Schaffhausen – Schleitheim – Beggingen; oder versetzt: Schaffhausen–Siblingen – Neunkirch
- 27 Oberhallau – Wilchingen-Hallau-Station – Osterfingen

- 28 Beringen – Gutmadingen
- 22 (grau) Schaffhausen – Hemmental
- 23 (grün) Schaffhausen (Bahnhof Nord) – Bargen
- 24 (violett) Schaffhausen – Büttenhardt – Thayngen
- 25 (gelb) Schaffhausen – Dörflingen – Ramsen

Ausgangs- und Endpunkte

Dieser Wanderführer ist auf den öffentlichen Verkehr ausgerichtet: Ausgangs- und Endpunkt der Wanderungen befinden sich stets bei einer Haltestelle des ÖV. Entsprechend der zentralistischen Verkehrsstruktur des Kantons sind die Beschreibungen der Zu- und Wegfahrten vom Bahnhof Schaffhausen aus gedacht. Wo sinnvoll, wird auf alternative An- und Rückreisemöglichkeiten hingewiesen.
Für Anreisende im Individualverkehr wird soweit möglich bei jeder Tour auch auf Parkplätze hingewiesen. Je nach Tour kann es sinnvoll sein, am

Die Fähre »Alt-Paradies« (Route 41).

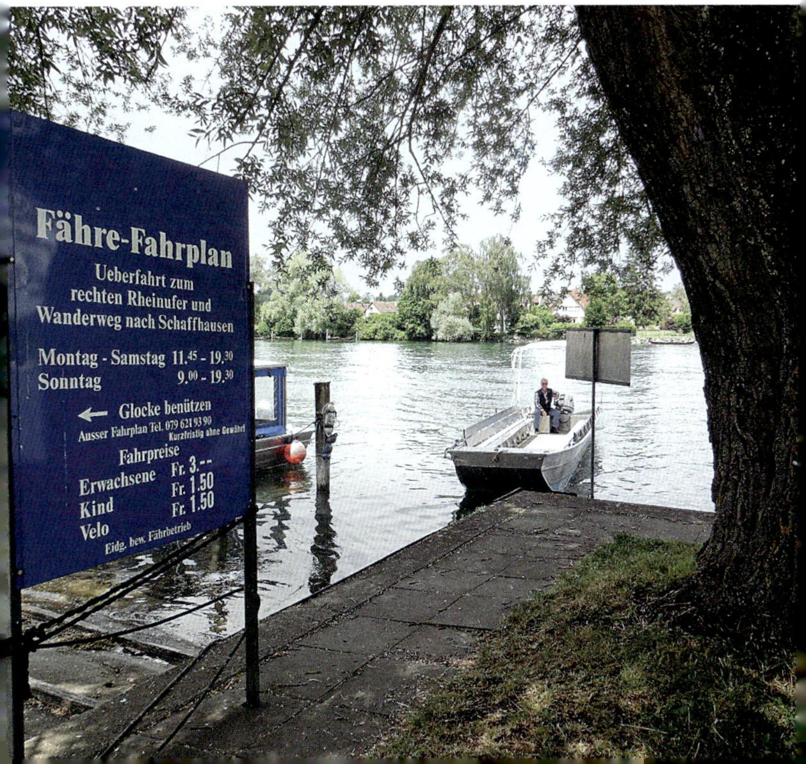

Der Umwelt zuliebe ...

Auch beim Wandern hinterlassen wir einen ökologischen Fußabdruck, aber im Einklang mit der Natur unterwegs zu sein, ist gar nicht so schwer!

VORBEREITUNG UND ANFAHRT

- Sich vorab informieren, worauf in Bezug auf Natur und Umwelt in der jeweiligen Wanderregion besonders zu achten ist.
- Soweit möglich mit Bahn und Bus anreisen, Wander- und Rufbusse nutzen.
- Ist eine Anfahrt mit dem Auto nötig, Fahrgemeinschaften bilden.
- Bei weiten Anfahrten Mehrtagestouren planen oder von einem Quartier vor Ort aus mehrere Touren absolvieren.
- Flugreisen möglichst reduzieren und durch Beiträge zu Klimaschutzprojekten kompensieren.

KLEIDUNG UND AUSRÜSTUNG

- Beim Kauf von Outdoor-Kleidung auf umweltfreundliche und faire Herstellung achten und Kleidungsstücke möglichst viele Jahre nutzen.
- Ausrüstung kann man eventuell auch gebraucht kaufen oder ausleihen.
- Reparieren statt neu kaufen.

VERPFLEGUNG

- Beim Einkauf Bio-Ware, regionale und saisonale Erzeugnisse bevorzugen.
- Hütten und Gasthäuser auswählen, die regionale Produkte verwenden.
- Auf Einwegflaschen und Plastikverpackungen verzichten, stattdessen wiederverwendbare Trinkflaschen und Brotzeitboxen benutzen.

ÜBERNACHTUNG

- Bei lokalen Anbietern buchen, damit Menschen vor Ort profitieren.
- Auf Hütten und in anderen Unterkünften Strom und Wasser sparen.

UNTERWEGS

- Wege benutzen und Abkürzer vermeiden.
- Sperrungen von Wegen und Schutzgebieten respektieren.
- Keine Blumen pflücken und keine Pflanzen entnehmen.
- Waldbrandgefahr beachten.
- Müll wieder mit nach Hause nehmen und dort entsorgen.
- Toilettengänge in freier Natur möglichst vermeiden.
- Lärm vermeiden.
- Hunde an die Leine nehmen.

ROTHER
BERGVERLAG

Ausgangspunkt zu parken und nach der Wanderung mit öffentlichen Verkehrsmitteln dorthin zurückzufahren, oder aber das Fahrzeug am Endpunkt abzustellen und per ÖV zum Ausgangspunkt anzufahren. Bei vielen Touren empfiehlt sich das Parken an einem Knotenpunkt, wie z. B. in Schaffhausen oder Bülach. Die meisten Parkplätze sind mittlerweile gebührenpflichtig.

Parkmöglichkeiten in Schaffhausen

- Parkhäuser beim Bahnhof und beim Ausgangspunkt Schifflände
- für Parkflächen Nähe Bahnhof Schaffhausen mit mehr als 5 Stunden Parkmöglichkeit siehe nachstehenden Übersichtsplan der Verkehrssituation am Bahnhof Schaffhausen.

Verkehrssituation am Bahnhof Schaffhausen

- Parkhäuser Bahnhof und Diana: 2 CHF pro Stunde (Geld oder Karten), am Sonntag billiger
- Parkflächen Viehmarkt und Mühlentalsträsschen: pro Stunde 1 CHF (auch Euro, aber nur Münz!), am Sonntag gratis
- Stadtbusse: auf beiden Seiten des Bahnhofplatzes, je nach Richtung
- Regionalbusse: Busbahnhof nördlich vom Bahnhofplatz
- für Linie 23 (Merishausen, Bargen) Haltestelle »Bahnhof Nord« benutzen!
- Wanderwegführung: gelb eingezeichnet

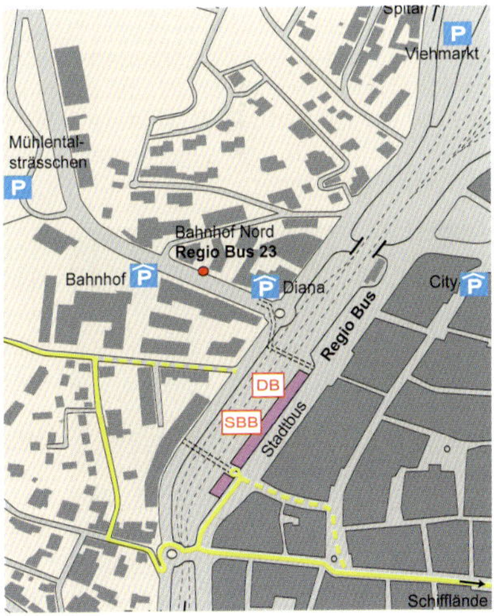

Information

- Schaffhauserland Tourismus, Vordergasse 73, CH-8200 Schaffhausen, Tel. +41 52 632 40 20, www.schaffhauserland.ch (Zentralstelle für Auskünfte und Unterkunftsvermittlung)
- Schaffhauser Wanderwege, www.schaffhauser-wanderwege.ch
- Das Schaffhauser Internetportal (allgemeine und amtliche Infos, Agenda) www.schaffhausen.ch
- Offizielle Homepage des Kantons: www.sh.ch
- Hegau Tourismus e.V., Industriestraße 9, D-78224 Singen, Tel. +49 (0)7731 5900 1401, www.hegau.de

- Schwarzwald Tourismus GmbH, Wiesentalstraße 5, D-79115 Freiburg, Tel. +49 761 89 64 60, www.schwarzwald-tourismus.info
- Regionaler Naturpark Schaffhausen: www.naturpark-schaffhausen.ch
- Schaffhausen Bus, Regionale Verkehrsbetriebe Schaffhausen RVSH, Tel. +41 52 644 20 20, www.vbsh.ch/index.php (mit Online-Fahrplan)

Teilgebiete

- Genussregion Wilchingen, Osterfingen, Trasadingen, www.genussherz.ch
- Stein am Rhein, www.tourismus.steinamrhein.ch

Straßen und Wege

Bei den Wegen unterscheiden wir in diesem Buch je nach Breite und Beschaffenheit in aufsteigender Reihenfolge zwischen Pfadspur, Pfad, Weg und Fahrweg; da und dort gebrauchen wir auch »Hohlweg« für einen tief im Gelände eingegrabenen Weg.

Recht viele Strecken der Wanderungen verlaufen auf fahrbaren Straßen, die für forst- und landwirtschaftliche Nutzung angelegt wurden. Innerhalb des Kantons Schaffhausen sind sie größtenteils nicht mit einem Hartbelag versehen und für den allgemeinen Verkehr gesperrt. Die in diesem Wanderführer verwendeten Begriffe wie Flur-, Feld-, Forst-, Naturstraße meinen immer diesen Typus von Fahrweg. Strecken mit Hartbelag werden als asphaltiert oder betoniert ausgewiesen und als Verkehrs-, Haupt-, Überland- oder einfach als Straße bezeichnet.

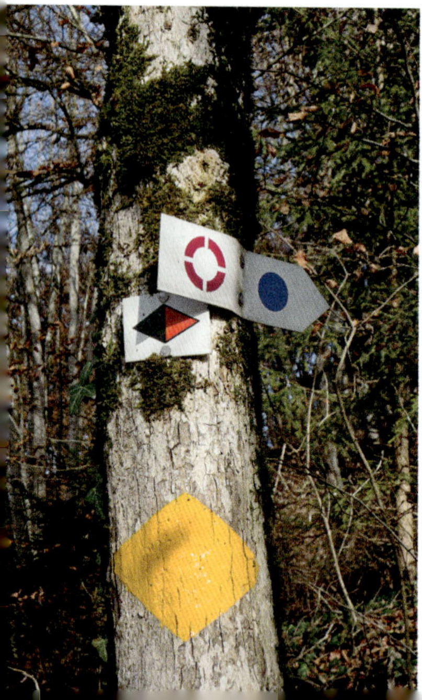

Wanderwegenetz und -markierungen

In Schaffhausen wird das Netz von Wanderwegen in Zusammenarbeit von Kanton, Gemeinden und dem Verein Schaffhauser Wanderwege hervorragend gepflegt und in gelb markiert entsprechend der Richtlinien der Schweizer Wanderwege: An den Ausgangspunkten und den Verzweigungen stehen Wegweiser mit Angaben zu den Zielen und den benötigten Zeiten. Unterwegs markieren gelbe Rhomben (Rauten) die Routen, an unklaren Stellen weisen

Deutsche und Schweizer Wanderzeichen.

GPS-TRACKS UND KOORDINATEN DER AUSGANGSPUNKTE

Zu diesem Wanderführer stehen auf www.rother.de GPS-Tracks und Koordinaten der Ausgangspunkte zum kostenlosen Download bereit.
2. Auflage, Passwort: 448802kaf
Sämtliche GPS-Daten wurden von den Autoren im Gelände erfasst. Verlag und Autor haben die Tracks und Wegpunkte nach bestem Wissen und Gewissen überprüft. Dennoch können wir Fehler oder Abweichungen nicht ausschließen, außerdem können sich die Gegebenheiten vor Ort zwischenzeitlich verändert haben. GPS-Daten sind zwar eine hervorragende Planungs- und Navigationshilfe, erfordern aber nach wie vor sorgfältige Vorbereitung, eigene Orientierungsfähigkeit sowie Sachverstand in der Beurteilung der jeweiligen (Gelände-)Situation. Man sollte sich für die Orientierung auch niemals ausschließlich auf GPS-Gerät und -Daten verlassen.

gelbe Richtungspfeile auf Abzweigungen hin. Einzelne Routen werden zusätzlich mit einer grünen Tafel samt Name und Zahl ausgeschildert (z. B. Nordspitze Panoramaweg 593).
In den angrenzenden Kantonen Thurgau und Zürich gelten die gleichen Grundsätze. Im benachbarten Deutschland sind die Wegweiser weiß und machen Distanzangaben in Kilometern; die Wegmarkierungen sind ebenfalls Rhomben, die allerdings je nach Routenidee verschiedenfarbig und / oder auch geteilt sind. Auch hier sind die Wege größtenteils gut markiert.
Das offizielle Wanderwegnetz von Schaffhausen wurde 2019 überarbeitet und gestrafft. Sämtliche Angaben im vorliegenden Wanderführer entsprechen den neuen Routen.

Weitwanderungen

Eigentliche Weitwanderungen sind innerhalb des Kantons Schaffhausen wegen seiner Kleinräumigkeit kaum möglich: in einem guten Tag hat man ihn bereits durchschritten. Nicht wenige Weitwanderrouten berühren aber auch Schaffhausen:

- 34 Klettgau – Rhein Weg (zwei Etappen: Hallau – Siblinger Randenhaus / Randenhaus – Schaffhausen)
- 60 Via Rhenana (zehn Etappen Kreuzlingen – Basel; in Schaffhausen: Stein am Rhein – Schaffhausen / Schaffhausen – Rheinau)
- Bodensee-Rundweg (bei Stein am Rhein)
- Ostweg (zwölf Etappen Pforzheim – Schaffhausen; zwölfte und letzte Etappe: Stühlingen – Schaffhausen)
- Anschlussweg zum Jakobsweg (Blumberg – Schaffhausen → Via Jacobi)

Mögliches Wanderprogramm, um in zwei Wochen Aufenthalt praktisch den ganzen Kanton zu bewandern und kennenzulernen (Übernachten entweder immer am gleichen Ort und öffentlich anfahren oder in den fett gedruckten Orten):

- 1. Tag: Ramsen – Schienerberg – **Stein am Rhein** (Tour 34)
- 2. Tag: Stein am Rhein – **Diessenhofen** via Oberstammheim – Rodäberg (38+40) oder via Wolkenstein – Bibermühle (37)
- 3. Tag: Diessenhofen – Schaaren – **Schaffhausen** (41)
- 4. Tag: **Schaffhausen** – Grenzweg – Wilchingen (50)
- 5. Tag: Wilchingerrunde – **Trasadingen (Wilchingen)** (51, 52, 53)
- 6. Tag: Hallauerberg – **Schleitheim** (57)
- 7. Tag: **Schleitheim** – Beggingen (19, 20, 21)
- 8. Tag: Beggingen – Bargen (**Schaffhausen**) (16)
- 9. Tag: Bargen – **Randenhaus** (15+09)
- 10. Tag: Randenhaus – **Schaffhausen** (08)
- 11. Tag: Schaffhausen –**Thayngen** (44)
- 12. Tag: Reiatweg – **Thayngen** (27)
- 13. Tag: Buchberg – Rüdlingen – Ellikon oder Eglisau (46+47)

Jagd, Waldbewirtschaftung

Gelegentlich trifft man auf Strecken, wo die Wege wegen forstwirtschaftlicher Arbeiten gesperrt sind. Den Hinweisen ist unbedingt Folge zu leisten; die Forstarbeitenden tragen Gehör- und Gesichtsschutz und können Sie nicht gut wahrnehmen. Meist lassen sich diese Gefahrenstellen ohne Schwierigkeiten umgehen.

Gegen 300 Jägerinnen und Jäger gehen in den 47 Revieren des Kantons Schaffhausen auf die Jagd. Die Jagdsaison dauert praktisch das ganze Jahr, nämlich von Anfang Mai bis Ende Januar. Alle Jagenden sind gut ausgebildet und haben eine Prüfung abgelegt; von ihnen geht keine Gefahr für Wandernde aus. So häufig wir beim Wandern auch den Hochsitzen oder fahrbaren Jagdhäuschen begegnen, so selten hören oder sehen wir etwas von der Jagd: zu unterschiedlich sind die Tageszeiten und Witterungsbedingungen. Treffen Sie dennoch einmal auf eine Jagd, folgen Sie den Hinweisen der Jagdposten und warten Sie, bis Ihnen der Weg freigegeben wird.

Einkehr

Von den einst so zahlreichen Gasthäusern in den Dörfern und den Ausflugsrestaurants haben die meisten in den letzten Jahren geschlossen. An einigen Orten bestehen Saison- oder Wochenendangebote. Bei den einzelnen Touren werden diese Möglichkeiten und die geplanten Ruhetage erwähnt. Bedenken Sie bitte, dass diese Angaben rasch wechseln können!

Im Gegensatz dazu haben sich die Einkaufsmöglichkeiten und die Öffnungszeiten an den Bahnhöfen und den Tankstellen stark verbreitet. So können Sie sich beispielsweise auch im Bahnhof Schaffhausen von frühmorgens bis spätabends an sieben Tagen die Woche mit allem Nötigen versorgen.

Unterkunftsarten

Hier kann nur eine generelle Übersicht der verschiedenen Möglichkeiten aufgezeigt werden. Für die Detailplanung wenden Sie sich an die entsprechenden Tourismusbüros oder das Internet.

- Hotels vom Backpacker bis zum Vierstern mit Schwerpunkt in der Stadt Schaffhausen und in Stein am Rhein; einige Gasthäuser auf dem Lande bieten auch Übernachtungsmöglichkeiten an; besondere Orte sind das Fasshotel in Trasadingen und das Siblinger Randenhaus; weitere Möglichkeiten finden sich im Umfeld: Zürcher Weinland, Jestetten (D), Lottstetten (D), Singen am Hohentwiel (D) usw.
- Zwei Jugendherbergen: Stein am Rhein, Schaffhausen-Stadt
- B&B (Bed and Breakfast, Zimmer mit Frühstück): viele Angebote, auch auf dem Land
- Campingplatz Rheinwiesen in Langwiesen ZH (unmittelbar am Rhein gelegen, nahe bei Stadt Schaffhausen), Stellplatz in Hallau, Camping Jestetten

Hütten

Die Sektion Randen des Schweizerischen Alpenclubs SAC (www.sac-randen.ch) betreibt auf dem Hasenbuck inmitten des dortigen Naturschutzgebietes

Jugendherberge Schaffhausen.

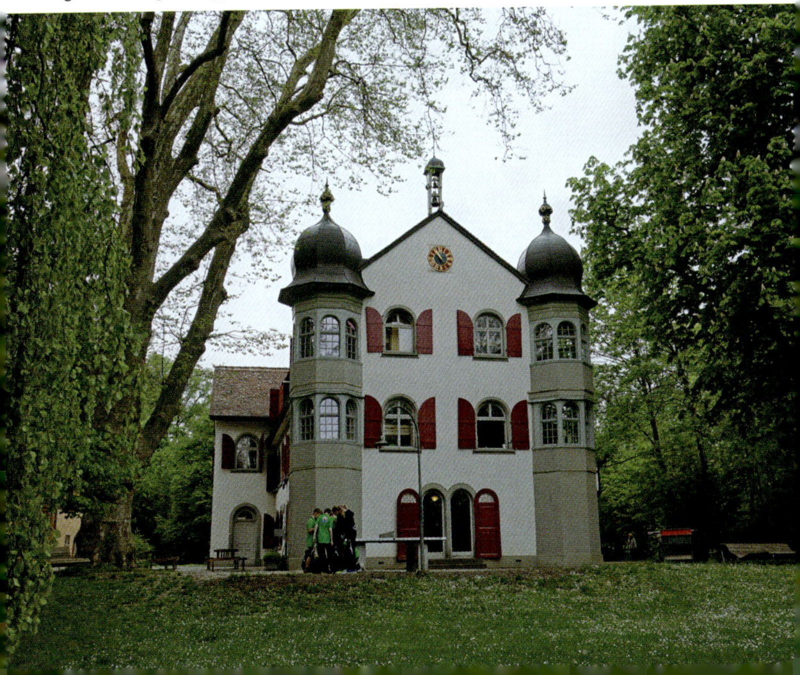

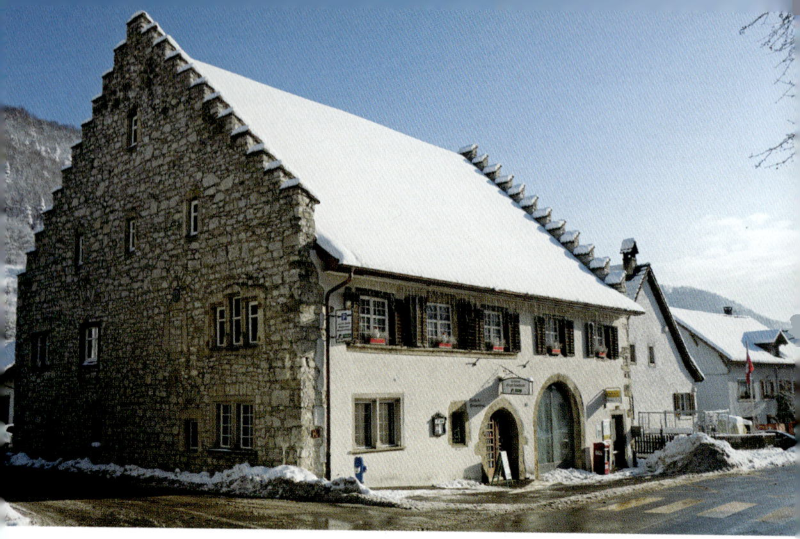

Gemeindehaus Merishausen.

(Touren 11, 15) eine Hütte mit 22 Schlafplätzen, die jedes Wochenende von Samstag 14–17 Uhr (oder länger) und Sonntag (10–15 Uhr; Suppe ab 12 Uhr) bewartet ist, auf Anfrage aber auch sonst und auch für Nichtmitglieder verfügbar ist.

Sprache

Amtssprache in Schaffhausen ist Deutsch. Die Schaffhauserinnen und Schaffhauser selbst sprechen einen ausgeprägten Dialekt: das Schafhuusertüütsch. Ein auffälliges Merkmal ist die Verwendung eines langen »aa« anstelle von »ei«: Stein → Staa, Heimat → Haamet usw. In der obligatorischen Schulzeit lernen alle auch Französisch und Englisch, sodass (mindestens rudimentäre) Kenntnisse dieser Sprachen weit verbreitet sind.

Telefon

Mobiltelefon und Datenempfang: In Schaffhausen bewegt man sich stets in Grenznähe. Hat man die Einstellung »Netzwahl« auf »automatisch« gesetzt, wird man möglicherweise mit einem Netz des benachbarten Auslandes verbunden, was – mindestens im Moment noch – kräftige Roaming-Gebühren verursachen kann. Wählt man die Einstellung »manuell« (rsp. »kein roaming«) bleibt man mit dem Heimnetz verbunden, läuft aber Gefahr, an gewissen Orten den Empfang zu verlieren, weil keine Abdeckung gegeben ist.
Die Vorwahl für die Schweiz ist +41, für Deutschland +49.

Notrufe

- Schweiz: Notrufnummer für alle medizinischen Notfälle ist 144. Die Polizei erreicht man über die Nummer 117, die Feuerwehr über 118.
- In Deutschland erreicht man alle Notdienste unter der Nummer 112.

Wettervorhersage

Der amtliche Wetterdienst MeteoSchweiz (www.meteoschweiz.admin.ch) liefert ständig aktualisierte Wetterberichte und -prognosen und ebenso Gefahrenwarnungen. Das Wetter im Gebiet Schaffhausen lässt sich meistens recht genau für ein bis zwei Tage vorhersehen, sodass die Tourenplanung recht zuverlässig geschehen kann.

Wandern mit Kindern

Die vielen Wälder und Feuerstellen, die Bächlein und Ruinen, die Aussichtstürme und Spielplätze, die Biotope und Kleintiere, die Busse und Schiffe ... machen Schaffhausen zum idealen Wanderort mit Kindern. Allerdings lieben Kinder das lange Dahintrotten auf einer Naturstraße weniger; sie brauchen dann eine gute Geschichte oder ein lässiges Spiel, um bei Laune zu bleiben. Eine gute Rhythmisierung, interessante und erholsame Pausen, Erlebnisangebote und schmackhafter Proviant helfen mit, den Ausflug angenehm und erholsam zu gestalten. Einige der Routen in diesem Buch sind mit dem Logo als familiengeeignet gekennzeichnet: Gemeint sind damit Wanderungen mit bereits geübten Kindern ab frühestens sieben Jahren in kindererfahrener Begleitung, die insbesondere die geplante Gehzeit für die mitkommenden Kinder abschätzen kann.

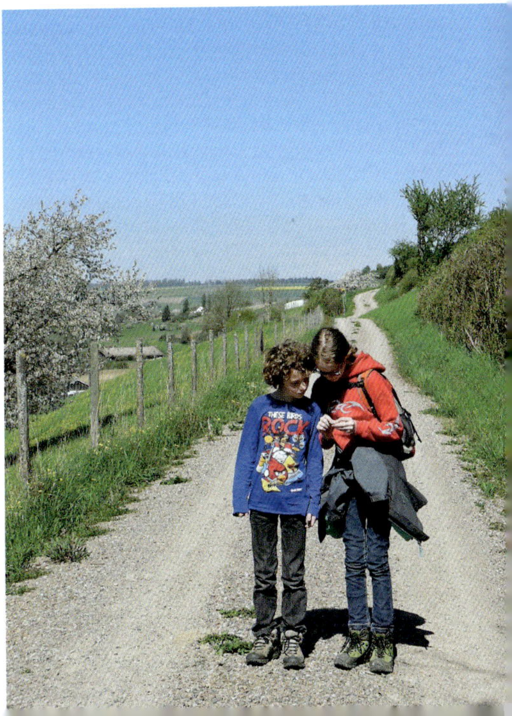

Von Osterfingen radeggwärts ... es gibt viel zu bestaunen (Tour 51).

WANDERN IN SCHAFFHAUSEN

Land und Leute

Schaffhausen ist der nördlichste und einer der kleinsten Kantone der Schweiz, der überdies noch in drei getrennte Teile aufgefächert ist: Der sogenannte **Obere Kantonsteil** ist das Gebiet bei Stein am Rhein, der zentrale Teil umfasst nebst der Hauptstadt Schaffhausen die Gebiete Reiat, Randen und Klettgau, während der **Untere Kantonsteil** aus den Gemeinden Rüdlingen und Buchberg besteht. Verbunden sind sie alle durch den Hochrhein, auf dessen nördlicher – sonst der deutschen – Seite sie aufgereiht sind. Getrennt werden sie durch Flächen, die zu Baden-Württemberg oder dem Kanton Zürich gehören. Die Grenzen verlaufen lang und wirr, folgen kaum natürlichen Gegebenheiten, sondern sind historisch entstanden aus Jagdbanngebieten, Klosterbesitztümern oder Konfessionszugehörigkeiten. Zwar wurden im vergangenen Jahrhundert da und dort Landstriche abgetauscht, insgesamt aber bleibt die Grenze eine Linie voll unvermuteter Ausschläge und Zacken. Immerhin können die Menschen sich unterdessen dank der offenen Grenzen freier bewegen, wenngleich die Zollbestimmungen zwischen der Schweiz und Deutschland nach wie vor zu beachten sind. Auch topografisch ist der Kanton alles andere als einheitlich: Naturräumlich dominiert im Zentrum die Hügellandschaft des Randen, eines Ausläufers des Jura-Kalk-Gebirges, mit vielen Wäldern, Hochflächen und tief eingeschnittenen Tälern. Sie bricht allseits mit markanten Steilhängen gegen das Umland ab, besonders deutlich auch mit der langen, ausgeprägten Kante der Bargemer Verwerfung gegen den Hegau. Ob die dortigen Vulkane im Zusammenhang mit dieser Verwerfung ausgebrochen sind? Um diese Bruchkante im Osten gruppiert sich der Reiat, der den östlichen Teil des Randen und das Bibertal unterhalb des Bruches umfasst. Dem Randen westlich vorgelagert ist das (oder »der«) Klettgau: eine weite Mulde ehemalig großer Flussströme.

Auch der Obere Kantonsteil im Osten und der Untere im Süden sind geprägt von Flusssystemen: Stein am Rhein mit der obersten Brücke des Hochrheins liegt am Ausfluss des gletschergeformten Alpenrandsees Bodensee mit seinen diversen Seitenarmen. Moränen voller Findlinge, Ablagerungsgesteine und die Mulden und breiten Täler der Abflussrinnen des Schmelzwassers sind Elemente der Landschaft. Unten überblicken Rüdlingen und Buchberg den Zusammenfluss von Rhein, Thur und Töss.

Von den knapp 80.000 Menschen, die im Kanton Schaffhausen leben, haben rund ein Viertel eine ausländische Staatsangehörigkeit. Weit mehr als die Hälfte aller Einwohnerinnen und Einwohner lebt in der Agglomeration Schaffhausen-Neuhausen-Beringen, sodass die übrigen Gebiete dünn besiedelt sind. Die Dörfer haben größtenteils einen ländlichen Kern bewahrt, mit schmucken Häusern, von denen jedes seinen Namen trägt, Bauernhöfen mit Miststöcken und Vieh, einer Vielzahl von plätschernden Brunnen,

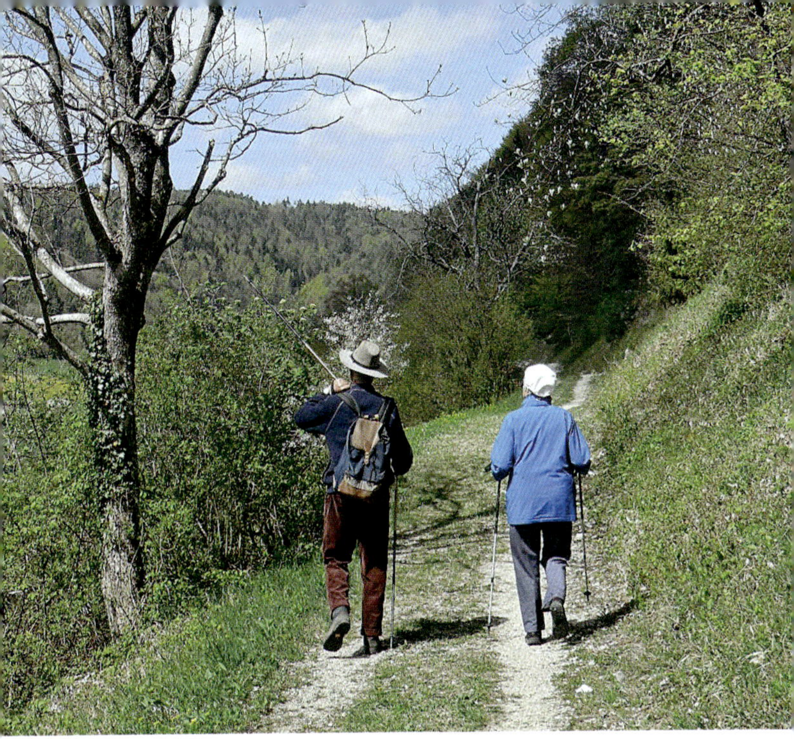

Frühlingserwachen am Sonnenhang der Gräte in Merishausen.

Obstbäumen und bunten Hausgärten, Traktoren und landwirtschaftlichen Maschinen. Alle grüßen sich bei der Begegnung. Fast eine heile Welt, die dem offiziellen Werbespruch »ein kleines Paradies« gerecht zu werden scheint. Allerdings haben Abwanderung und zunehmende Mobilität den Dörfern auch zugesetzt: Viele Läden sind geschlossen, die einst so zahlreichen Gaststuben ebenso, die Schulen bedroht. Typisch für eine dermaßen exponierte, verzahnte Grenzregion scheint einerseits die starke Betonung der Eigenständigkeit, wie sie sich z. B. im ausgeprägten Schaffhauser Dialekt zeigt, und die Liebe zum Bestehenden und Bewährten, die im eher konservativen Wahl- und Abstimmungsverhalten einen Ausdruck findet. Anderseits ist man seit Jahrhunderten gewöhnt an den Kontakt und die offenen und interessierten Begegnungen über die Grenzen hinweg: Schaffhausen ist eine multikulturelle, aufgeschlossene Stadt mit einem reichen kulturellen Angebot, Sitz internationaler Firmen mit entsprechendem Personal und einem blühenden Tourismus.

Geologie und Tektonik

Die Landschaft von Schaffhausen ist (grob vereinfacht gesagt) geprägt von zwei verschiedenen Elementen:

Das sind einerseits im zentralen Teil die Kalkgesteine aus der Jurazeit. Der Randen als nordöstlichster Ausläufer des Tafeljura bildet die Nahtstelle zwischen dem Jura, der von Frankreich her den Nordrand der Schweiz bildet, und dem süddeutschen Schichtstufenland der Baaralb und Schwäbischen Alb. Die Kalkschichten sind leicht schräg aufgeworfen und erreichen ihre höchste Höhe auf dem Hagen an der Nordgrenze mit 912 m über Meer; nach Südosten fallen sie ab. Sie sind vor allem aus Schichten des Weißen Jura aus der Malmzeit aufgebaut: Immer wieder am Wegrand und als Schotter auf den Forststraßen begegnen wir diesem weißen bis gelblichen Kalkstein, besonders auffällig auch da und dort in den sogenannt »wohlgeschichteten Kalken«. Die Erosion hat entlang der Bruchrisse tiefe Täler in die Schichten gefressen. Die härteren Schichten bilden die steilen Hänge, die meist bewaldet sind, während darüber auf dem Rücken und in Terrassen weichere Mergelschichten landwirtschaftlich wertvollen Wiesen und Äckern Platz geben. In den Kalkschichten eingelagert finden sich die Abdrucke der ehemaligen pflanzlichen und vor allem tierischen Meeresbewohner. Lange nicht überall, aber doch da und dort finden aufmerk-

Wohlgeschichtete Kalke.

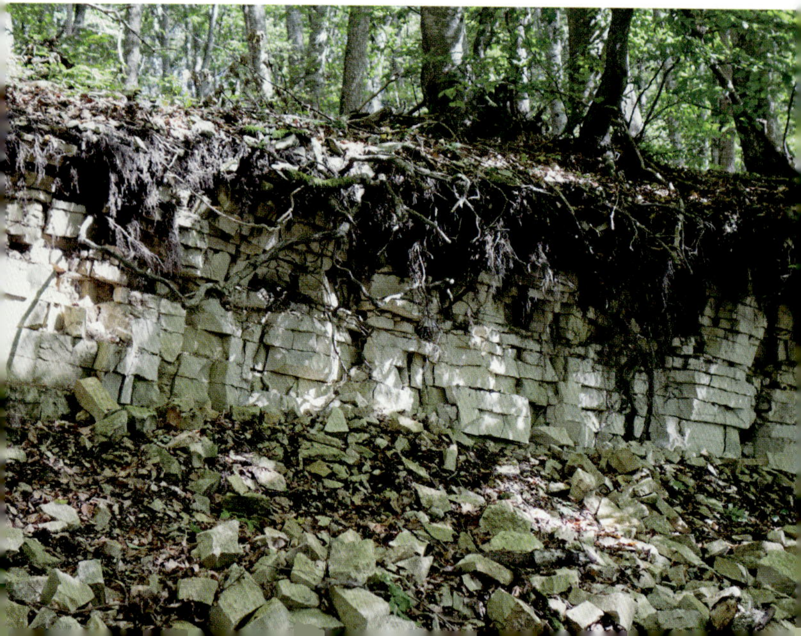

same Wandernde kleinere und größere Versteinerungen (Fossilien). Die Randenhöhen blieben in den Eiszeiten unvergletschert und wurden nicht mit wasserhaltenden Schichten versorgt. Die Böden blieben steinig und flachgründig.
Das alles verleiht dem Randen sein charakteristisches Aussehen: steile Hänge, weite Höhen, parkähnliche Hochflächen mit Baumstreifen, insbesondere Föhren. Und prägen damit das Wandererleben: kurze, steile Auf- und Abstiege, aussichtsreiche Flachstrecken auf den Bergrücken. Die Höhen sind unbesiedelt; die Dörfer ducken sich in die Täler.
Der Rest des Gebietes wurde vorwiegend durch das Wasser geformt: Uraare und Urrhein flossen hier durch, die letzte Eiszeit (die Würmeiszeit) reichte bis in die Gegend von Schaffhausen. Gewaltige Eismassen pressten das Land, hobelten die Hegauer Vulkane, warfen Moränen auf. Die Schmelzwasser am Ende der Eiszeit formten verschiedene Geländeterrassen und Schwemmgebiete, Entwässerungsrinnen bildeten Täler und ließen so auch den Rheinfall entstehen, langsam abschmelzende Eisbrocken hinterließen Toteisseen. In diesen Teilen durchwandern wir Acker- und Wiesland, laufen den Bächen und dem Hochrhein nach, begegnen Mooren und Tümpeln.

Flora und Fauna

Die Flora von Schaffhausen ist sensationell! Kaum ein Gebiet nördlich der Alpen weist eine dermaßen große Varietät von Pflanzen auf kleinem Raum auf. Die Kombination von Klima, Standortbedingungen und Schutz- und Pflegemaßnahmen hat einen botanischen Reichtum geschaffen, der seinesgleichen sucht.

- Klima: Schaffhausen liegt im Regenschatten des Schwarzwaldes und ist mit einer durchschnittlichen jährlichen Regenmenge von nur gut 800 mm eines der trockensten Gebiete der Schweiz.
- Standortbedingungen: Die humusarmen, südexponierten Hänge erwärmen sich schnell und schaffen ein trockenwarmes Mikroklima. In der Vegetationsgeschichte ließ die nur teilweise Vergletscherung der letzten Eiszeit in Warmzeiten eingewanderte Arten von Kraut- und Strauchschichten überleben. Ein abwechslungsreiches Mosaik von Magerwiesen, ungedüngten Halbtrockenrasen, Feldgehölzen, lockeren Hecken, Steinhaufen und lichten Wäldern bietet vielen Pflanzenarten Lebensraum: Über 30 Orchideenarten gedeihen hier, wie der Frauenschuh, die verschiedenen Ragwurze, die Knabenkräuter, die Bocksriemenzungen. Die Küchenschelle, verschiedene Enziane, die Wintergrüngewächse, der magische Diptam, die dunkle Akelei und das Immenblatt, die Märzenbecher und der Aronstab und viele weitere seltene Pflanzen sind zu finden. Schaffhausen ist ein ausgesprochen waldreicher Kanton; fast die Hälfte, nämlich 42 Prozent seiner Fläche sind von Wald bedeckt. Nebst einigen ausgedehnten Fichtenbeständen sind die Wälder größtenteils Laubmischwälder mit Buchen, Hainbuchen, Eichen, Ahornen und an

geeigneten Orten auch Flaumeichen, vielen Mehlbeeren, der Elsbeere und dem Speierling, um nur einige aus der großen Varietät zu nennen. Aber auch viele Feuchtgebiete in den Niederungen sind wertvolle botanische Standorte mit einer bemerkenswerten Flora: Mehlprimeln, Gelbsternen und den blauen Sibirischen und den Gelben Schwertlilien und manchem mehr.

- Schutz- und Pflegemaßnahmen: Schon sehr früh – wohl nicht zuletzt als Folge des Raubbaus in den Wäldern für die Bohnerzgewinnung – wurde der Wert einer vielseitigen Struktur der Landschaft mit naturbelassenen Teilen erkannt. Seit Jahrzehnten bestehen Schutzgebiete, die aufwendig und sorgfältig gepflegt werden. Dazu trägt eine überlegte Raumplanung bei, welche die verschiedenen Nutzungen klar trennt. Immer wieder erleben wir in Schaffhausen erstaunt und erfreut, wie man nach wenigen Minuten Gehens aus einer besiedelten Zone in eine ganz andere Welt voller Natur eintritt und auf der Wanderung lange darin verweilt, bis man dann auch recht unvermittelt wieder in die belebte Siedlungswelt zurückkehrt.

Es versteht sich von selbst, dass diese Natur auch perfekte Bedingungen für eine artenreiche Fauna bietet. Die Magerwiesen und Lesesteinhaufen sind ein idealer Lebensraum für Schmetterlinge, Insekten und Reptilien: Ringel- und Schlingnattern, Eidechsen, Wildbienen, Tagfalter, Heuschrecken und Blindschleichen. Viele Feldhasen und Füchse sind zu sehen, gelegentlich auch die Rehe, während die Wildschweine, die Dachse, die Marder und Wiesel und die Sikahirsche im Südranden sich besser versteckt halten. Am meisten begleiten die Wandernden aber natürlich die Vögel: die vielen auffälligen Greifvögel, meist Rotmilane mit ihrem gegabelten Schwanz und dem charakteristischen pfeifenden Ruf, aber auch Bussarde und verschiedene Falken. Die Wälder, Ränder und Hecken sind belebt von Buch-, Grün- und Distelfinken, Kohl- und Blaumeisen, Bunt-, Grün-, Schwarz- und den seltenen Mittelspechten, dem Kleiber und dem Girlitz, dem Zaunkönig und der Singdrossel, den Waldkäuzen und Schleiereulen, aber auch selteneren Arten wie der Goldammer oder dem Neuntöter. Über den Äckern steigt die Feldlerche – auf den Randenhochflächen sogar die Heidelerche – singend in die Höhe, bis sie nur noch als Punkt erkennbar ist; Dohlen lassen sich im Wind tragen. Am und auf dem Wasser leben diverse Enten, Sumpf- und Teichrohrsänger, Grau- und Silberreiher, und auch der schnelle, schmucke Eisvogel. Recht viele Biber wohnen ebenfalls an diesen Orten; sie lassen sich kaum sehen, machen aber durch die angenagten oder schon gefällten Bäume auf sich aufmerksam.

Naturschutzgebiete

Große Teile des Kantons Schaffhausen sind im Schweizerischen Bundesinventar der Landschaften von nationaler Bedeutung BLN aufgeführt, so insbesondere der ganze Randen und das Wangen- und Osterfingertal. Überdies bestehen rund 90 eidgenössische, kantonale und lokale Natur-

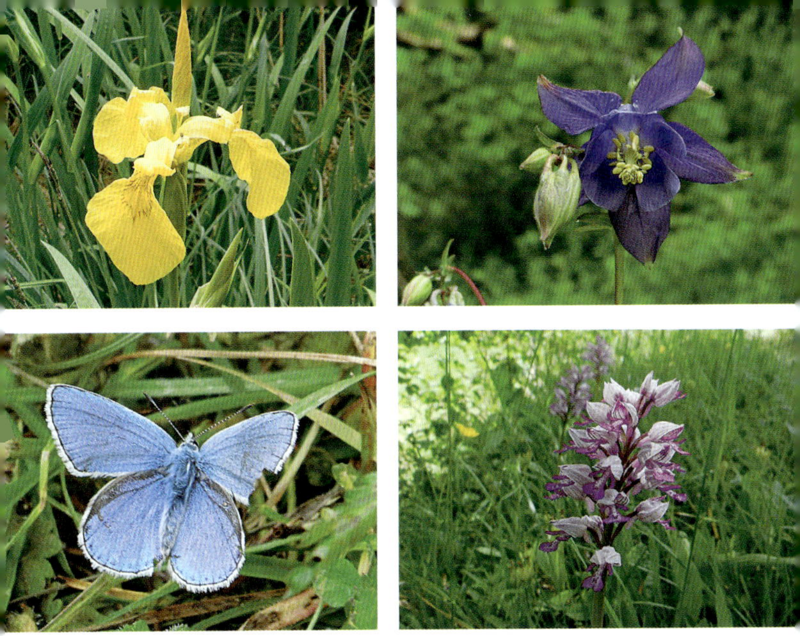

Gelbe Schwertlilie (Iris pseudoacorus), Gewöhnliche Akelei (Aquilegia vulgaris), Himmelblauer Bläuling (Polyommatus bellargus), Helm-Knabenkraut (Orchis militaris).

schutzgebiete, und auch in den umliegenden Gebieten (Kantone Thurgau und Zürich, Gebiete Hegau und Schwarzwald) sind sie zahlreich. Immer wieder auf den Wanderungen begegnet man ihnen oder durchquert sie. In Naturschutzgebieten wird nicht einfach die Natur ihrem Schicksal überlassen, vielmehr verlangen diese Gebiete eine intensive, kenntnisreiche und sorgfältige Pflege: Zum richtigen Zeitpunkt müssen die richtigen Stellen gemäht werden, um der Verbuschung entgegenzuwirken. Bäume müssen gefällt werden, um genügend Licht zu gewährleisten, Äste und Steine zusammengetragen werden, um dem Kleingetier Lebensraum zu sichern, und viele Arbeiten mehr. Eine überlegte extensive Bewirtschaftung der Böden unterstützt die Artenvielfalt.
Es versteht sich von selbst, dass das Betreten der Schutzgebiete nur auf den offiziellen Wegen erfolgen darf. An interessanten Standorten bestehen Beobachtungsstellen oder auch Trampelpfade; diese sollen nicht verlassen werden (bitte auch nicht nur einen Schritt, um eine besonders gelungene Nahaufnahme zu schießen), weil sonst Pflanzen und Mikroorganismen zerstört und der Boden verdichtet wird. Das Pflücken oder gar Ausgraben von Pflanzen ist verboten, ebenso das Feuermachen.

Einige Schutzgebiete seien gesondert erwähnt:

- das Tannbüel (Tannbühl) bei Bargen (Touren 17 und 18)
- die Gebiete um Merishausen: Laadel und Gräte (Touren 12, 13 und 14)
- der Hasenbuck (Tour 11)
- der Schaaren (Tour 41)
- die Gebiete um Osterfingen (Touren 52 und 53)
- das Winterihau (Tour 54)
- der Urwald Seldenhalde im Wutachtal (Tour 60)

Wetter

Schaffhausen gehört zu einer gemäßigten Klimazone mit angenehmen Sommern und eher milden Wintern. Die durchschnittliche Jahrestemperatur in Schaffhausen-Stadt beträgt knapp 10 Grad mit einem Minimum im Januar von etwas unter Null und einem Maximum im Juli von rund 17 Grad. Die Regenmenge ist mit nur knapp 900 mm deutlich unter dem schweizerischen Mittel. Der Niederschlag verteilt sich ausgeglichen über das Jahr; die Hauptregenmenge fällt in den Sommermonaten, am trockensten ist in der Regel das Winterhalbjahr. In diesem bildet sich über dem Hochrhein und den übrigen Tiefgebieten gerne Nebel; die Randenhöhen schauen häufig über den Nebel hinaus und erlauben eine gute Fernsicht zu den Alpen und zum Schwarzwald.

Weitere Aktivitätsmöglichkeiten

- Fahrrad/Bike

  Im ganzen Gebiet des Wanderführers besteht ein dichtes, signalisiertes, reichhaltiges Netz für Tourenräder; spezielle Radkarten zeigen die Strecken auf. Besonders beliebt ist die Hochrheinroute, die zwischen Schaffhausen und Stein am Rhein (oder den Orten am Untersee) eine Kombination mit den Kursschiffen ermöglicht. Die Busse der Verkehrsbetriebe Schaffhausen befördern Fahrräder nur nach Möglichkeit; es ist ein Fahrschein für das Velo zu lösen.
- Mountainbike

  Das bewaldete, hügelige Gebiet von Schaffhausen erfreut sich großer Beliebtheit und bietet Touren in allen Schwierigkeitsgraden.
- Wassersport

  Eine hochgehaltene Tradition in Schaffhausen pflegt das Befahren des Hochrheins mit dem Weidling (flaches, holzgefertigtes Boot). Flussaufwärts wird der Weidling am Seil gezogen, wo ein Treidelpfad dem Wasser entlangläuft, oder gestachelt, d. h., an einer Stange mit Stachel am Ende im untiefen Wasser vorwärts gestoßen. Flussabwärts wird das Boot mit Rudern in die Strömung gebracht und von dieser mitgetragen.
  Sehr beliebt sind Kanufahrten zwischen Stein am Rhein und der Schaffhauser Schifflände oder vom Rheinfallbecken bis Eglisau. Diverse Anbieter vermieten Kanus samt Ausrüstung oder bieten begleitete, geführte Fahrten an.

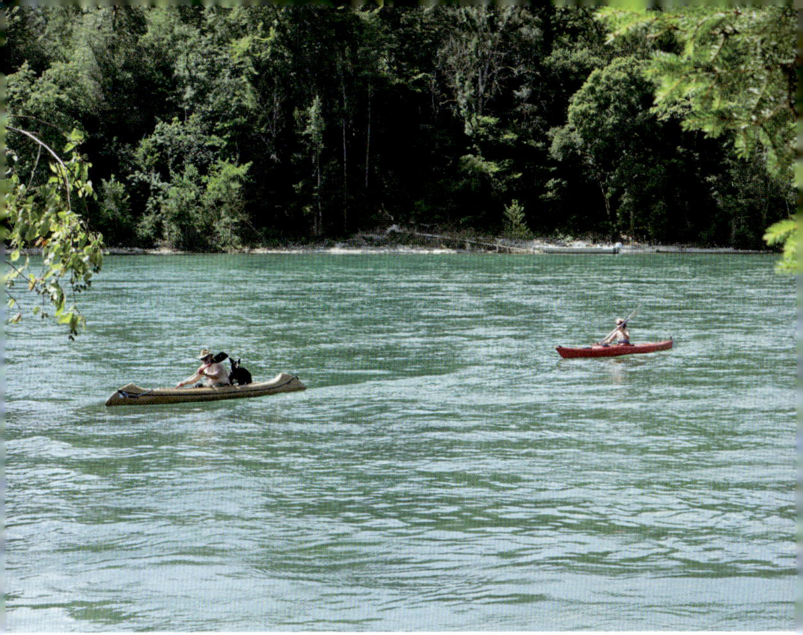

Kanus auf dem Rhein.

- Klettersport
  Aufgrund der geologischen und topografischen Bedingungen eignet sich das Gebiet kaum zum Felsklettern. Kletterhallen in Schaffhausen und ein ausgedehnter Seilpark am Rheinfall bieten Ersatz.
- Höhlen, Speläologie
  Obwohl sich im wasserlöslichen Kalk Spalten und Höhlensysteme bilden, gibt es im Gebiet Schaffhausen keine nennenswerten öffentlich zugänglichen Höhlen. Nur das Gipsbergwerk Oberwiesen / Schleitheim vermittelt die Möglichkeit, ins Berginnere zu gelangen. Einige kleine Höhlen werden von Spezialisten besucht.
- Barrierefrei Wandern
  Rheinfall-Rundweg 896
  Eschheimertal-Weg 904 bei der Stadt Schaffhausen
  Uferweg Stein am Rhein 905
- Reiten
  Das Reiten ist in Schaffhausen sehr verbreitet und es bestehen viele Reithöfe mit unterschiedlichem Angebot; auch Tages- und Mehrtagesritte werden offeriert.
- Hinweise zu weiteren Sportmöglichkeiten auf www.schaffhauserland.ch

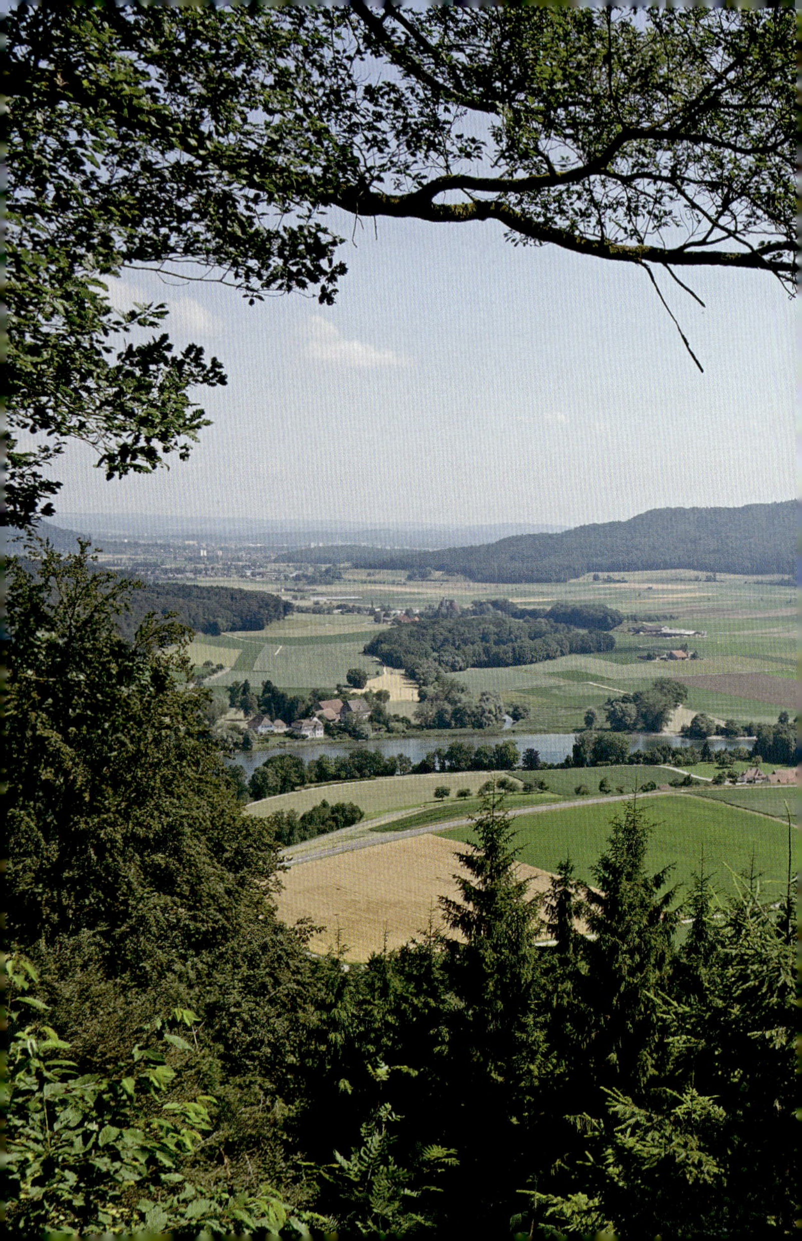

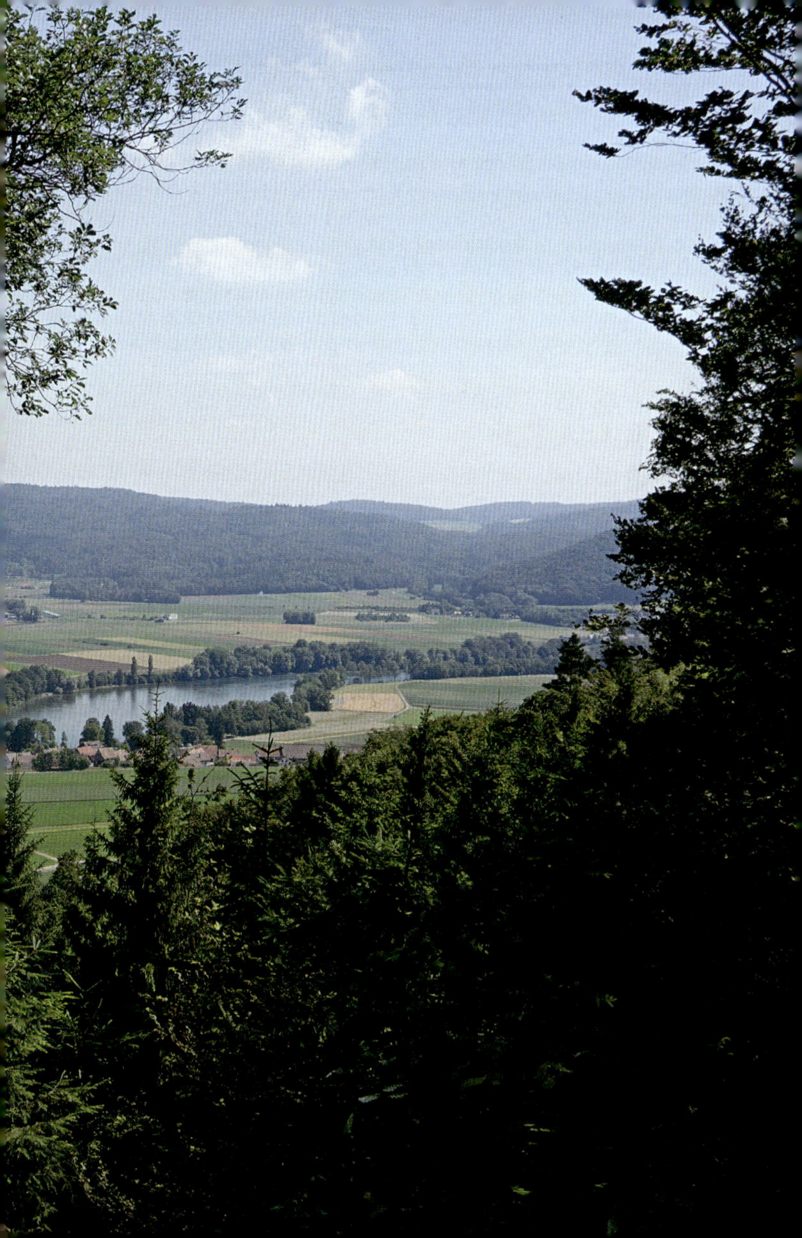

TOP

1

↗ 110 m | ↘ 110 m | 7.4 km

Rheinfall total – Rundtour ab Neuhausen

2.00 h

Der Rheinfallklassiker, der alle sehenswerten Punkte berührt

Ein Besuch des imposanten Rheinfalls ist immer wieder ein packendes und eindringliches Erlebnis. Diese kurze Rundtour nähert sich ihm von oben her, wo der Rhein schon stärker über Felsstufen zu fließen beginnt. Sie begeht dann beide Seiten: die Zürcher Seite mit dem tollen Schloss Laufen und die Schaffhauser Seite mit dem auf den Rhein gesetzten Schlösschen Wörth. Entlang der ursprünglichen ersten Industrieanlagen lässt sich am Rheinfallrand wieder aufsteigen. Indem wir nochmals aufs unbebaute Ufer wechseln, nehmen wir naturnah und still wieder Abschied.

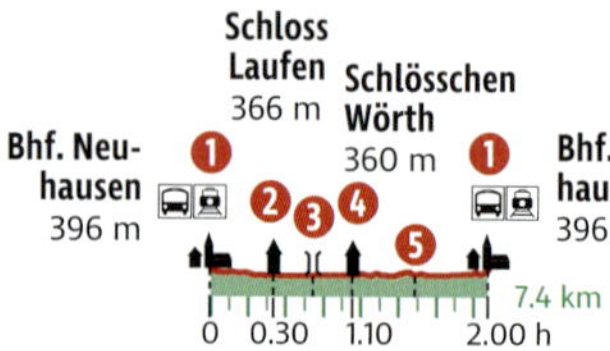

Ausgangs- und Endpunkt: Bahnhof Neuhausen, 396 m. Anfahrt: S 33 Winterthur–Schaffhausen, S 9 Schaffhausen-Uster, Stadtbus 6. – Mit dem Privatfahrzeug Anreisende benützen die Parkplätze beim Schloss Laufen am Rheinfall und beginnen die Wanderung dort.
Anforderungen: Leichte Wanderung, teilweise schmale Uferpfade, die nicht für allzu kleine Kinder geeignet sind.

Einkehr: Kiosk am Bahnhof Neuhausen, Gastbetriebe um den Rheinfall.
Hinweise: Für die sehenswerte Ausstellung im Schloss Laufen und die Aussichtsplattformen muss beim Servicegebäude beim Parkplatz vor dem Schloss Eintritt gelöst werden. – Bootsfahrten auf dem Rhein und zum Rheinmittelfelsen ab Schlösschen Wörth. – Seilpark oberhalb Schlösschen Wörth. – Alle Infos: www.rheinfall.ch.

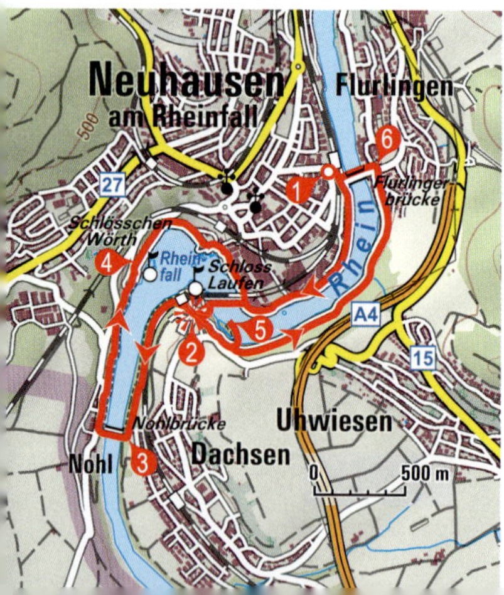

Vom **Bahnhof Neuhausen ❶** geht es gleich durch die Unterführung zur Flurlinger Brücke. Wir bleiben diesseits und gehen auf dem Gehweg bis zur Eisenbahnbrücke oberhalb des Rheinfalls. Wir überschreiten sie und steigen zum **Schloss Laufen ❷** hinauf. Wer dieses und den Rheinfall besichtigen will, kauft sich gleich ein Ticket und geht durch den Schlosshof und hinunter auf die Terrassen. Von dort direkt zum Weiterweg am Rheinufer. Sonst führt der Weg vor der Schlossbrücke hinunter zur Bahnhaltestel-

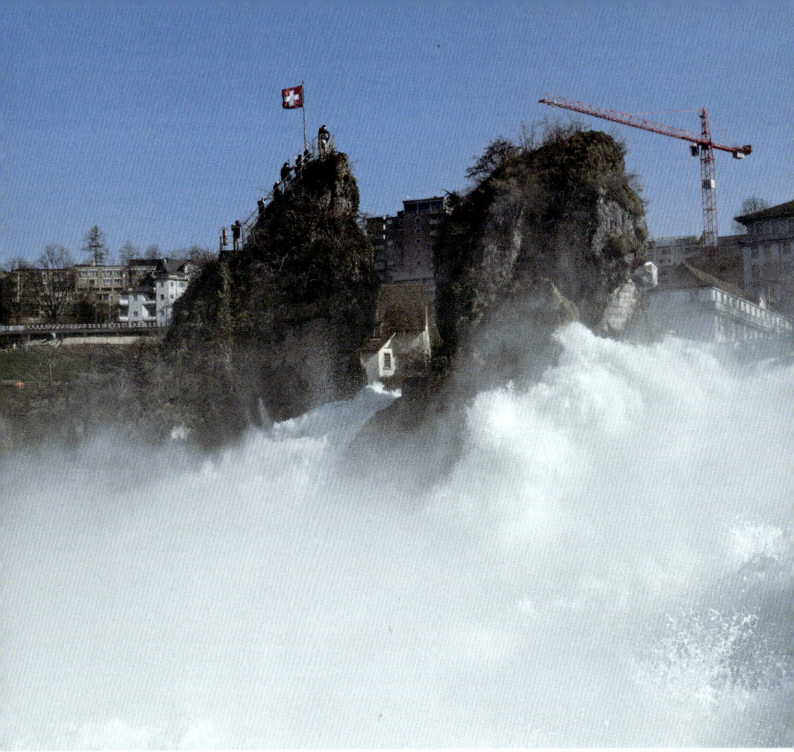

Ein packendes Erlebnis: der Rheinfall und seine Mittelfelsen.

le Schloss Laufen und ans Rheinufer. Dort folgen wir dem schmalen Pfad rheinabwärts bis zur **Nohlbrücke** ❸, überqueren diese und kehren auf der nördlichen Seite des Rheins wieder zurück. Vom **Schlösschen Wörth** ❹ und seinen Terrassen haben wir einen hervorragenden Überblick über den Rheinfall und auch die Möglichkeit für Bootsfahrten.
Wir folgen weiter dem Rheinufer aufwärts, dem Rande des Falles nach, und gelangen schließlich wieder zur Eisenbahnbrücke. Wir überqueren sie von Neuem, steigen wieder auf, gehen dann aber noch vor dem Servicegebäude nach links weg auf einer Kiesstraße. Sie führt wieder abwärts ans Rheinufer. Ein kleiner Abstecher bringt uns auf die **Insel ohne Namen** ❺, einem wunderbar stillen Ort am urwüchsigen Rhein. Zurück auf der schattigen Ufernaturstraße folgen wir dieser bis nach **Flurlingen**, wo wir die **Brücke** ❻ überqueren und danach wieder zum **Bahnhof Neuhausen** ❶ hinaufsteigen können.

↗ 340 m | ↘ 310 m | 19.3 km

2 Rheinau – große Rheinfallwanderung

4.30 h

Uferwege zu barocker Pracht – intensives Flusserleben

Schaffhausen verdankt sein Entstehen wohl den Waren, die bei der »Schifflände« auf den Landweg umgeladen werden mussten, bevor der Rhein wilder dem Rheinfall zustürmte. Davon zeugen bis heute die alten Bauten: der Salzstadel, der Güterhof, der Schweizerhof und andere mehr. Unterhalb des Rheinfalls mäandert der Rhein wieder gemütlich durch die Ebenen, gibt bei Rheinau einer Insel Raum, wo seit alters ein ausgedehntes Kloster mit einer üppigen Barockkirche liegt, das heute als »Musikinsel« eine neue Bestimmung gefunden hat. Unsere weite Wanderung führt nebst den geschichtsträchtigen Eckpunkten durch viel Natur am Wasser.

Ausgangspunkt: Schaffhausen, Schifflände, 391 m. Anfahrt: Ab Bahnhof Schaffhausen 10 Min. Fußmarsch durch die Altstadt; Stadtbus 5 bis »Schifflände«. – Kostenpflichtiges Parkhaus Schifflände.
Endpunkt: Neuhausen, Zentrum (alternativ auch Haltestelle Rheinfall oder Bhf. Neuhausen). Rückfahrt: Stadtbus 1 nach Bhf. Schaffhausen.
Anforderungen: Problemlose Wege, jedoch teils schmale Uferpfade, die sich nicht für kleine Kinder eignen.
Einkehr: Gastbetriebe an der Schifflände Schaffhausen, Gastbetriebe am Rheinfall, Restaurants in Rheinau.
Varianten: 1. In Rheinau abbrechen und aufs Postauto nach Marthalen (dort Bahnanschlüsse) gehen. – 2. Im Sommer Bootsfahrten vom Wehr Rheinau bis zum Rheinfall.
Hinweise: Altstadt Schaffhausen am Weg zur Schifflände. – Besichtigung Schloss Laufen inkl. Besuch der Plattformen am Rheinfall. – Barocke Pracht der Klosterkirche Rheinau (Mo geschlossen, Di–So von April bis Okt. sicher 14–16 Uhr, im Sommer auch mehr; im Winter geschlossen).

Der Rhein kurz vor dem Fall.

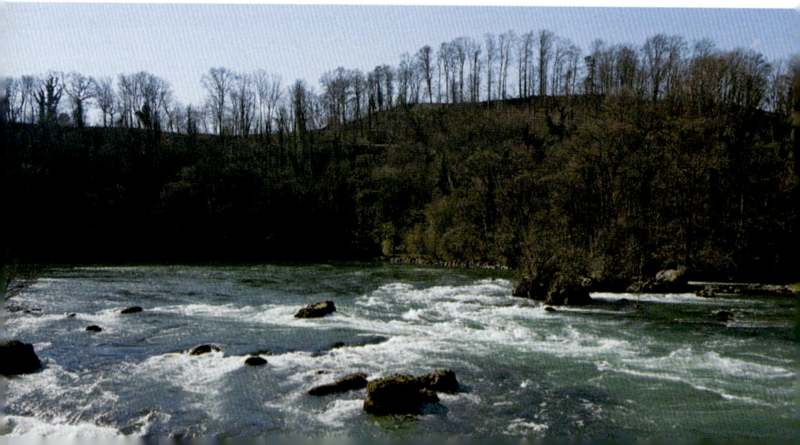

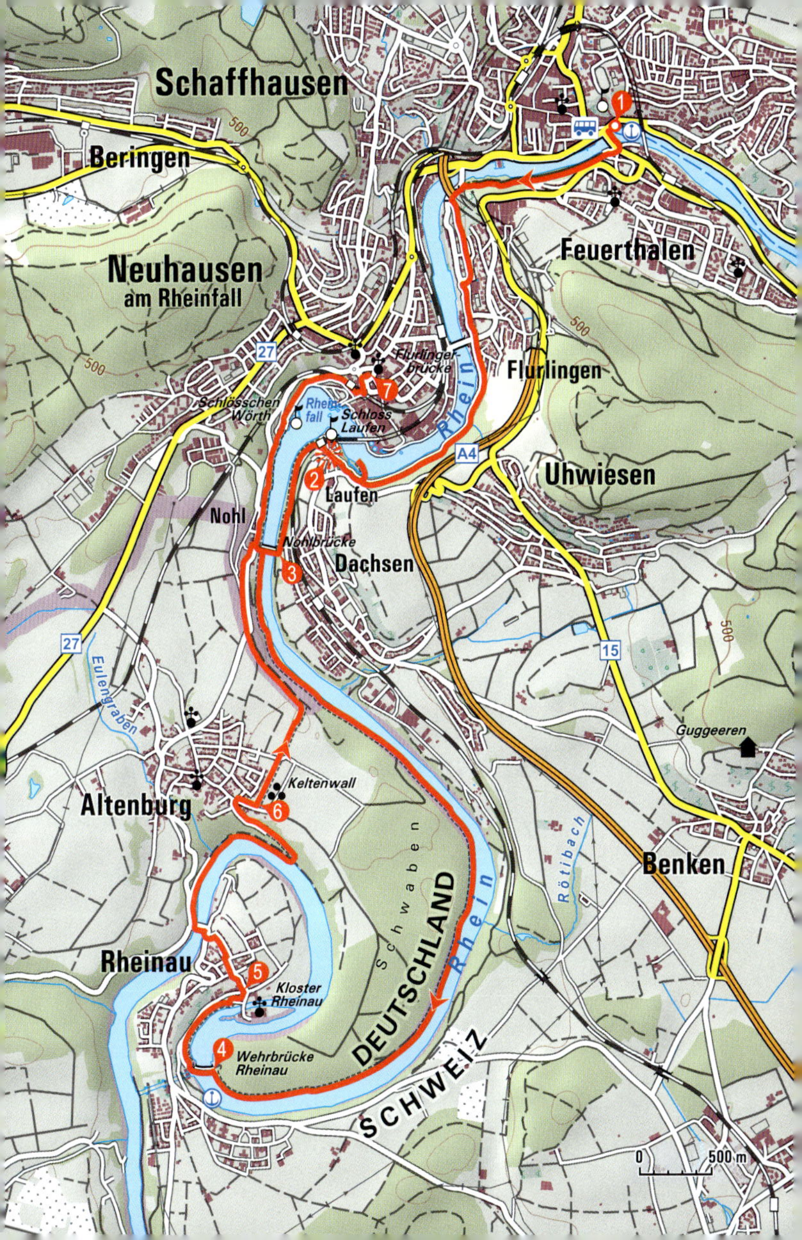

Schaffhausen
Beringen
Neuhausen
am Rheinfall
Feuerthalen
Flurlingen
Flurlinger-
brücke
Schlösschen
Wörth
Rheinfall
Schloss
Laufen
Rhein
A4
Uhwiesen
Laufen
Nohl
Nohlbrücke
Dachsen
27
15
Eulengraben
Guggeeren
Keltenwall
Altenburg
Benken
Schwaben
DEUTSCHLAND
Rhein
Rötibach
Rheinau
Kloster
Rheinau
Wehrbrücke
Rheinau
SCHWEIZ
500
0
500 m
1
2
3
4
5
6
7

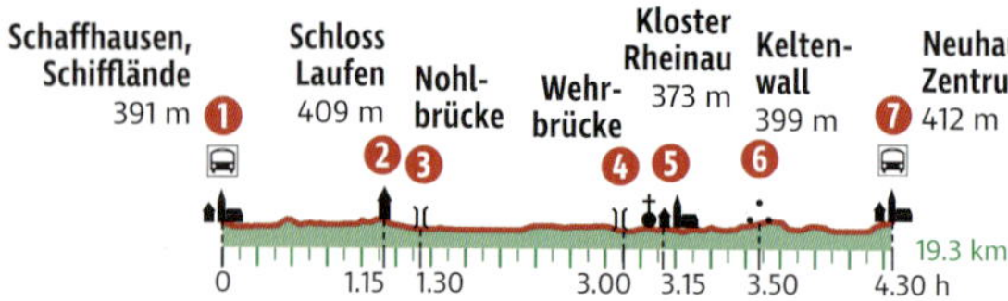

Von der **Schiffl ände** in **Schaffhausen** ❶ überschreiten wir die Brücke nach Feuerthalen und wandern rheinabwärts am Uferweg. Immer dem ausgeschilderten Wanderweg folgend gelangen wir nach Flurlingen, lassen die zierliche Eisenbrücke rechts liegen und gehen weiter gegen das Schloss Laufen. Bevor der Weg dorthin aufsteigt, finden wir rechts den Pfad zur Insel ohne Namen, einem stillen Ort am Wasser.

Wer das **Schloss Laufen** ❷ und den Rheinfall besichtigen möchte, kauft sich gleich beim rostschönen Servicegebäude ein Ticket (ohne sieht man von dieser Seite praktisch nichts vom Rheinfall). Der Weiterweg beginnt vor der Zugbrücke, wo der Pfad zur Bahnstation und weiter hinunter ans Ufer führt (oder direkt unten nach der Rheinfallbesichtigung). Wir folgen dem schönen Uferpfad bis zur **Nohlbrücke** ❸ und überschreiten diese. Dann wenden wir uns nach links und bleiben am Rhein.

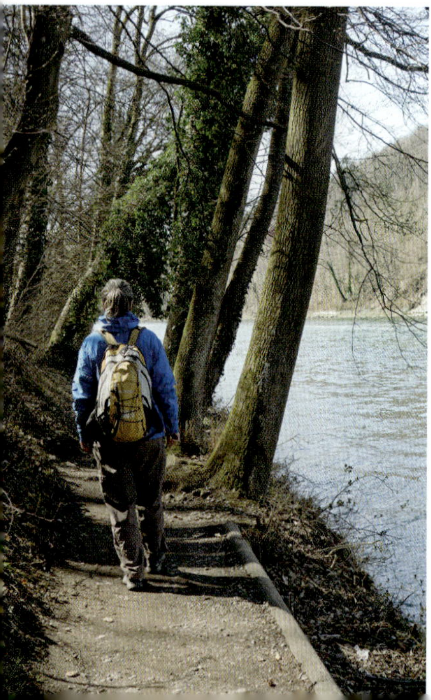

Es folgt das lange schöne Stück flussabwärts, wo der Weg oder Pfad stets ufernah oder unmittelbar am Wasser verläuft. Beim **Wehr** ❹ oberhalb **Rheinau** überqueren wir dieses und folgen weiter dem Ufer bis zum **Kloster** ❺.

Um für den Weiterweg zur gedeckten Holzbrücke zu gelangen, benützen wir den Wanderweg, der geradeaus vom großen Platz bei der Klosterbrücke über den kleinen Hügel durch diesen Dorfteil markiert ist. Auf der deutschen Seite der Brücke müssen wir kurz ansteigen, bis wir rechts auf einem Asphaltsträßchen nun rheinaufwärts gehen können. Wir folgen dem Ufer fast um den halben Rheinbogen, bis wir spitzwinklig nach links durch die

Ufernahe Wege.

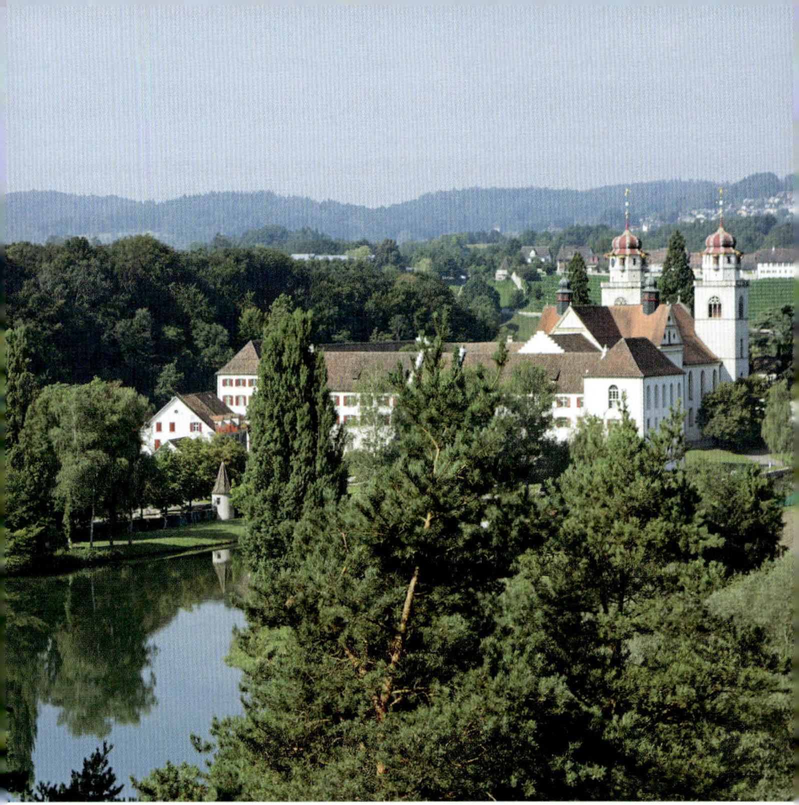

Kloster Rheinau.

Flanke gegen Altenburg aufsteigen können. Im Dorf halten wir rechts bis zur **Schanze Keltenwall** 6. Auf diesen steigen wir hinauf und folgen ihm nordwärts. Bei der Straße, die ihn in der Mitte durchschneidet, finden wir ein restauriertes Stück Wall zur Besichtigung.

Wir bleiben auf dem Wall bis an sein Ende, wo wir links dem Waldrand nach weiterwandern. Vor dem ehemaligen Zollamt gehen wir rechts auf der Fahrstraße hinunter nach Nohl und dort wieder rechts hinunter zur uns schon bekannten **Nohlbrücke** 3. Diesmal bleiben wir auf dieser Seite und gehen auf schmalem Uferpfad gegen den Rheinfall, den wir von dieser Seite in seiner ganzen Pracht bewundern können. Wir passieren das Schlösschen Wörth und die vielen touristischen Einrichtungen, bis wir links den Aufstieg ins Zentrum von **Neuhausen** 7 finden.

↗ 230 m | ↘ 230 m | 6.6 km

3 Cholfirst – kurz

2.00 h

Höhenwanderung am Nordrand des Zürcher Schaffhauser Hausberges

»Leise rauscht des Rheines Welle, leiser rauscht des Kohlfirsts Wald ...« Wer das Munotlied kennt, erinnert sich dieser Strophe. Obwohl der Cholfirst zu den Kyburgern und damit dann zu den Kantonen Zürich (und Thurgau) gehört, ist er also dennoch aufs Innigste mit Schaffhausen und dessen Wahrzeichen verbunden, liegt ja auch unmittelbar vor seinen Toren. Unsere kurze Waldwanderung bleibt auf der Rheinseite dieses lang gestreckten Moränenhügels.

Ausgangspunkt: Schaffhausen, Schifflände, 391 m. Anfahrt: Ab Bahnhof Schaffhausen 10 Min. Fußmarsch durch die Altstadt; Stadtbus 5 bis »Schifflände«. – Parkplatz: kostenpflichtiges Parkhaus Schifflände (oder Parkmöglichkeit beim Sportplatz Feuerthalen).
Endpunkt: Station Schlatt, S 8. Rückfahrt: 2 Haltestellen bis Feuerthalen und von dort in 10 Min. zurück zur Schifflände; oder 3 Haltestellen direkt bis Schaffhausen Bahnhof.
Anforderungen: Unschwierig, teilweise schmale Waldpfade.
Einkehr: Unterwegs keine.
Variante: Vom Kyburgerstein nach Langwiesen absteigen (25 Min.) und dort auf den Zug oder weiter dem Rheinufer nach zurück zur Schifflände (+ 30 Min.).
Hinweis: Besuch des Munot, der eindrücklichen Schaffhauser Festung: 10 Min. ab Schifflände, tagsüber frei zugänglich.

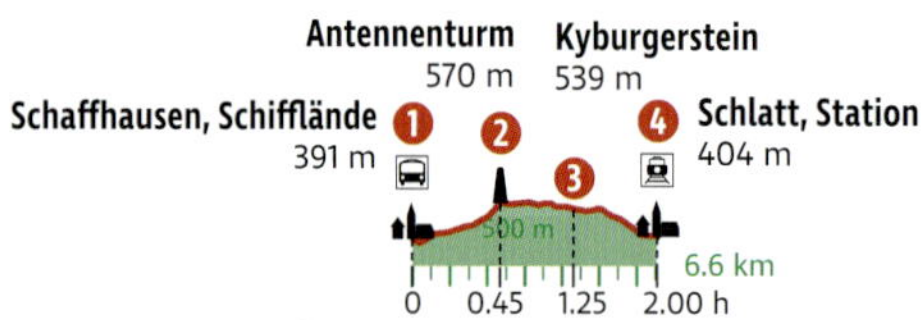

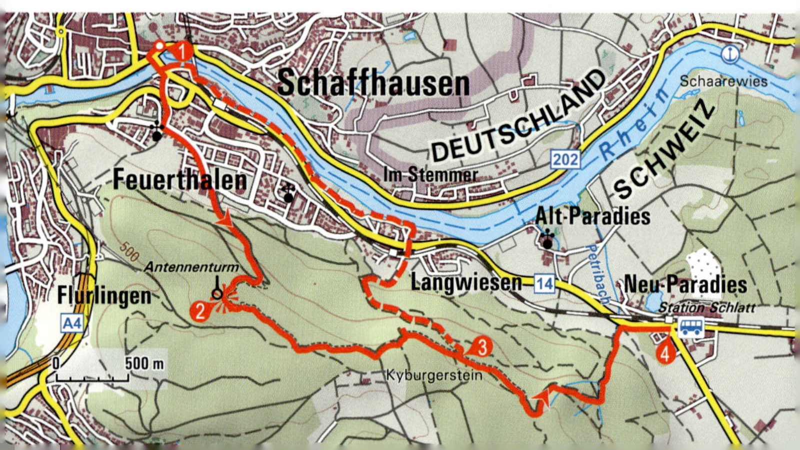

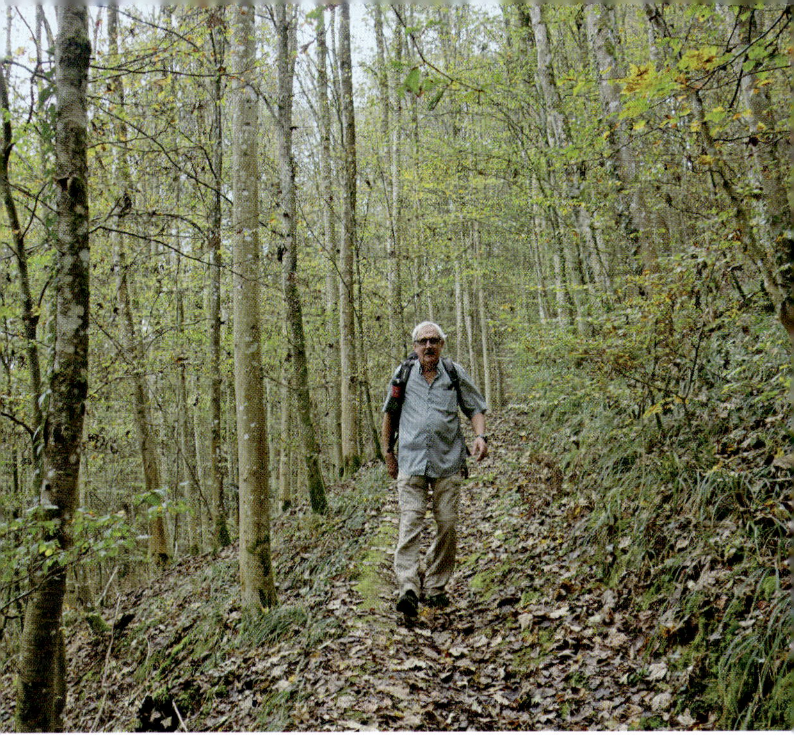

Der Pfad beim Antennenturm.

Von der **Schifflände** in **Schaffhausen** ❶ gehen wir über die Brücke und in der Falllinie durch Feuerthalen aufwärts bis zur Kirche. Dort wenden wir uns nach links und folgen der Straße bis zum Sportplatz, wo wir geradeaus weiter in den Wald hinein aufsteigen. Wir bleiben knapp 10 Min. auf der Forststraße, bis wir rechts auf einen schmalen Pfad einschwenken können. Dieser bringt uns angenehm steil hinauf zum **Antennenturm** ❷ (lohnende Besteigung).
Nach der Besichtigung gehen wir auf dem Wanderweg weiter südostwärts und verpassen nach 100 Metern den Abzweig links auf den Wanderpfad nicht. Wir folgen den Markierungen – unterwegs erzählen uns die Jahrringe einer Stieleiche und ein Burghügel Geschichte – bis zum **Kyburgerstein** ❸. Von dort läuft der schöne Pfad noch ein Stück weiter auf der Höhe, um dann auf einer Forststraße nach links in die Tiefe zu gehen. Nochmals ein kurzes Pfadstück durch ein Tälchen abwärts und zum Waldrand, wo wir geradeaus weiter zur Straße und nach rechts zur **Bahnstation Schlatt** ❹ wandern.

↗ 430 m | ↘ 430 m | 16.5 km

4 Große Cholfirst-Runde

4.45 h

Leise rauschende Wälder – 3 Aussichtstürme mit erhebendem Fernblick

Der breite Rücken des Cholfirsts trägt weite, wunderbare Mischwälder und lässt an seinen Rändern, wo Obst und Reben wachsen, weit über Land blicken. Davon profitieren gleich drei Aussichtstürme, die unterschiedlicher nicht sein könnten: der technisch-metallene »Antennenturm«, die moderne, faszinierende Holzkonstruktion auf der Hochwacht bei Wildensbuch und der frisch neu erbaute Holzturm auf dem Uhwieser Hörnli. Wir besuchen alle und laufen dazwischen stundenlang durch Wald und Flur.

Ausgangs- und Endpunkt: Schaffhausen, Schifflände (»Freier Platz«), 391 m. Anfahrt: Ab Bahnhof SH 10 Min. Fußmarsch durch die Altstadt; Stadtbus 5 bis »Schifflände«. – Kostenpflichtiges Parkhaus Schifflände.
Anforderungen: Durchgehend schöne Waldwege und Forststraßen; viele Stufen auf die Türme zu lohnender Aussicht, zwischen Hochwacht und Hörnli ist die Route weitgehend unmarkiert und verlangt Aufmerksamkeit für die Beschreibung und das Kärtchen.
Einkehr: Restaurant Guggere über Benken ZH mit großem Garten (nicht Mo, Di).
Hinweise: Einen sichtigen Tag wählen, den es im Winterhalbjahr eher gibt. Bei Schnee und Eis können die Aussichtstürme – vor allem der metallene Antennenturm – nicht bestiegen werden! – Diverse Rast- und Feuerstellen. – Toller Spielplatz beim Uhwieser Hörnli.

Uhwieser Hörnli (links) und Antennenturm (rechts).

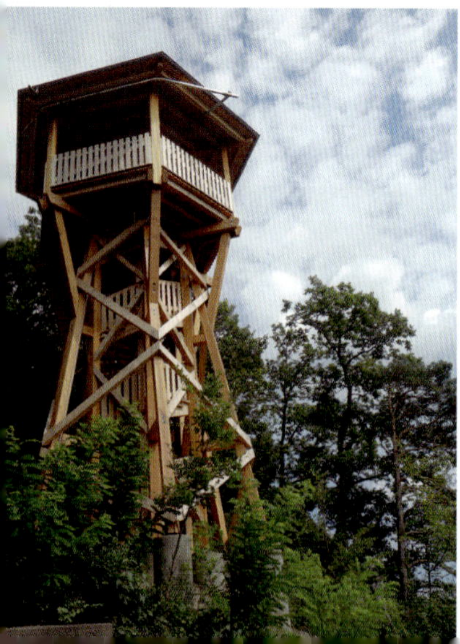

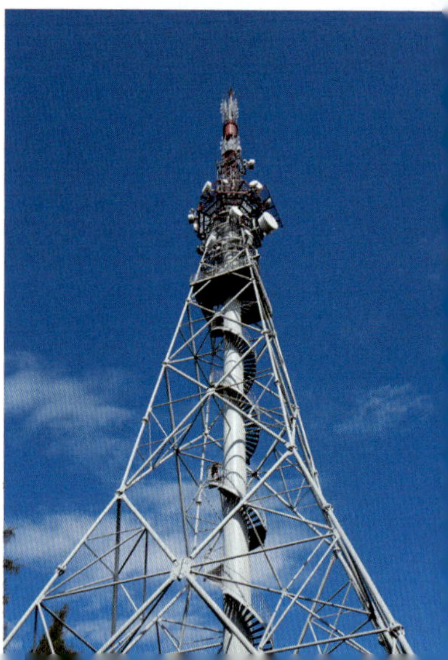

Bei der **Schifflände** ❶ verlassen wir gleich den Kanton Schaffhausen, gehen über die Brücke nach Feuerthalen und in der Falllinie hangaufwärts. Bei der Kirche bleiben wir geradeaus und folgen dem Wanderweg bis zur alten Scheune auf Allenwiden. Dort wenden wir uns nach links, passieren den Fußballplatz und gehen aufwärts in den Wald, wo wir links steil aufwärts den alten Hohlweg wählen. Er leitet uns bald zu einer ersten Aussichtsstelle, wo wir Schaffhausen überblicken können.

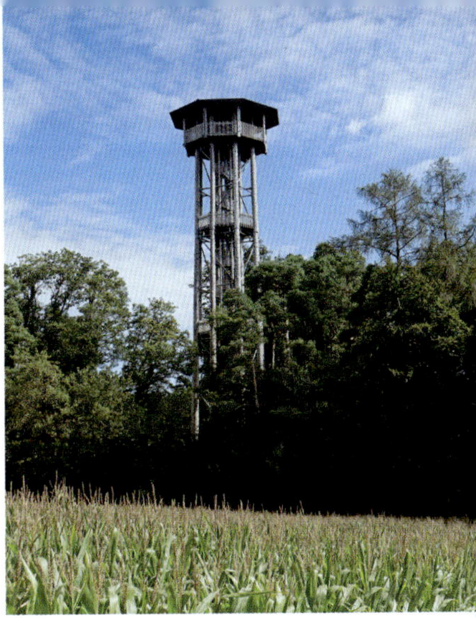

Hochwacht Wildensbuch.

Der Pfad mündet in eine Forststraße und wir folgen den Markierungen bis zum **Antennenturm** ❷, dessen Besteigung uns eine weite Aussicht eröffnet.

Wir setzen unseren Weg auf dem Wanderweg Richtung »Trüllikon« fort: 100 m auf der Forststraße, dann links auf einem Waldweg. Wir bleiben horizontal auf dem Wanderweg. Nach der Stieleiche – die uns mit ihren Jahrringen viel über die Geschichte erzählen könnte – gehen wir bei der nächsten Verzweigung rechts Richtung Trüllikon.

Wir durchqueren eine große Waldwiese und bleiben immer geradeaus durch den Wald, ohne nach rechts oder links abzuzweigen. So erreichen wir ein Asphaltsträßchen mit Parkplatz und bald danach über einen Waldlehrpfad die **Hochwacht Wildensbuch** ❸ mit ihrem faszinierenden Turm. (Vom Turmfuß leitet ein Pfad nordwärts zur »Alemannenhöhle« in der Nähe.)

Nach der Besteigung bleiben wir nur noch 100 m auf dem Wanderweg. Wir biegen gleich bei der ersten Möglichkeit rechts ab, gehen horizontal weiter westwärts zur Waldecke, wo wir auf der Flurstraße gegen Wildensbuch absteigen. Beim Wegweiser oberhalb des Dorfes mit der Bank unter der Linde

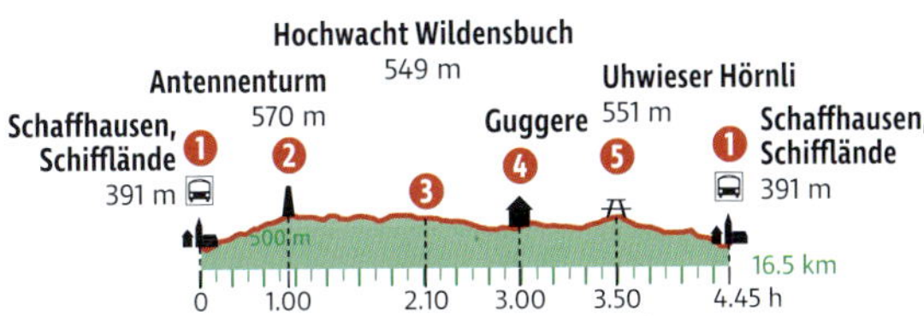

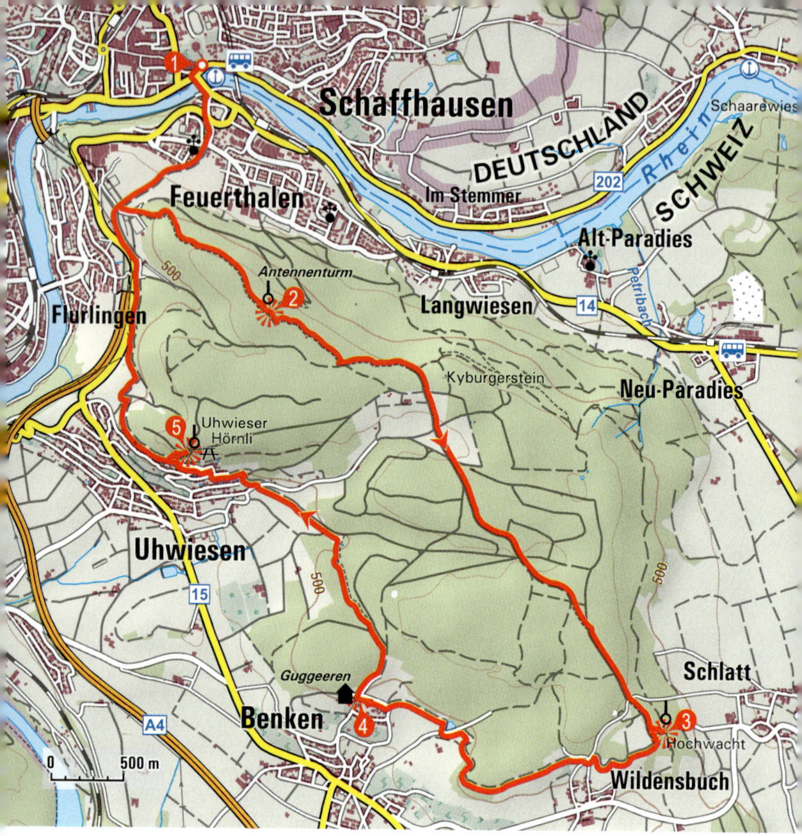

gehen wir für 100 m rechts Richtung Feuerthalen auf Asphalt aufwärts und schwenken über dem Weinberg wieder links. Mit weiten Ausblicken über die Thurmündung, den Irchel, die Lägern und in der Ferne die Wellen des Jura wandern wir vor dem Waldrand, bleiben im Wald geradeaus und folgen nach kurzem Abstieg wieder dem Waldrand bis zu einem idyllischen Seerosenteich. Nach diesem gehen wir rechts und im Bogen weiter auf der Flurstraße zur **Guggere** ❹.
Ab hier folgen wir kurz dem Wanderweg nach Norden Richtung Feuerthalen. Wo der Weg in den Wald geht, wählen wir nicht die erste scharf links, wohl aber die gleich folgende Forststraße halb links und verlassen so den Wanderweg wieder. Wir bleiben bei einer ersten Verzweigung geradeaus, bei der nächsten gehen wir eher links. So gelangen wir bald zu einem Wald-

weiher und weiter dem rechten Waldrand nach wieder zum Wanderweg, dem wir nach links folgen.
Bei den ersten Häusern steigen wir mit dem Wanderweg im Bogen auf und weiter zu den Siedlungen oberhalb von Uhwiesen. Die Markierungen des Wanderwegs leiten uns durch die Siedlung: erst über eine Quartierstraße, dann auf schmalem Treppenpfad in die Höhe, wieder links auf die obere Straße und schließlich über die Siedlung an den Waldrand, wo wir links auf der Höhe weitergehen bis zum Abzweig zum **Uhwieser Hörnli** 5. Ein kurzer steiler Aufstieg bringt uns hinauf zu diesem wunderschönen Aussichts- und Rastplatz. Zum Glück müssen wir diesmal nur noch wenige Stufen auf den Turm bewältigen.
Anschließend folgen wir weiter dem ebenen Weg am oberen Siedlungsrand. Die Markierungen leiten uns zuverlässig bis hinunter zum Parkplatz beim Schießstand Flurlingen. Wir bleiben nach diesem auf der breiten Kiesstraße, die uns in 5 Min. leicht steigend zur alten Scheune bringt, die wir vom Aufstieg kennen. Auf dem Zugangsweg gehen wir zurück nach Feuerthalen und zur **Schifflände** 1.

Blick vom Antennenturm über den Hochrhein.

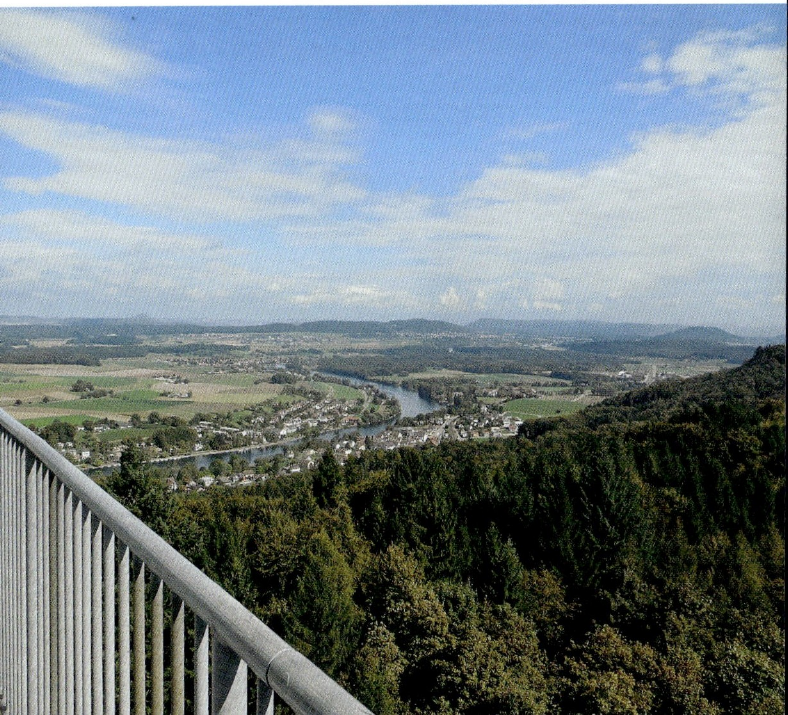

↗ 260 m | ↘ 290 m | 7.2 km

5 Beringer Randenturm

2.00 h

Von Beringen nach Neuhausen – aus dem Rummel in die Stille

Schaffhausen – Neuhausen – Beringen: Das ist das dicht besiedelte Agglomerationsgebiet des Kantons. Doch gleich darüber auf dem Randensüdfuß locken viel herrliche Natur, Weite und fantastische Ausblicke. Diese kleine Wanderung führt uns kurz und steil aus dem Rummel in die Höhe zum Aussichtsturm, dann über unbesiedelte Höhen bis zur Hohfluh und von dort wieder hinunter ins Gewühle.

Ausgangspunkt: Beringen, Haltestelle Sonne, 450 m. Anfahrt: Regionalbus 21. – Parkplatz beim Schwimmbad Beringen.
Endpunkt: Neuhausen, Haltestelle(n) Scheidegg, 416 m. Rückfahrt: Regionalbus 21 oder Stadtbus 1 (zwei verschiedene Haltestellen!).
Anforderungen: Unschwierige Pfade, Wege und Forststraßen.
Einkehr: Gelegentlich Restaurant beim Beringer Randenturm (www.randenturm.ch), Restaurant Eschheimertal (Mi–So).

Von der **Haltestelle Beringen, Sonne** ❶ folgen wir der Hauptstraße nordwärts, gehen bei der folgenden Kurve aber geradeaus weiter. Wir bleiben geradeaus auf der Quartierstraße Richtung Schwimmbad. Am Siedlungs-

Beringer Randenturm.

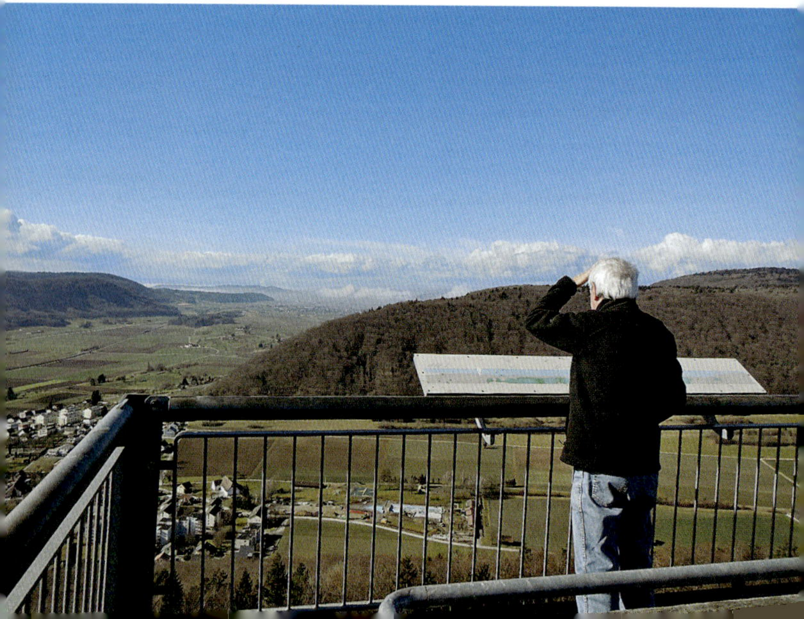

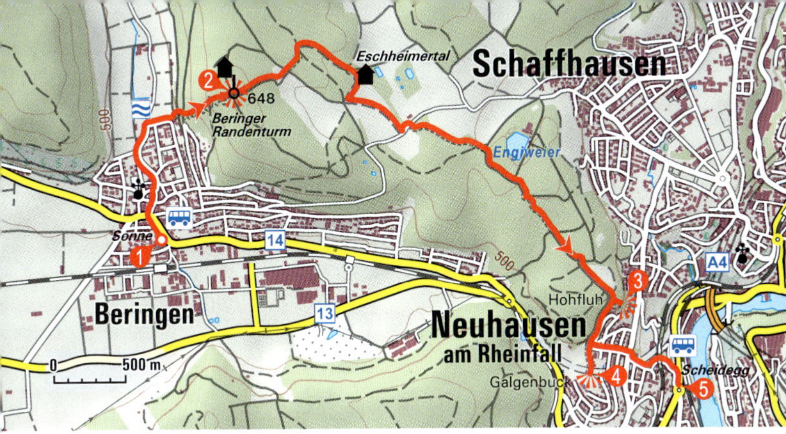

rand halten wir rechts aufwärts zum Wald, den wir leicht nach links betreten. Immer in der Falllinie steigen wir auf schmalem Pfad auf, gewinnen rasch an Höhe und kommen direkt zum **Randenturm** ❷.

Nach Besteigung und Rast setzen wir unsere Tour in der gleichen Richtung fort und wandern auf breitem Weg zur Wiese von Froloo. Wir überqueren geradeaus die Naturstraße und finden im Wald einen schönen Pfad, dann eine alte Forststraße durch ein Tälchen. Bei einer Verzweigung wenden wir uns nach rechts aufwärts. Bei der Asphaltierung halten wir uns links. Mit den Wanderwegmarkierungen geht es nun mehr oder weniger immer geradeaus Richtung Neuhausen, mal auf Flurstraßen, mal auf Wegen, mal auf Pfaden.

Wir erreichen Neuhausen auf der **Hohfluh** ❸, einem tollen Aussichtspunkt, zu dem wir nach links vom Weg abgehen müssen. Von hier überblicken wir das Hochrheintal bis hinauf nach Stein am Rhein, die Altstadt Schaffhausen und vieles mehr; ein Alpenzeiger hilft bei der Orientierung.

Wieder zurück beim Wanderweg steigen wir nun dem Siedlungsrand nach ab. Wo der Asphalt beginnt, wendet sich die Route nach links. Vor dem Abstieg durch die Quartierstraßen lohnt aber unbedingt noch der kurze Abstecher durch den Armensünderweg zum **Galgenbuck** ❹, wo die Übersicht noch umfassender ist.

Zurück beim Asphalt steigen wir ab, überqueren eine befahrene Straße und gehen weiter in die Tiefe am Schloss Charlottenfels vorbei zum großen Straßenkreisel am Stadtanfang von **Neuhausen**, wo wir auch die **Haltestellen Scheidegg** ❺ für die Weiterfahrt finden.

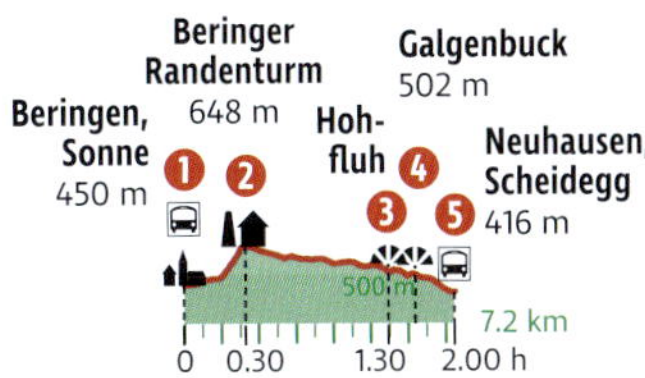

↗ 400 m | ↘ 430 m | 12.5 km

6 Randenwandern zum Buchberghaus

3.30h

Auf schattigen Wegen durch ausgedehnte Buchenwälder – auf und ab

Vom Stadtrand von Schaffhausen geht's durch den Wald hinauf zum »Buechberghus« der Naturfreunde (ausführlicher, gepflegter Waldlehrpfad und Spieleinrichtungen) und weiter ins Hemmental. Über den nächsten Randenrücken gelangen wir ins liebliche Lieblosental, das wir in seiner ganzen Länge bis Beringen hinauswandern. Die Tour verläuft etwa zur Hälfte auf Naturpisten, zur andern Hälfte auf wirklich schönen Waldwegen und Pfaden. Sie ist botanisch reichhaltig und weitgehend schattig, gewährt dennoch manchmal weite Ausblicke.

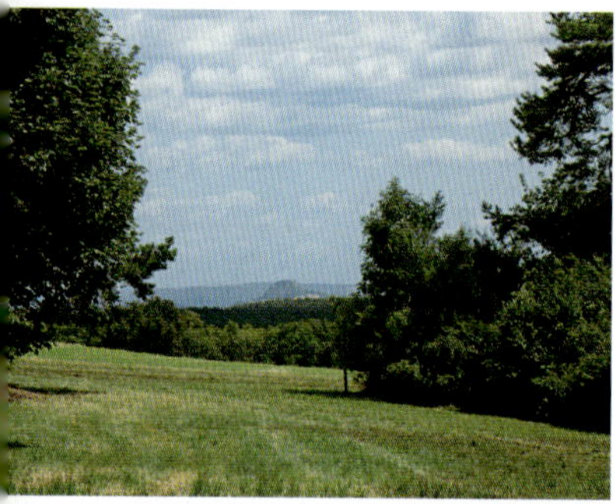

Blick vom Buchberghaus zum Hohentwiel.

Ausgangspunkt: Schaffhausen, Hauental, Endhaltestelle Sommerwies, 484 m. Anfahrt: Stadtbus 3 oder Regiobus 22.
Endpunkt: Beringen, Haltestelle Sonne, 450 m. Rückfahrt: Regiobus 21.
Anforderungen: Leichte Wanderung, ein paar Auf- und Abstiege etwas steil.
Einkehr: Buchberghaus (nur an Wochenenden), www.buchberghaus.ch.
Variante: Bereits am Dorfplatz in Hemmental die Wanderung beenden und mit Bus 22 zurückfahren.
Hinweise: Waldlehrpfad und Spieleinrichtungen beim Buchberghaus. – Im Sommer schönes Schwimmbad am Zielort in Beringen.

Von der **Bushaltestelle Sommerwies** im **Hauental** ❶ steigen wir mit dem bezeichneten Wanderweg nordwärts die Sommerhalde hinauf, bleiben aber bei der ersten Verzweigung im Wald auf der stärker befahrenen Piste aufwärts. Wir erreichen gleich die Höhe und wandern halb links wieder abwärts ins Orserental hinein. Bei der Hütte gehen wir nur gerade 20 m links und wählen dann gleich (Hinweistafeln) die rechte, aufwärts führen-

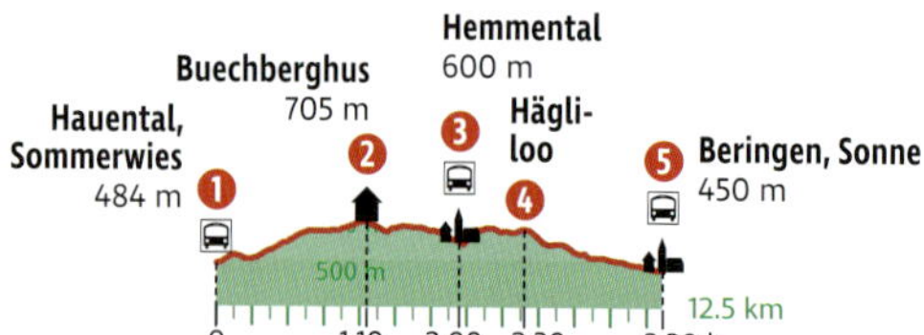

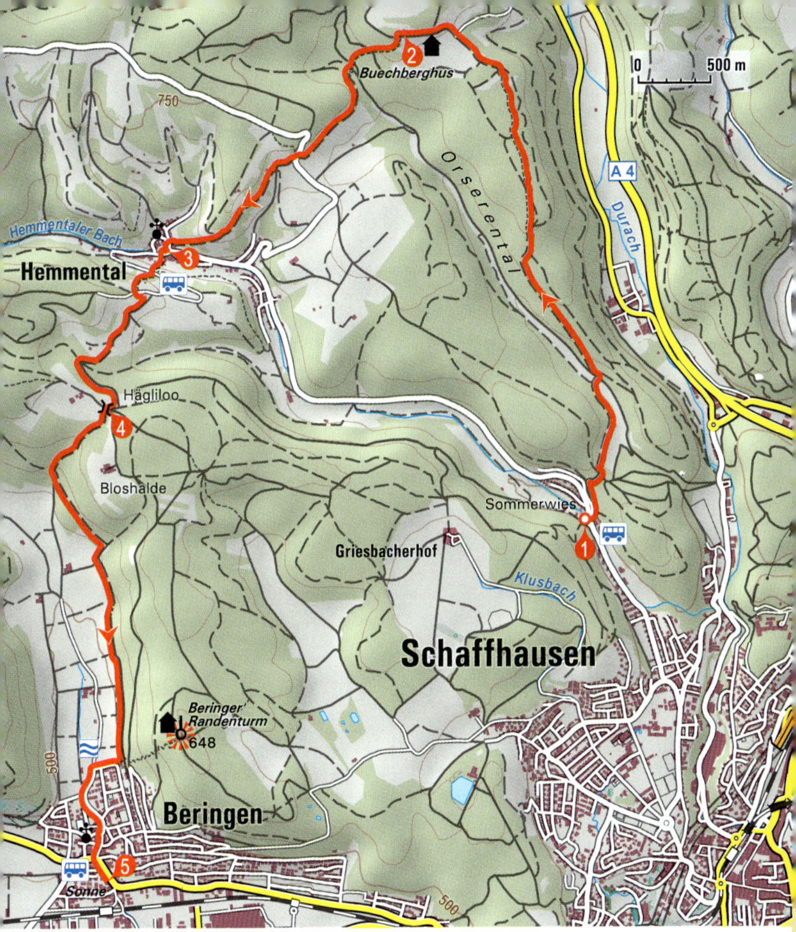

de breite Forststraße. Nun folgt die Durststrecke dieser Wanderung: ein etwas langer, gleichförmiger Anstieg. Nach knapp 20 Min. ist's geschafft; wir bleiben bei der Kreuzung auf dem Waldrücken noch für 200 m auf der Forststraße weiter aufwärts und biegen dann links auf einen schönen Waldpfad ein. Etwas höher erreichen wir wieder die Straße und folgen ihr 70 m nach links, bis der Waldweg rechts weiterführt. Immer unverkennbar läuft der Pfad geradeaus durch den Wald, bis er neben einer Waldwiese auf eine alte Forstpiste trifft. Mit dieser erreichen wir den Waldrand. Wir

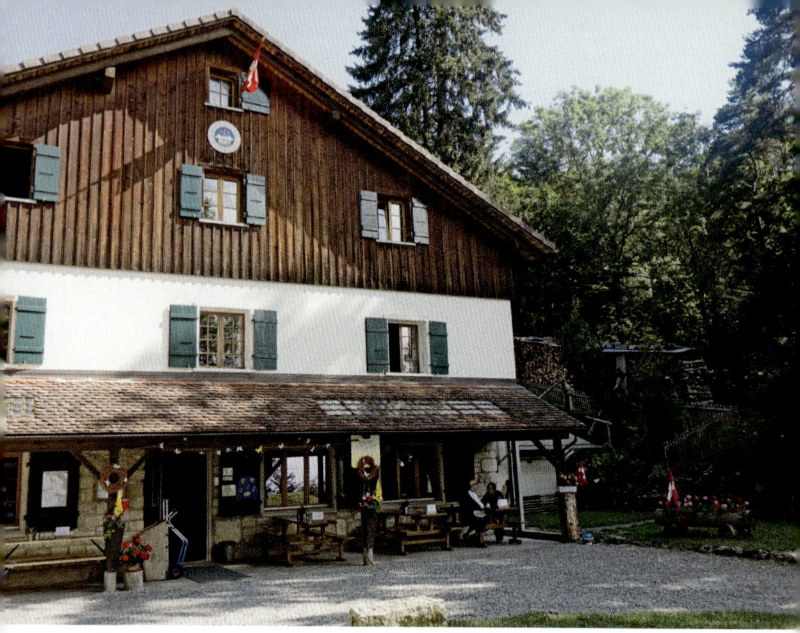

Buchberghaus (Buechberghus) der Naturfreunde.

steigen geradeaus auf der Flurstraße in die Höhe. Die Asphaltstraße von Merishausen stößt von rechts zu uns, verliert aber gleich ihren Hartbelag, und wir erreichen das **Buechberghus** ❷.

Nach der Rast wählen wir den Wanderweg Richtung Hemmental: Er führt durch die Wiese leicht abwärts und wir müssen gut aufpassen, dass wir 1 Min. tiefer den Abzweig nach rechts in den Waldweg nicht übersehen. Unten im **Chrummackertobel** gehen wir geradeaus weiter und steigen sofort wieder auf schmalem Zickzackpfad in die Höhe. Auf der bald folgenden alten Waldpiste gehen wir nach links und dem Waldrand entlang des weiten Chlosterfeldes. Eine Fahrstraße überqueren wir geradeaus. Wenig weiter senkt sich der Weg nach links ins Gerentöbili hinein; wir aber bleiben unmittelbar nach der Kurve noch auf der Höhe und gehen horizontal weiter. Knapp 10 Min. weiter steht ein Wegpfosten und wir schwenken links in einen Wiesenpfad ein. Er führt uns durch ein hervorragendes Naturschutzgebiet (bitte Weg nicht verlassen!) hinunter nach **Hemmental** ❸.

Beim Dorfplatz mit der Bushaltestelle wenden wir uns südwestwärts und finden 30 m weiter, gleich hinter dem ersten Haus beim Brunnen, den Weiterweg: einen schmalen Wiesenpfad, der uns wieder bergauf führt. Teils über Stufen gewinnen wir rasch an Höhe, überqueren Querwege und eine

Asphaltstraße, bis wir ganz auf dem Rücken angelangt sind. Bei der dortigen Asphaltstraße wenden wir uns nach links, gehen 100 m leicht abwärts und gleich die erste Feldstraße wieder nach rechts. Wir bleiben nun stets auf dieser Kiesstraße, erst horizontal durch die Felder und Wiesen, dann nach links abwärts in ein Waldtal. Immer geradeaus bleibend steigen wir jenseits des Bachgrundes wieder an und erreichen bald die Höhe von **Hägliloo** 4. Wir überschreiten die fünfarmige Kreuzung auf der Passhöhe und steigen gleich jenseits wieder ab durch den Häglisteig.
Bevor unsere Forststraße den Waldrand erreicht, wenden wir uns nach links auf eine andere Forststraße. Sie führt zunächst leicht aufwärts, dann wieder abwärts bis zu einer Wiesenecke, wo wir Ausblicke ins Lieblosental bekommen. Wir steigen auf der Kiesstraße dem Waldrand nach ab. Wo die Straße den Waldrand verlässt, wenden wir uns nach links in den Wald und finden dort einen schönen Waldweg. Nun laufen wir immer eben, manchmal leicht absteigend, geradeaus durch den Wald das Lieblosental hinaus. Vor dem Ende des Waldes und den ersten Häusern steigen wir rechts in den Talboden hinunter. Rechts befindet sich das Schwimmbad. Nach links gelangen wir zum Dorfplatz von **Beringen** und zur Hauptstraße, der wir noch bis zur **Haltestelle Sonne** 5 folgen.

Lichtverspielter Buchenwald.

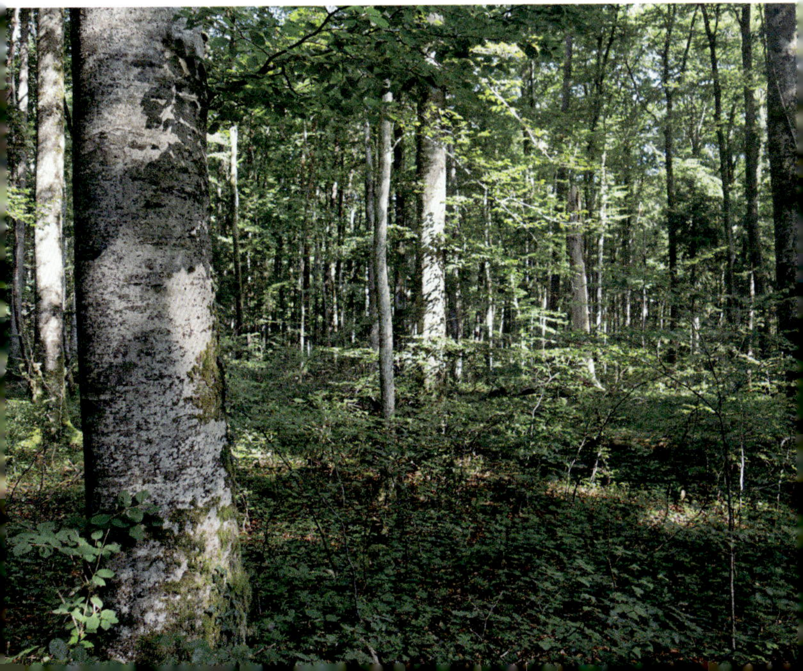

↗ 500 m | ↘ 500 m | 16.7 km

7 Rund ums Lieblosental

5.00 h

Randen-Höhenwanderung Beringen – Randenhaus – Löhningen

Fürbasswandern – gibt's dieses alte Wort noch? Jedenfalls ist das eine schöne Runde, wenn man so richtig einfach gehen will, ohne groß auf den Weg achten zu müssen. Die tolle Aussicht vom Beringer Turm über das obere Klettgau und in die Ferne kommt als Supplement dazu und die Einkehr im Randenhaus macht das Tüpfchen aufs i. Und nach dem waldigen Abstieg ist der Höhenweg zwischen Löhningen und Beringen ideal zum Auslaufen.

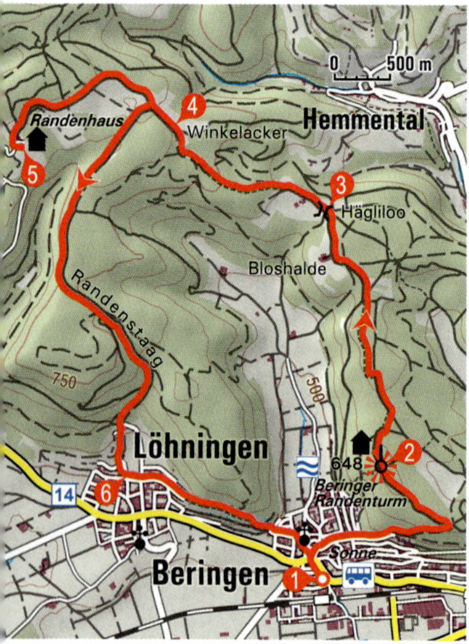

Ausgangs- und Endpunkt: Beringen, Haltestelle Sonne, 450 m. Anfahrt: Regionalbus 21. – Parkplatz in Beringen (beim Schwimmbad im Norden).
Anforderungen: Leichte Wanderung, fast durchgehend auf Flur- und Forststraßen mit Naturbelag.
Einkehr: Gelegentlich Restaurant beim Beringer Randenturm (www.randenturm.ch), Hotel-Restaurant Siblinger Randenhaus (Mo, Di geschlossen).
Variante: Abstecher zum Siblinger Randenhaus auslassen (minus 1 Std. Gehzeit).

Wir gehen von der **Haltestelle Sonne** in **Beringen** ❶ auf der Hauptstraße nordwärts und in der Kurve geradeaus bis zum Dorfplatz. Hier wenden wir uns rechts und steigen auf einer Quartierstraße in die Höhe. Zwischen Waldrand und oberem Siedlungsrand steigen wir auf; wo das Fahrsträßchen eben wird, gehen wir linker Hand im Wald auf einer Forststraße weiter aufwärts. Auf der Höhe angelangt, wenden wir uns links und erreichen so den **Beringer Randenturm** ❷.
Nach der Turmbesteigung setzen wir die Wanderung auf der Waldstraße nordwärts fort. In der folgenden Straßenkurve bleiben wir links auf dem Wanderweg, der uns zu einer Waldwiese bringt. Ein Stück nach deren Ende folgen wir den Markierungen des Wanderweges und gehen durch den Wald. Nach dem Gehöft Bloshalde gelangen wir zur Verzweigung **Hägliloo** ❸. Wir wandern geradeaus auf der Naturstraße über die Pferdeweiden, dann auf schönem Weg durch den Wald. Wieder bei einer großen Wiese

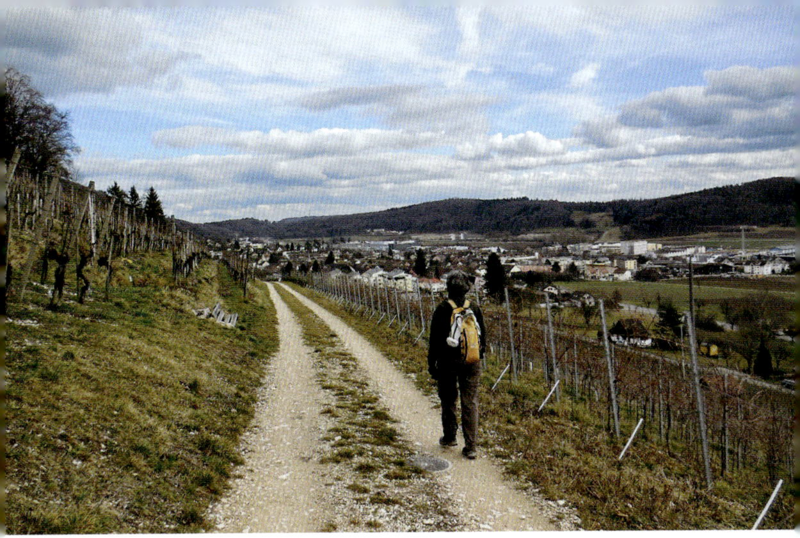

Rückweg nach Beringen.

stößt bei der Tafel **Winkelacker** ❹ der Wanderweg von Hemmental her zu uns. Wir bleiben noch rund 250 m geradeaus und gelangen bei einer Waldecke zur Verzweigung, wo wir nachher nach links Richtung Löhningen gehen werden (Abkürzung der Tour, siehe Variante). Jetzt aber halten wir gerade über die Wiese und folgen dem Waldrand im Bogen. Die Flurstraße führt uns bis zum **Siblinger Randenhaus** ❺.
Nach der Rast gehen wir gleichenwegs bis zur erwähnten Verzweigung zurück. Nun wenden wir uns nach rechts und folgen den Markierungen. Auf der Forststraße marschieren wir zwischen Staufenberg und Chornberg durch den Wald. Bei Wasen beginnt der »Randenstaag« (Randensteig), der uns durch einen Hohlweg scharf nach unten bringt. Über **Löhningen** treten wir aus dem Wald und gehen noch abwärts bis zur obersten Quartierquerstraße **Lätten** ❻. Dort wenden wir uns links und wandern auf dem Höhenweg durch die Rebberge nach **Beringen** ❶ zurück.

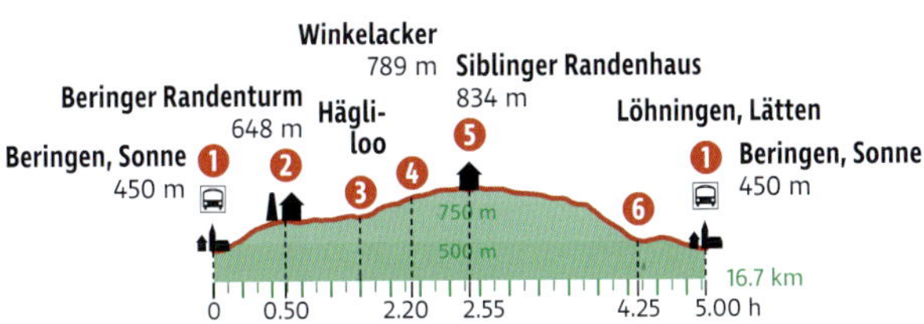

8 Siblinger Randenturm

3.30 h

Von Siblingen nach Schaffhausen durch das Eschheimertal

Einen wirklich sehenswerten neuen Turm haben die Siblinger als Ersatz für den baufällig gewordenen errichtet! Er lohnt den steilen Aufstieg durch den schönen Laubwald. Nur wenig höher liegt mit dem Siblinger Randenhaus dann der höchste Punkt dieser Wanderung, die aussichtsreich über die Höhen weiterführt. Durch das Füetzemersteigli gelangen wir ins weite, flache Eschheimertal und an den Randenrand über Schaffhausen.

Ausgangspunkt: Siblingen, Haltestelle Dorf, 513 m. Anfahrt: Regionalbus 21.
Endpunkt: Schaffhausen, Bahnhof, 403 m.
Anforderungen: Einfach, aber steiler Anstieg auf schmalem Pfad.
Einkehr: Hotel-Restaurant Siblinger Randenhaus (Mo, Di geschlossen), Restaurant Eschheimertal (Mo, Di geschlossen).
Hinweis: Im Eschheimertal liegt der geografische Mittelpunkt von Schaffhausen, bezeichnet mit einem Findlingsstein.

Von der **Haltestelle Dorf** in **Siblingen** ❶ gehen wir in der Anfahrtsrichtung (Osten) zurück bis zur Kurve und auf dem bezeichneten Wanderweg aus dem Dorf. Er führt uns im Bogen zum Wald unterhalb des Turms. Mehr oder weniger in der Falllinie geht es in die Höhe bis zum **Siblinger Randenturm** ❷.
Über den nun flachen Grat wandern wir weiter, überqueren die Straße und erreichen so das gastliche **Siblinger Randenhaus** ❸. Oberhalb des letzten Gebäudes finden wir die Verzweigung und schlagen die Richtung Beringen ein. Wir wandern über den Winkelacker bis zur Wegkreuzung **Hägliloo** ❹,

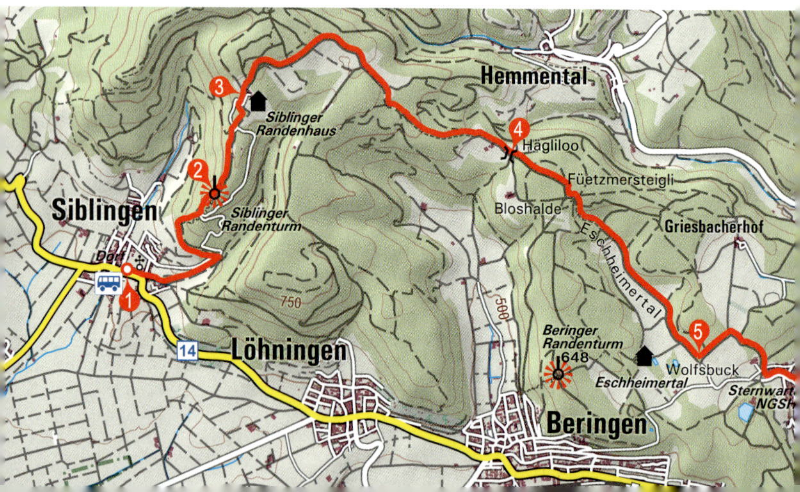

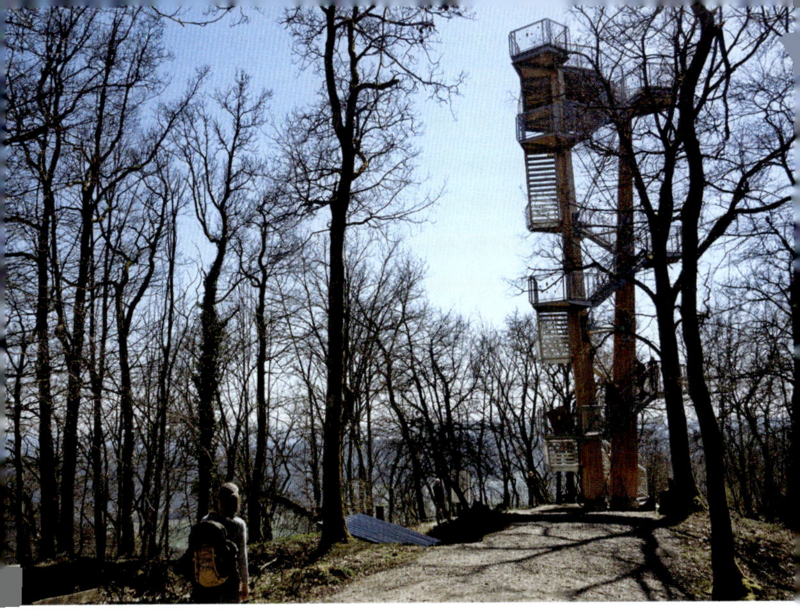

Siblinger Randenturm.

wo wir geradeaus in den Wald hinein weitergehen. Die Markierungen leiten uns zum Füetzemersteigli, einem kleinen Waldtal, durch das wir absteigen. Das folgende Eschheimertal kann einfach geradeaus durchwandert werden, lässt aber auch einiges entdecken: den Stein des Mittelpunkts, das Pumpenhäuschen, turnende Holzskulpturen, das Restaurant Eschheimertal auf der anderen Talseite, das Biotop in seiner Sumpfmitte …

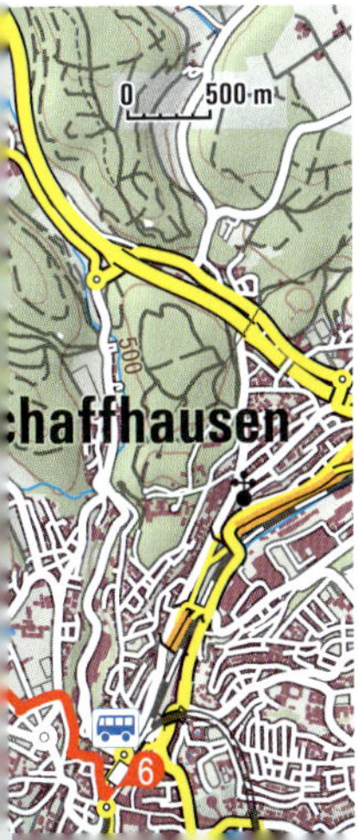

Beim **Wolfsbuck** 5 biegen wir nach links und gelangen ganz am Rand der Höhe zur modernen Sternwarte von Schaffhausen. Von dieser aus wandern wir entlang den Markierungen hinunter auf die »Breite« und schließlich zum **Bahnhof Schaffhausen** 6.

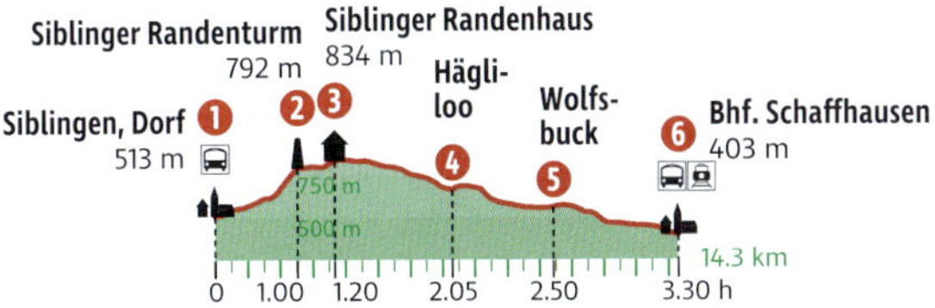

↗ 350 m | ↘ 350 m | 10.8 km

9 Zelgli

3.00 h

Tiefe Täler – weite, stille Hochflächen: Rundtour zum Herz des Randen

Das Zelgli liegt auf dem breiten Bergrücken im Zentrum des Randen: eine weite, leicht geneigte Wiesenfläche mit einzelnen Baumgruppen und umringt von wunderschönen Waldrändern. In der Nordecke beherbergt es eine öffentliche Lagerwiese mit einem ausgedehnten Rastplatz samt Feuerstellen und im Süden schließt es mit dem einzigartigen Mösli ab. Dort liegt auch ein Gedenkstein, der an das Schicksal der Täufer im 16. Jahrhundert erinnert. Wir wandern nah bei der Hauptstadt, folgen sogar ein Stück der einzigen öffentlichen Straße über den Randen und kommen doch auf der ganzen Runde an keinem Wohnhaus außer dem Randenhaus vorbei.

Ausgangs- und Endpunkt: Hemmental, Dorfplatz, 586 m. Anfahrt: Regionalbus 22. – Parkplatz am westlichen Dorfrand (d.h., in Anfahrtsrichtung durch das Dorf bis ans Ende fahren).
Anforderungen: Leicht; schöne Pfade und Naturstraßen.
Einkehr: Siblinger Randenhaus (Mo, Di geschlossen).
Variante: Vom Winkelacker 6 bis Schaffhausen Bahnhof weitergehen (knapp 2 Std.).
Hinweise: Botanisch reichhaltige Runde, vor allem in den Monaten Mai und Juni (Orchideen). – Sobald Schnee liegt, verwandelt sich das Zelgli für ein paar Tage in in ein Langlaufparadies (Zugang vom Parkplatz Mäserich oder vom Randenhaus). – Zum Täuferweg und zur Geschichte der Täufer, siehe: https://www.natourpark.ch/tour/taeuferweg/.

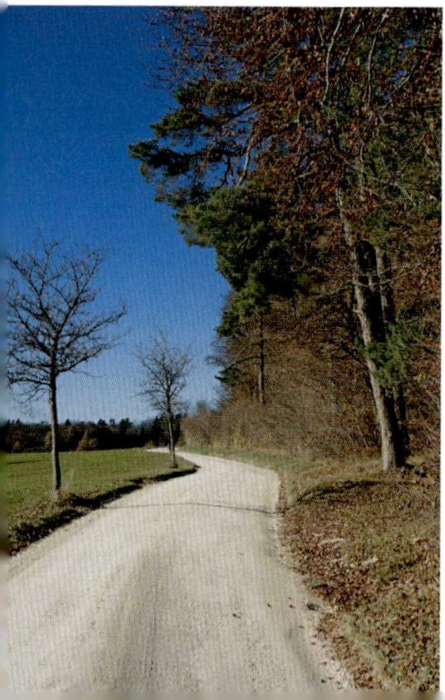

Wir gehen für 5 Min. vom **Dorfplatz Hemmental** 1 nordwärts auf einem Asphaltsträßchen aufwärts. Dann beginnt linker Hand ein wunderschöner Pfad, der uns im Bogen nochmals über das Dorf und in die Höhe führt. Über dem Wald mündet der Pfad in eine Feldstraße, der wir nach links folgen. Wir bleiben auf dieser Flurstraße bis in ein Wiesental, wo wir in Falllinie auf überwachsenen Fahrspuren aufsteigen können. Wir treffen auf die Naturstraße, die zwischen Hemmental und Beggingen den Randen überquert, und folgen ihr nach links bis in den Wald. Dort liegt der Parkplatz **Mäserich** 2, die Straße

Nur kurz gehen wir auf der einzigen öffentlichen Straße über den Randen.

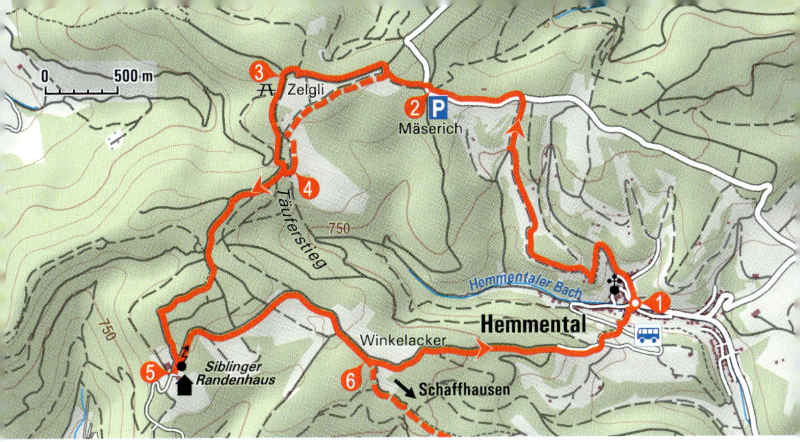

geht rechts, wir aber geradeaus weiter. 50 m weiter vorn halten wir links und gelangen nach kurzem Waldstück an den Ostrand der Zelgliwiese. Wir folgen dem Waldrand zu einer Verzweigung. Wer zum Rastplatz an der **Nordecke der Zelgliwiese** 3 gehen will, wechselt hier auf den Weg, der im Waldrand weiterläuft. Die anderen bleiben vor dem Waldrand auf der Feldstraße, die auf der Wiese weiterläuft. Jenseits der Wiese, wo der Weg zum Waldrand kommt, bleiben wir nochmals links vor dem Wald (die Rastplatzgänger stoßen hier wieder auf den Weg) und gehen dem Rand nach bis zum **Gedenkstein Täuferstieg** 4 auf dem Mösli. Vom Stein 10 m zurück Richtung Zelgli finden wir einen Weg, der uns in den Wald hinein und zum Wanderweg führt. Links auf dem markierten Weg geht es zum **Randenhaus** 5.

Für den Weiterweg gehen wir 100 m zurück und bei der Verzweigung rechts. Wir folgen nun stets dieser Wald- und Feldstraße, passieren einen Gedenkstein zur Landsgemeinde 1941 anlässlich 650 Jahre Eidgenossenschaft, beschreiben einen weiten Bogen und queren durch eine Wiese. Bei der folgenden Waldecke bleiben wir gerade und steigen noch etwas ab bis zum **Winkelacker** 6. Hier gehen wir links Richtung Hemmental (Variante geradeaus). Die Naturstraße führt uns ein längeres Stück durch Wald und am Ende zum Aussichtsbänkli Uf der Stig. Wenig tiefer verlassen wir das Sträßchen nach links und gehen auf schönem Pfad, teils über Treppen, hinunter nach **Hemmental**, das wir ganz nah beim **Dorfplatz** 1 wieder betreten.

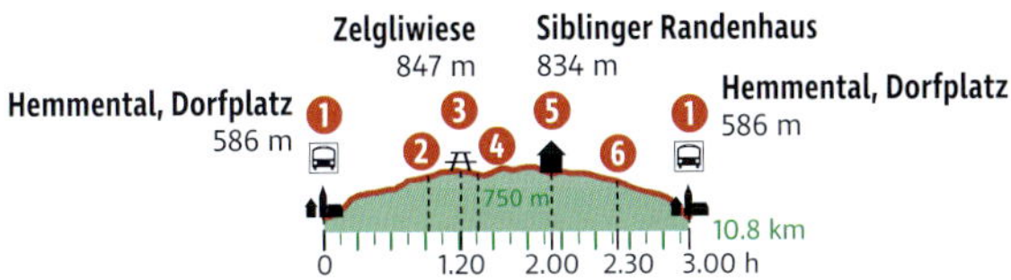

↗ 250 m | ↘ 250 m | 8.0 km

10 Hemmentaler Bänkliweg

2.15 h

So nah, so fern – kurzer Aufstieg, lange Höhen

So nah liegt Hemmental an der Hauptstadt Schaffhausen – und ist doch eine ganz andere Welt: ein Bauerndorf, das sich geborgen in ein Randental duckt. Und so kurz steigt der Bänkliweg daraus auf – und schon sind wir auf weiten Höhen voll Natur: voller Orchideen im Frühling, voll weiter Äcker und Wiesen, himmelsoffen. Da mag man gerne verweilen, sich auf eine der Bänke am Wegrand setzen und den Tag verträumen! Eine wunderbar erholsame Runde!

Ausgangs- und Endpunkt: Hemmental, Dorfplatz, 586 m, Endstation Regionalbus. Anfahrt: Regionalbus 22 (meist Stundentakt). – Parkplatz am westlichen Dorfrand.
Anforderungen: Leichte Wanderung auf Naturwegen und Flurstraßen, teils durch eventuell nasses Gras. Der ganze Rundweg ist mit violetten Schildern »Bänkliweg« gut ausgeschildert und unschwer zu finden.
Einkehr: Unterwegs keine; 2 Restaurants in Hemmental.
Varianten: An verschiedenen Stellen kann man die Höhenwanderung abbrechen und ins Tal zurückkehren.
Hinweis: Eine detaillierte Bänklibeschreibung findet sich auf www.hemmental.ch.

Hemmental.

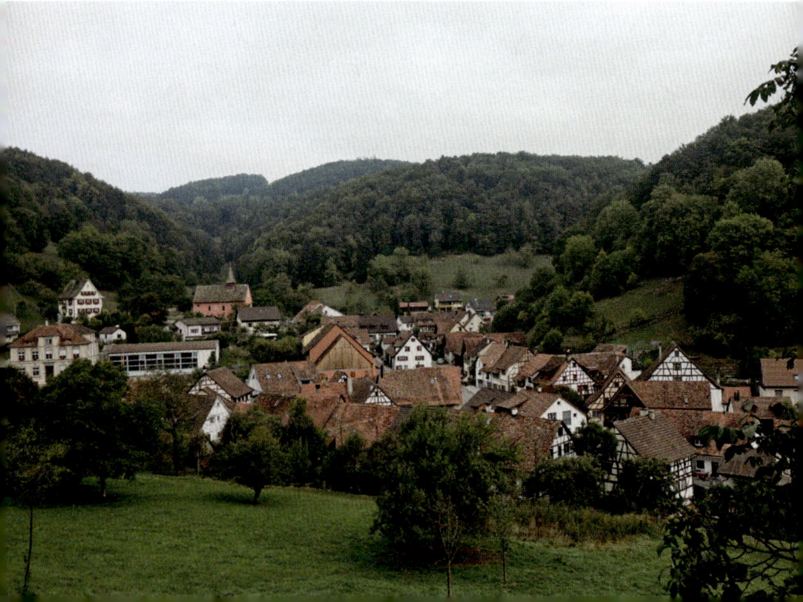

Vom **Dorfplatz Hemmental** ❶ gehen wir nordwärts und biegen in die erste Dorfstraße »Im Herbstel« nach rechts ein. Immer geradeaus steigen wir durch das Tälchen auf, anfangs auf Asphalt, nach dem letzten Hof auf einer Naturstraße. Nach einer Viertelstunde haben wir es schon geschafft: Das Sträßchen wendet sich nach rechts und verläuft nun eben weiter. Bald – nach einer kurzen Waldpartie – steht auch schon das erste »Bänkli« am Wegrand.

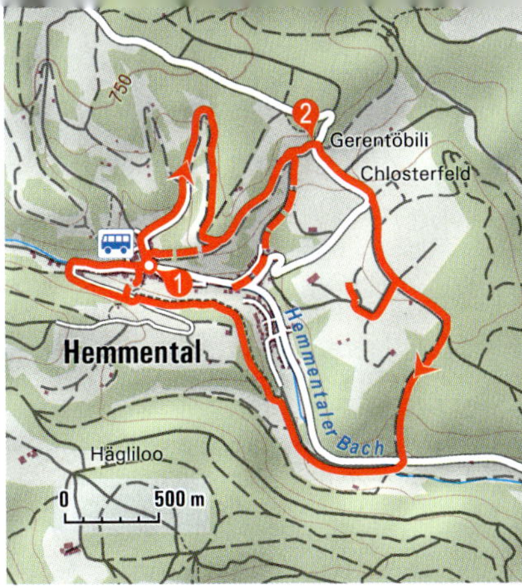

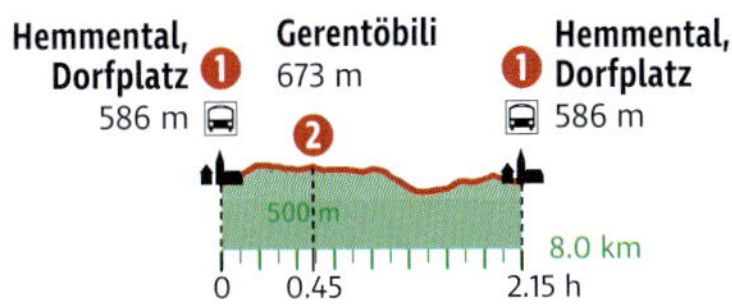

Immer auf der gleichen Höhe wandern wir weiter, am Hohlenbuck vorbei bis zum **Gerentöbili** ❷. Hier wenden wir uns auf einem Asphaltsträßchen nach rechts und überqueren das weite Chlosterfeld. Wo die Straße nach rechts ins Hemmental abgeht, bleiben wir geradeaus. Wer mag, kann etwas weiter vorn nach rechts zum Gerenbuck vorgehen, einem Bänkli unter einem morschen Birnbaum. Sonst bleiben wir weiter geradeaus. Genau wo der Weg ganz in den Wald eintaucht, finden wir einen schönen Waldpfad nach rechts in die Tiefe. Wir steigen geradeaus ab bis zur Zugangsstraße nach Hemmental, die wir vorsichtig überqueren, um gleich danach nach rechts abzubiegen. Durch das Hemmentalertal wandern wir nordwärts, gelangen bei einer Hühnerfarm wieder auf Asphalt und gehen auf das Dorf zu. Doch noch wartet die gediegene Schlussrunde auf uns! Noch vor den ersten Häusern gehen wir links im Bogen zur Waldecke und auf einem schönen breiten Weg aufwärts durch den Wald. Bald geht es wieder horizontal, und wir wandern auf einem Wiesenweg über dem langen Straßendorf Hemmental. Etwa auf der Höhe unseres Ausgangspunktes sehen wir über uns das Unikum einer Wasseruhr. Über einen kurzen Treppenweg gehen wir aufwärts auf eine Straße, wo links wieder ein Bänkli steht. Um hinauf zur Wasseruhr zu gelangen, folgen wir nicht weiter dem Treppenweg, sondern einem breiten Wiesenweg und dann einem Pfad nach rechts zur Uhr.

Wir steigen gleichenwegs wieder zum Sträßchen ab, von wo wir entweder über den Treppenweg direkt hinunter zum Dorfplatz gehen können, oder den Bänkliweg noch zuende führen, indem wir auf dem Sträßchen (mit orchideenreichen Hängen) noch den Bogen hinunter zum Parkplatz und zum **Dorfplatz** ❶ gehen.

↗ 350 m | ↘ 350 m | 11.9 km

11 Hasenbuck

3.15 h

Von Merishausen zum Orchideenparadies auf dem Hasenbuck

Die Sektion »Randen« des Schweizerischen Alpenclubs SAC betreibt auf dem Hasenbuck eine Hütte, die mitten in einem Naturschutzgebiet von seltener Reichhaltigkeit gelegen ist. Wohl 20 verschiedene Orchideenarten gedeihen hier nebst anderen botanischen Kostbarkeiten wie verschiedenen Enzianen, dem Türkenbund, dem Frauenschuh und der ästigen Graslilie. Sorgfältig angelegte Trampelpfade führen zu den Standorten, eine Übersichtstafel informiert. Hauptblütezeit ist April bis Juli; die Wanderung ist aber in allen Jahreszeiten empfehlenswert.

Ausgangspunkt: Merishausen, Haltestelle Gemeindehaus, 531 m. Anfahrt: Regionalbus 23 (ab »Bahnhof Nord«).
Endpunkt: Merishausen, Hst. Im Kerr, 523 m. Rückfahrt: Regionalbus 23.
Anforderungen: Durchgehend leicht begehbare Wege und Naturstraßen.
Einkehr: Hasenbuckhütte SAC (nur Sa 14–17, So 10–15 Uhr), Restaurants in Merishausen.
Varianten: 1. Vom Hasenbuck über die Randenhöhen weitergehen (siehe dazu auch bei den Touren 15, 19 oder 22). – 2. Beim Rückweg beim Brunnen im Dostental links abschwenken und auf dem blauen Naturlehrpfad noch durch die Stofflerhalde zum Ausgangspunkt gehen.
Hinweis: Ein Pflanzenbestimmungsbuch oder eine App der Flora helvetica mittragen. – Beim Brunnen im Dostental befand sich die Täuferquelle, die den Täufern als Taufbecken diente. Zum ganzen Täuferweg, siehe: https://www.natourpark.ch/tour/taeuferweg/.

Von der Straßenkreuzung beim **Gemeindehaus Merishausen** ❶ folgen wir den blauen Hinweistafeln des Naturlehrpfades Merishausen und wandern auf einem Asphaltsträßchen unterhalb der Kirche aufwärts. Ein gutes Stück nach der Kurve wählen wir die erste Möglichkeit nach links und gehen auf eine ebene Flurstraße. Durch die Stofflerhalde wandern wir durch reich-

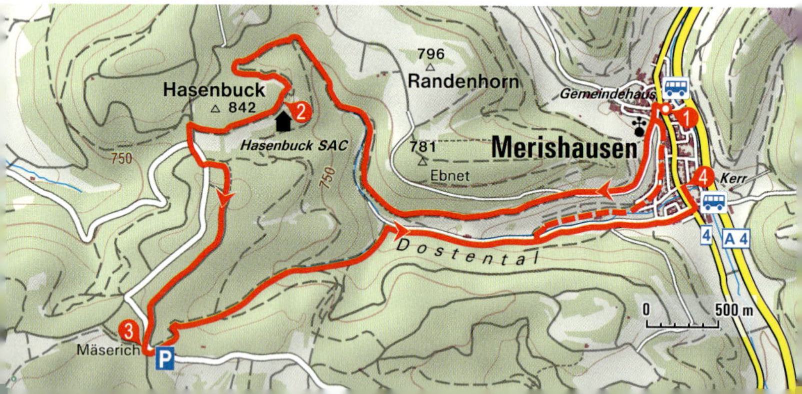

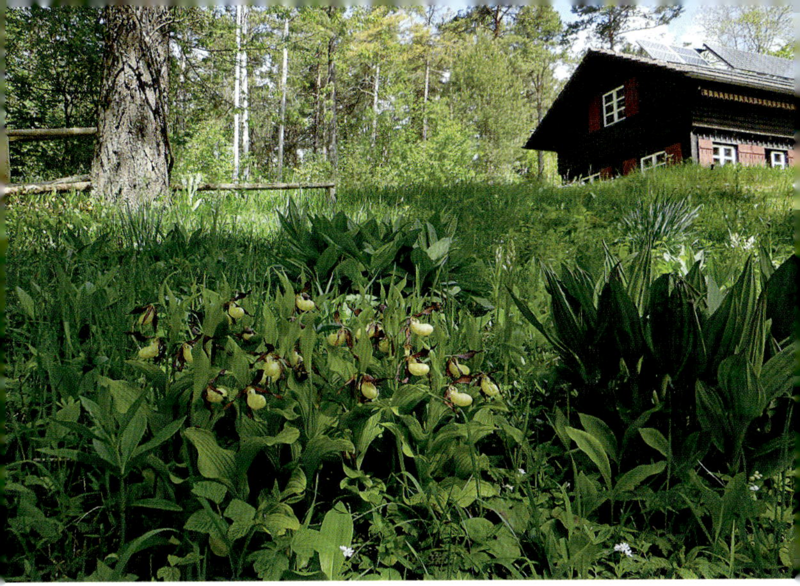

Der Hasenbuck – ein botanisches Paradies.

haltige Pflanzenwelt taleinwärts nach Västygen. Dort verlassen wir den blauen Pfad und gehen auf einer Forststraße weiter talaufwärts. Wir folgen dieser deutlichen Forststraße, bis sie eine Wendekurve nach links macht. Dort bleiben wir geradeaus, halb links weiterhin im Tal und steigen auf einem Fahrweg weiter auf. Auch dieser wendet sich höher oben nach links und bringt uns so auf den **Hasenbuck** ❷.
Nach dem Aufenthalt dort wählen wir den ebenen Pfad von der Hütte aus südwestwärts. Wo wir auf den Wanderweg treffen, wenden wir uns nach links. Nach der Straße und dem Parkplatz beim Heidenbomm gehen wir auf dem markierten Wanderweg links weiter bis zur Verzweigung **Mäserich** ❸. Dort halten wir uns ganz links und wandern im Tal abwärts. Ganz in der Nähe von Västygen gelangen wir ins Dostental, dem wir immer geradeaus bis zum Endpunkt **Im Kerr** ❹ folgen.

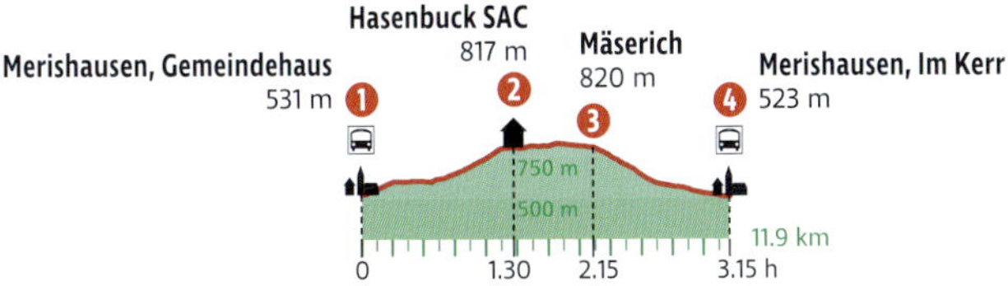

↗ 420 m | ↘ 420 m | 11.7 km

12 Laadel und Hagen

3.00 h

Reiche Natur und Himmelsweite

Den ganzen Reichtum des Randens erleben wir auf dieser Wanderung: Die tief in die wohlgeschichteten Kalke erodierten schmalen Täler und an ihren Flanken die steinigen, flachgründigen und sich rasch erwärmenden Böden, die wertvollste, artenreiche Magerwiesen und Lesesteinhaufen tragen. Darüber die sanftweiten, mergelig fruchtbaren Böden der Randenhochflächen, gepflegt wie prachtvolle Pärke samt vielfältigen Buntbrachen. Weit gehen die Blicke hinaus in den Hegau, zum Radolfzellersee, zum gesamten Alpenkranz und zum Schwarzwald, ganz besonders vom höchsten Punkt des Kantons Schaffhausen: dem Hagen mit seinem Aussichtsturm.

Ausgangs- und Endpunkt: Merishausen, Haltestelle Gemeindehaus, 531 m. Anfahrt: Regionalbus 23 (ab »Bahnhof Nord«). – Markierte Parkplätze an den Dorfrändern.
Anforderungen: Fast durchgehend bequeme Feld- und Forststraßen; im NSG Laadel und kurz im Abstieg nach Merishausen schmale Pfade.
Einkehr: Unterwegs keine; Restaurants in Merishausen.
Variante: Durch das Naturschutzgebiet.
Hinweis: Das NSG Laadel der pro natura enthält eine beeindruckende Fülle seltener Pflanzen und Tiere. Ein Besuch lohnt ganzjährig, speziell natürlich im Frühling. (Bitte den Trampelpfad strikt nicht verlassen, um nichts zu zerstören und den Boden nicht zu verdichten!)

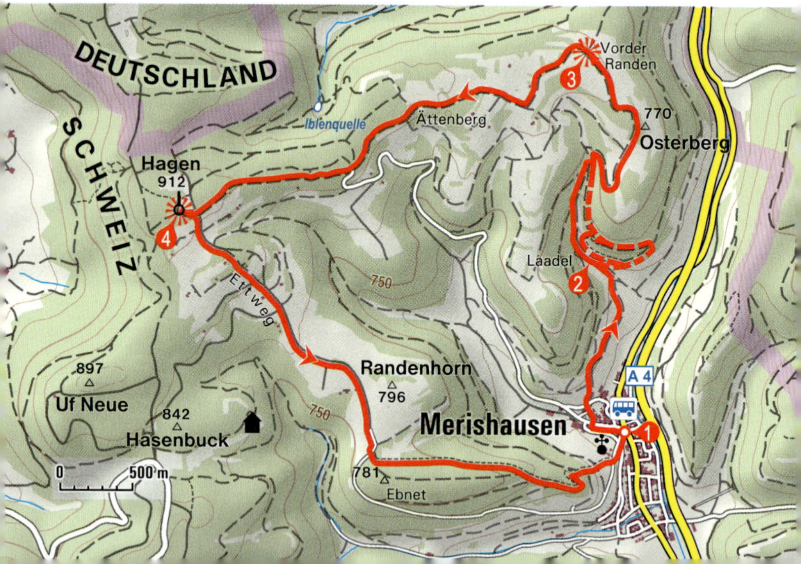

Vom Brunnen an der Kreuzung beim **Gemeindehaus** in **Merishausen** ❶ folgen wir zunächst den Wegweisern des braunen Naturlehrpfades westwärts. Beim Parkplatz vor der Sportanlage wenden wir uns nach rechts (Norden) und wandern dorfauswärts. Nach 30 Min. haben wir das **NSG Laadel** ❷ erreicht. Wer will, wählt den Weg durch das Naturschutzgebiet (siehe Variante), die anderen folgen weiter dem dortigen Asphaltsträßchen aufwärts. In der Kurve am Ende des Asphalts verlassen wir die Wegmarkierungen für eine Weile, wenden uns nach rechts und steigen mit dem Fahrweg hinauf auf den **Osterberg**. Auf der Höhe gehen wir nordwärts weiter bis zum **Vorder Randen** ❸, wo wir weit über die Hegauvulkane und zum (Radolf-)Zellersee blicken können. Hier wenden wir uns westwärts und wandern über die fantastischen Randenhöhen zum Ättenberg und weiter bis zum **Hagen** ❹.

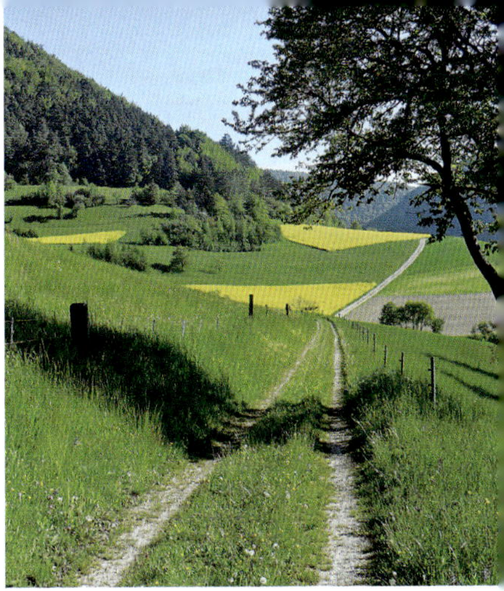

Von Merishausen gegen Laadel.

Nach dem Turmbesuch gehen wir ein paar Meter auf dem Ankunftsweg zurück und halten auf der Naturstraße südwärts Richtung Merishausen. Am Ende der Wiese bleiben wir geradeaus Richtung »Ebnet«. Kaum irgendwo hat man mehr Himmel über sich als auf dem Ettweg!
Wo die Naturstraße in Asphalt übergeht und eine Kurve nach rechts beschreibt, gehen wir mit den Wegweisern nach links in den Wald. Auf der stillen Forststraße wandern wir, bis sie auf dem Grat ausläuft. Wir folgen dem zunächst breiten, schönen Gratweg und steigen dann auf steilem Pfad zum Waldrand ab. Über die Wiesen neben der schmucken Kirche geht's in der Falllinie nach unten und auf dem Sträßchen nach links zurück zum **Ausgangspunkt** ❶.

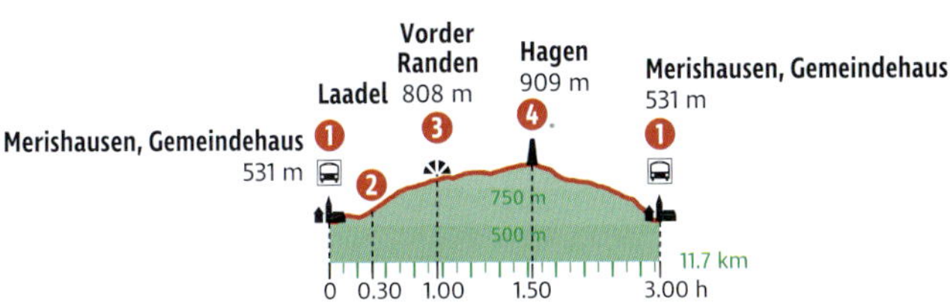

TOP

13

↗ 340 m | ↘ 340 m | 10.8 km

Naturlehrpfade Merishausen

2.45 h

Naturkundliche Wanderungen im Durachtal – botanische Preziosen

Merishausen ist ein charakteristisches, schmuckes Randendorf. Die tief eingeschnittenen Täler geben dort ein wenig Platz für fruchtbare Wiesen und Äcker. An den trockenen Talflanken aber gedeihen Magerwiesen mit einer schier unendlichen Varietät von Pflanzen. Die Gemeinde Merishausen hat vier erlebnisreiche naturkundliche Wege ausgeschildert und mit 30 verschiedenen Informationstafeln bestückt, die spannende Hinweise vermitteln. Die Wege ermöglichen ein angenehmes, erholsames und gleichzeitig interessantes Rundwandern. Wir stellen hier die grüne und blaue Route vor. Die rote ist in Tour 14 enthalten, die braune in Tour 12.

Ausgangs- und Endpunkt: Merishausen, Haltestelle Gemeindehaus, 531 m. Anfahrt: Regionalbus 23 (ab »Bahnhof Nord«). – Ausgeschilderte Parkplätze am Ortsrand.
Anforderungen: Durchgehend schöne Naturfahrwege, teilweise mit Gras bewachsen. Beide Routen sind hervorragend ausgeschildert mit grünen rsp. blauen Wegzeigern.
Einkehr: Unterwegs keine; Restaurants in Merishausen.
Varianten: 1. Nur eine Route gehen (Höhenunterschied: 240 m grüne Route, 100 m blaue Route). – 2. An der grünen Route liegt das sensationelle NSG Laadel, das einen Abstecher lohnt (+ 20 Min. reine Gehzeit).
Hinweis: Ein informativer Flyer zu Merishausen ist bei der Gemeindeverwaltung erhältlich.

Kirche Merishausen.

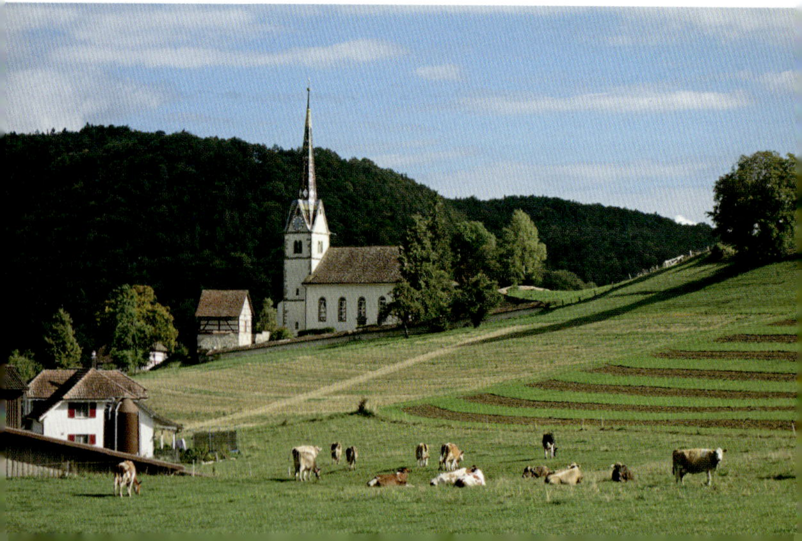

Vom Brunnen an der Kreuzung beim **Gemeindehaus Merishausen** 1 folgen wir dem grünen Naturlehrpfad westwärts. Beim Parkplatz vor der Sportanlage wenden wir uns rechts nach Norden und wandern dorfauswärts. Nach einer halben Stunde haben wir das **NSG Laadel** 2 erreicht. Auf einem Trampelpfad kann man eine botanische Runde durch das außerordentliche Naturschutzgebiet machen – ein lohnender Abstecher.

Dann wandern wir auf dem Asphaltsträßchen höher und gehen bei der ersten Möglichkeit links auf dem grünen Pfad weiter rund um die Tüele. Bei einem Sträßchen halten wir kurz links und gleich wieder rechts durch einen Wiesenweg in den Talhintergrund. Wir steigen ein wenig ab zum **Hohlgraben** 3 und wenden uns dort nochmals nach rechts, um den Beginn des Weges zu erreichen, der uns am Waldrand oben zurück nach **Merishausen** 1 führt.

Neben der Kirche finden wir die Möglichkeit, auf dem blauen Weg weiterzuwandern. Wir steigen auf dem Sträßchen auf und wählen über der Kurve die erste Möglichkeit, links zu gehen. Eben führt uns der schöne alte Fahrweg in den Talhintergund von **Västygen**, wo wir uns nach links wenden und durch das Dostental wieder talauswärts gehen. Beim Brunnen biegt der blaue Pfad nach links und führt zum Abschluss durch die Stofflerhalde nach **Merishausen** 1 zurück.

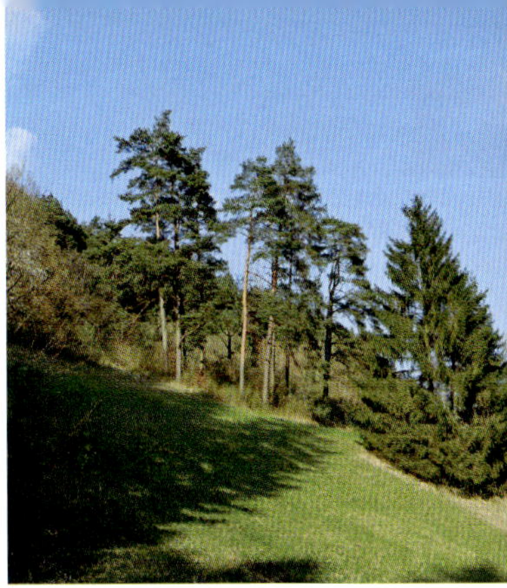

Trockene, steile Talflanken.

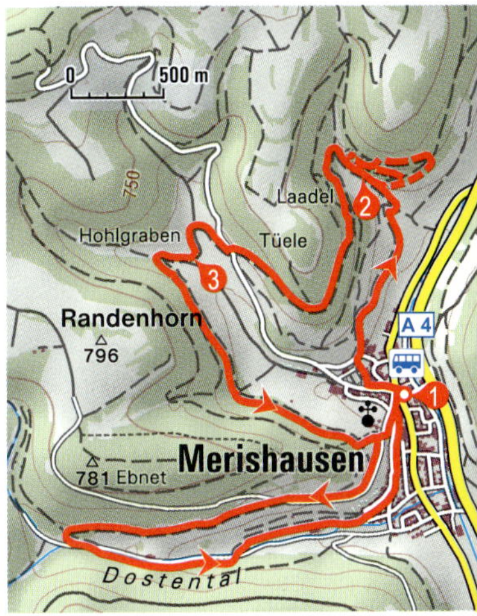

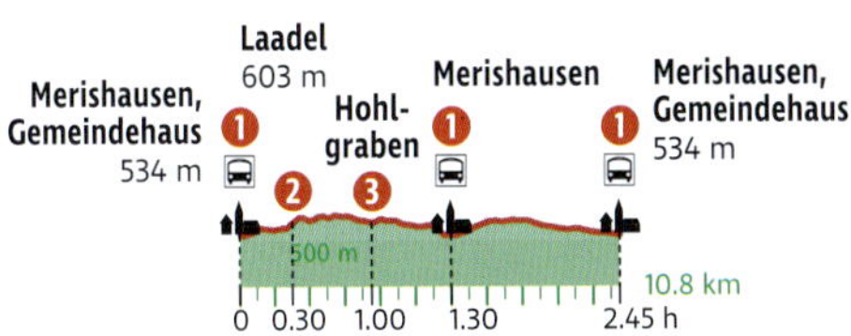

↗ 230 m | ↘ 230 m | 5.6 km

14 Gräte

1.30 h

Auf schmalem Pfad über die Gräte – weitab der Welt

Zwischen Merishausen und dem Grätetal ragt der Eselsrücken schmal in die Höhe und trägt darauf die wunderschönen Magerwiesen der Gräte: mit 45 Hektar das größte Naturreservat des Kantons Schaffhausen. Es gibt vielen Orchideen und weiteren hier seltenen Pflanzen wie der Küchenschelle oder dem Diptam Lebensraum. Und den staunenden Besuchenden einen Gang durch abgeschiedene Natürlichkeit.

Ausgangspunkt: Merishausen, Haltestelle Gemeindehaus, 531 m. Anfahrt: Regionalbus 23 (ab »Bahnhof Nord«). – Ausgeschilderte Parkplätze am Dorfrand.
Anforderungen: Orientierungssinn und Trittsicherheit (teilweise schmale und steile Pfade); nicht bei Schnee und Eis gehen.
Einkehr: Unterwegs keine; Restaurants in Merishausen.
Variante: Nur den rot ausgeschilderten Naturlehrpfad »Üsen Sunnehang« ohne Aufstieg auf die Gräte auf bequemen schönen Wegen begehen (1 Std.).
Hinweis: Hauptblütezeit Ende April bis Ende Juni, aber in allen Jahreszeiten erlebnisreich.

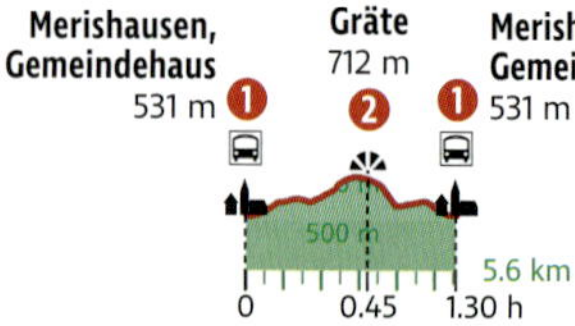

Vom **Gemeindehaus** in **Merishausen** 1 gehen wir auf der Straße ostwärts, unterqueren die Umfahrungsstraße und steigen in einem S aufwärts. Auf der ersten Wiesenhöhe, wo der rote Naturlehrpfad rechts abzweigt, halten wir geradeaus und wandern auf ebener Strecke nordwärts. Wo der Wald rechts wieder ganz an den Weg anschließt, bleiben wir leicht abwärts auf dem Fahrweg, um bei der nächsten Kreuzung rechts aufwärts weiter dem Waldrand zu folgen. Mit dem Fahrweg beschreiben wir eine Wende und steigen im Wald auf. Knapp 10 Min. weiter oben finden wir bei einer breiteren Wegstelle linker Hand eine schwache Pfadspur, die uns hangaufwärts führt bis zum Grat und zur Landesgrenze. Dort wenden wir uns nach rechts und er-

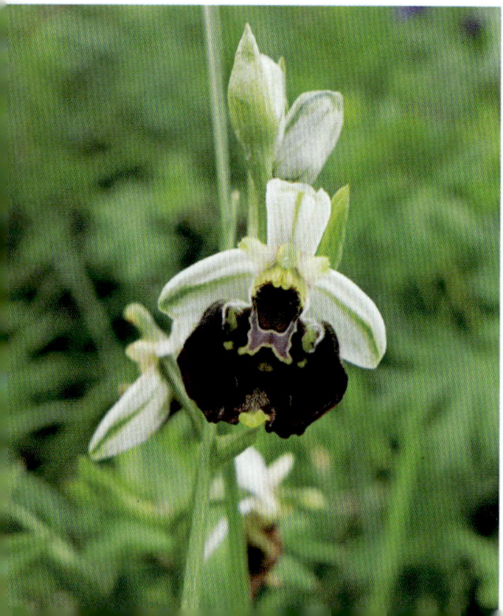

Hummel-Ragwurz (Ophrys holosericea).

reichen auf schönem Weg die Höhe der **Gräte** ❷: ein Magerwiesenparadies voller wunderbarer Pflanzen. Ein hervorragender Aussichtspunkt lädt zur Rast.

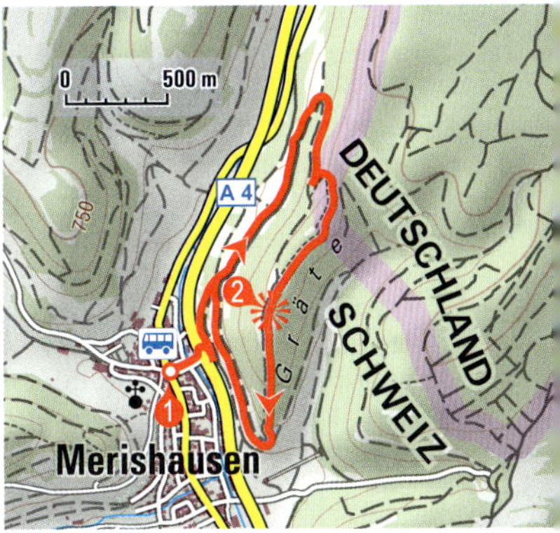

Dann folgen wir dem schmalen Wiesenpfad südwärts und steigen immer auf dem Grat über den Eselsruggen ab. Zuletzt ganz steil gelangen wir auf einen Fahrweg. Botanisch Interessierte wenden sich hier zunächst nach links und spazieren auf dem Weg ein Stück ins Grätetal hinein. Sonst gehen wir gleich nach dem Abstiegsweglein rechts und wandern auf dem schönen ebenen Weg wieder nordwärts durch die reichhaltige Flanke und genießen auch die Rundblicke über das Dorf. So gewinnen wir wieder den Aufstiegsweg, auf dem wir nun nach **Merishausen** ❶ zurückgehen.

Die Gräte.

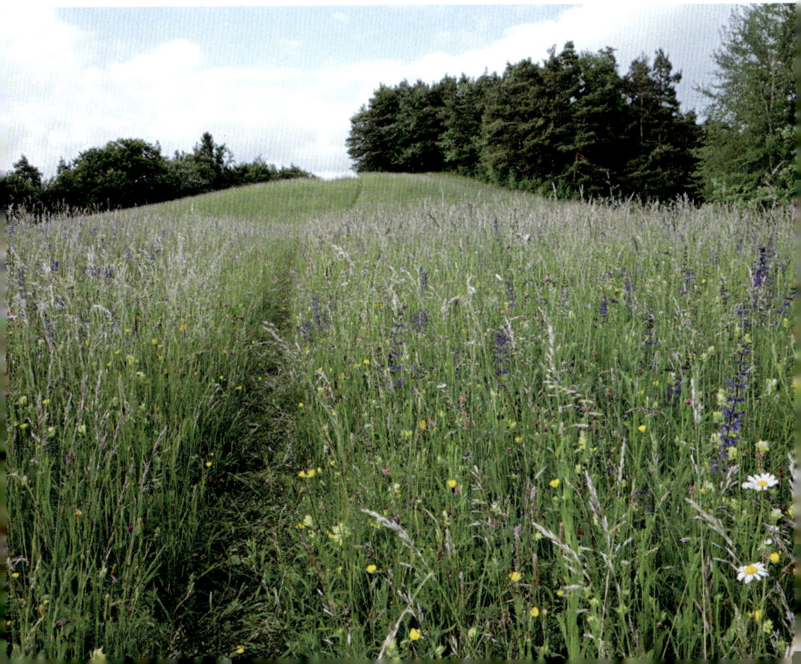

TOP

15 **Hagen**

↗ 380 m | ↘ 500 m | 15.7 km

4.00 h

Bargen – Hagen – Schaffhausen: längs über den ganzen Randen

Der Hagen ist der höchste Punkt des Kantons Schaffhausen und trägt einen aussichtsreichen Turm. Im Winterhalbjahr steht er häufig über dem Nebel in der gleißenden Sonne und beeindruckt mit einer umfassenden Rundumfernsicht: Schwäbische Alb, Hegau, der ganze Alpenkranz, Jura und Schwarzwald liegen ausgebreitet. Einmal aufgestiegen lässt sich wie im Jura stundenlang fast horizontal auf dem sanft abfallenden Randenrücken südwärts gehen durch ausgedehnte Wälder und offene Weiten ohne Siedlungen: herrliche Höhen!

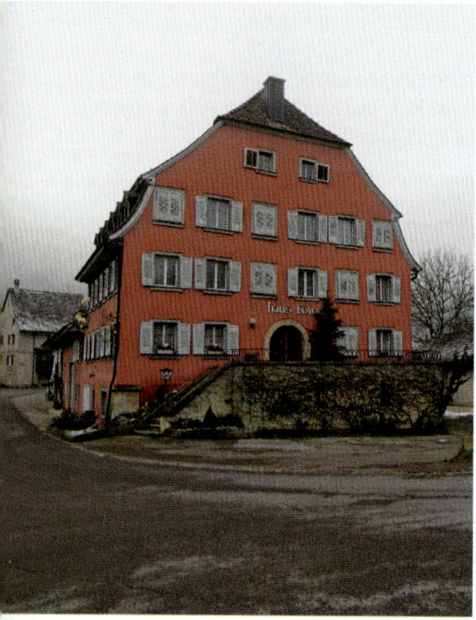

Der »Löwen« in Bargen – alte Reisepracht.

Ausgangspunkt: Bargen, Endhaltestelle, 605 m. Anfahrt: Regionalbus 23 (ab »Schaffhausen Nord«). – Parkplatz in Schaffhausen oder am Dorfrand Bargen.
Endpunkt: Schaffhausen, Hauental, Hst. Sommerwies, 484 m. Rückfahrt: Stadtbus 3 (oder Regionalbus 22).
Anforderungen: Lange Wanderung auf durchgehend schönen Naturwegen und -straßen.
Einkehr: Unterwegs keine (Sa, So Hasenbuckhütte SAC, kleiner Abstecher; siehe Tour 11); Tankstellenkioske in Bargen.
Varianten: 1. Auf dem Randen viele Kombinationsmöglichkeiten. – 2. Auf der Nordseite der Wiese bei Heidenbomm ❹: Abstecher zum NSG Hasenbuck (s. Tour 11); nur Gehzeit hin und zurück 20 Min. – 3. Vom Hagenturmfuß statt auf den breiten Forstwanderwegen auf dem „WasserWelten-Steig" (schmaler wurzliger Pfad) via Hasenbuck nach Heidenbomm gehen (10 Min. länger).

Von **Bargen** ❶ folgen wir dem Wanderweg ins Mülital, anfangs auf dem Fahrweg, nach dem letzten Haus vor dem Weiher rechts haltend und gut 200 m später links auf feuchtem Pfad taleinwärts. Im Talhintergrund beim bedeutsamen NSG Galliwies geht es halb links durchs enger werdende Täl-

Bargemer Randen.

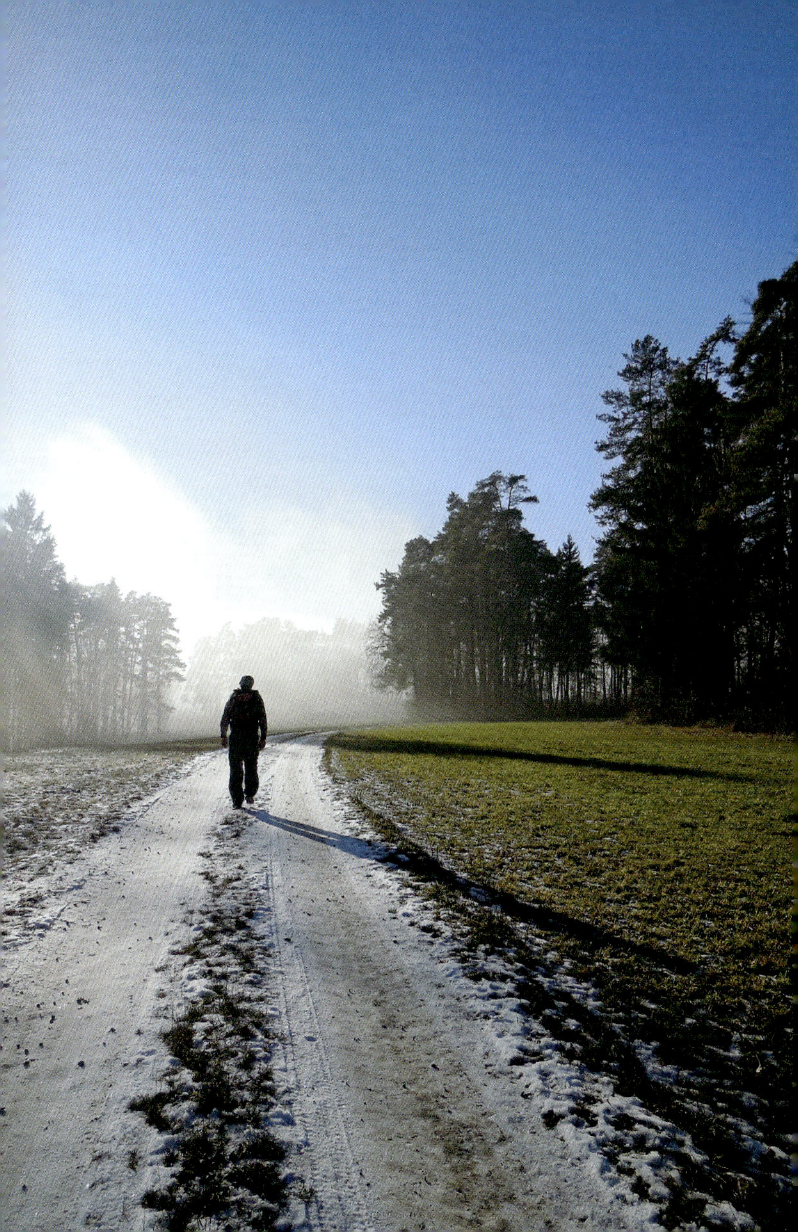

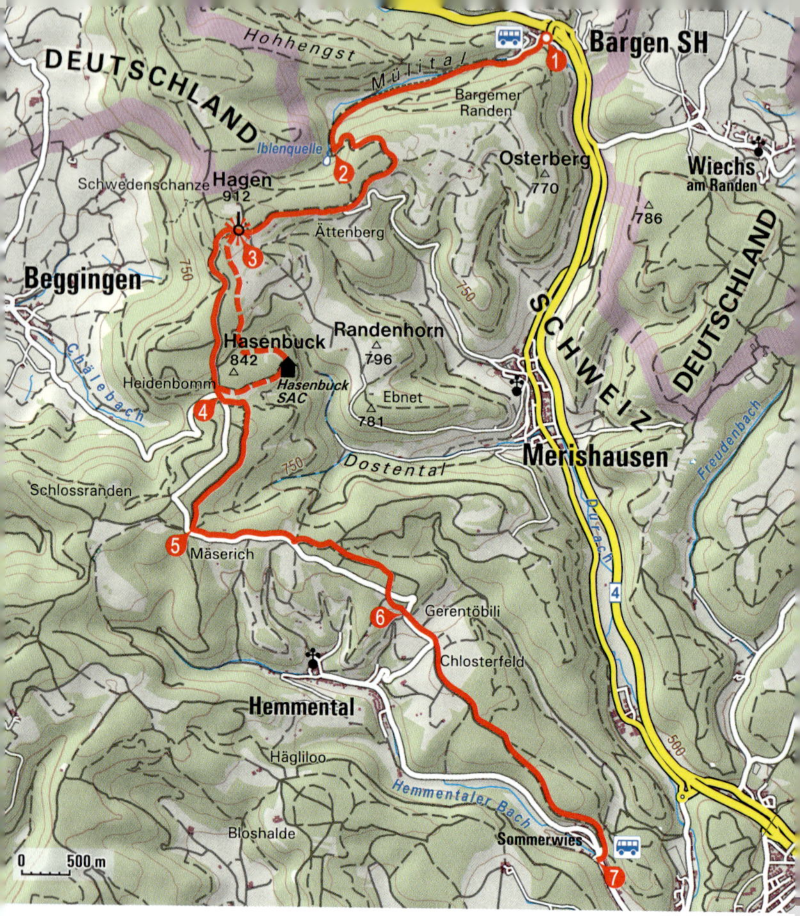

chen hinauf zur **Iblenquelle** ❷. Dort wenden wir uns nach links und steigen auf schmalem Pfad durch die Flanke an. Auf der Höhe queren wir den Rücken und gehen auf der Forststraße rechts. Wir wandern entlang des Ättenberges, wo wir erstmals die weite Aussicht genießen können.
Immer geradeaus auf der Höhe steuern wir auf den **Hagenturm** ❸ zu. Ausgedehnte Lagerwiesen, Rast- und Feuerstellen und natürlich die Turmbesteigung lassen uns verweilen.
Anschließend wenden wir uns vom Turmfuß südwestwärts (Variante 3: Pfad südwärts) und treffen bald eine breite Forststraße. Immer geradeaus

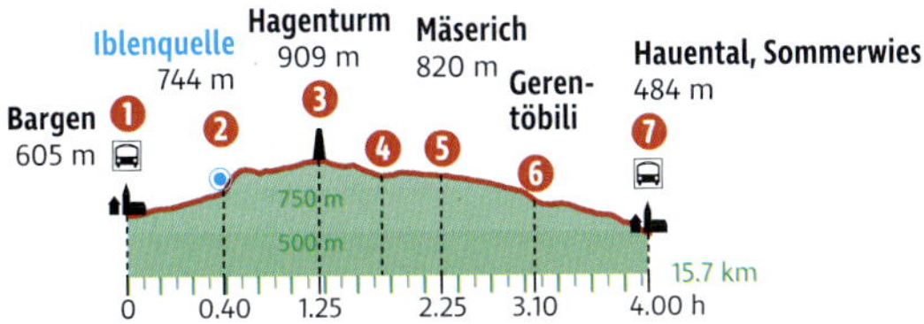

gelangen wir auf ihr zur Wiese bei **Heidenbomm** 4. Gleich anfangs der Wiese finden wir links den Zugang Richtung Hasenbuck (siehe Hinweis). Bei Heidenbomm stoßen wir auf die Verbindungsstraße Hemmental – Beggingen. Wir folgen ihr aber nur wenige Meter und wenden uns gleich wieder links auf den Wanderweg. Er leitet uns bis nach **Mäserich** 5, wo wir wieder auf die Straße treffen, die hier Naturbelag hat. Wir folgen ihr etwa einen Kilometer weit. Dann wechseln wir wieder auf den Wanderweg daneben. Beim **Gerentöbili** 6 begegnen wir wieder der hier asphaltierten Straße und gehen auf ihr weiter südwärts. 5 Min. später wendet sich die Straße nach rechts, wir aber bleiben geradeaus und folgen weiter dem Wanderweg bis ins **Hauental**, wo wir die **Haltestelle Sommerwies** 7 finden.

Blick vom Hagenturm südwärts.

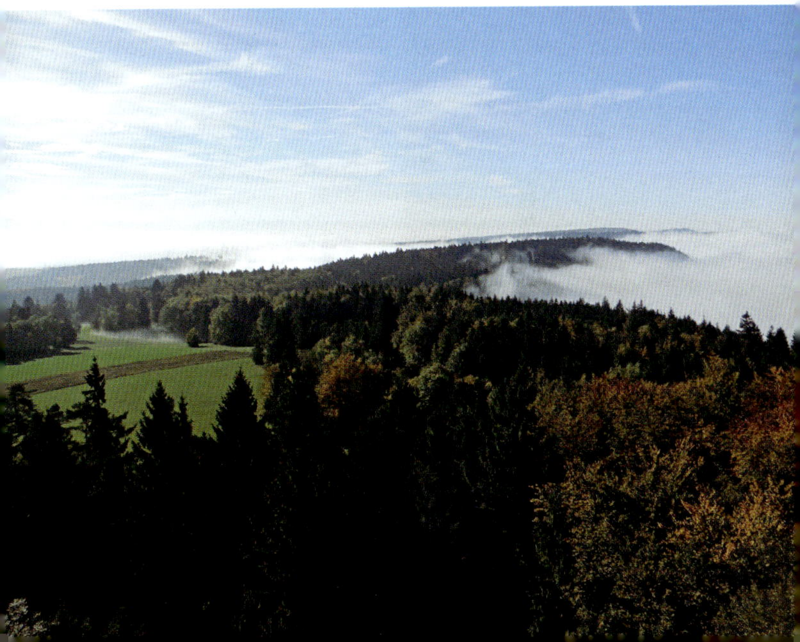

↗ 360 m | ↘ 400 m | 8.8 km

16 Schwedenschanze

2.15 h

Bargen – Beggingen: die nördliche Randenquerung

Bargen und Beggingen sind beide abgelegene Grenzorte am nördlichsten Rand der Schweiz, getrennt durch den Hohen Hagen zwischen ihnen. Seit rund 500 Jahren stehen sie im Spannungsfeld zwischen der Eidgenossenschaft und Schwaben und auch zwischen reformiert und katholisch: Nachbarschaft in der Verschiedenheit. Diese kurze und intensive Wanderung verbindet die beiden Dörfer. Im Aufstieg schauen wir hinaus in den Hegau, im Abstieg von der Schwedenschanze weit in den Schwarzwald und dazwischen auf dem Hagenturm genießen wir den Überblick.

Das Mördergärtli.

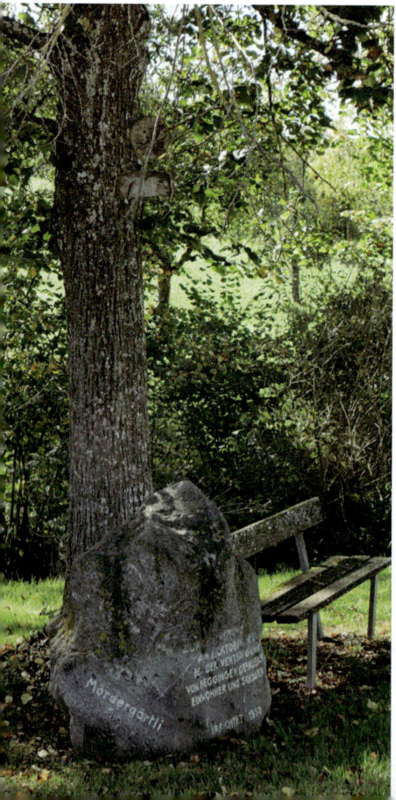

Ausgangspunkt: Bargen, 605 m, Endhaltestelle. Anfahrt: Regionalbus 23 (ab »Schaffhausen Nord«). – Parkplatz in Schaffhausen oder Parkplätze am Dorfrand Bargen.
Endpunkt: Beggingen, 545 m, Endhaltestelle. Rückfahrt: Regionalbus 21 nach Schaffhausen (die Rückfahrt per Bus nach Bargen dauert rund 1 Std.).
Anforderungen: Vorwiegend bequeme Wege, im Abstieg von der Schwedenschanze ein Stück weit steiler, rutschiger Pfad (Stöcke empfohlen).
Einkehr: Unterwegs keine; Tankstellenkioske in Bargen, Gasthaus Sonne in Beggingen.
Hinweis: In Beggingen steht ein Kneipp-Brunnen, wo man und frau die Arme eintauchen kann.

In **Bargen** ❶ folgen wir zuerst der Dorfstraße Richtung Mülital. Nach noch nicht einmal 5 Min. biegen wir aber links ab auf den Wanderweg zum Vorder Randen, der im Bogen zurück über das Dorf führt. Wir folgen den gelben Markierungen, die uns durch einen älteren Weg in die Höhe leiten. Auf dem **Vorder Randen** ❷ schauen wir weit in den Hegau hinaus und wenden uns dann nach rechts.

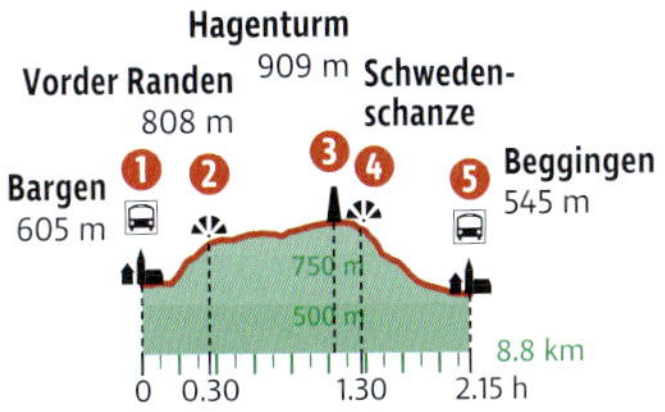

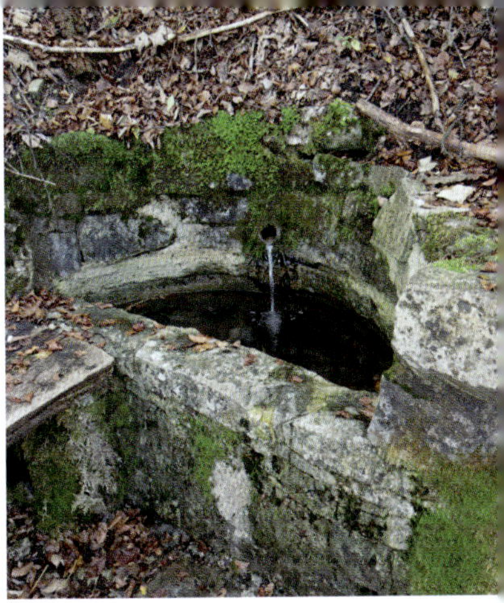

Das Stiegenbrünneli.

Über die charakteristischen Randenhöhen des Tigenackers und via Ättenberg wandern wir bis zum **Hagenturm** ❸. Nach der Besteigung wenden wir uns bei den Raststellen nach Nordwesten und gelangen auf einem Pfad zu einer Forststraße, in die wir rechts einbiegen.
Beim folgenden Wanderwegweiser gehen wir links zur **Schwedenschanze** ❹, von deren Bank aus wir zum Schwarzwald blicken können. Ob sie dem 30-jährigen Krieg entspringt; wer weiß?
Ein schmaler Pfad führt uns dann in die Tiefe. Stets den Markierungen folgend passieren wir das Stiegenbrünneli, traversieren seitwärts und gehen wieder abwärts zum Waldrand über Beggingen. Ein asphaltiertes Flursträßchen leitet uns dorfwärts. Dort begegnen wir noch dem Mördergärtli und dem Erinnerungsstein an Kriegsereignisse, denen **Beggingen** ❺ an der Grenze zwischen den »Kuhschweizern« und den »Sauschwaben« ausgesetzt war.

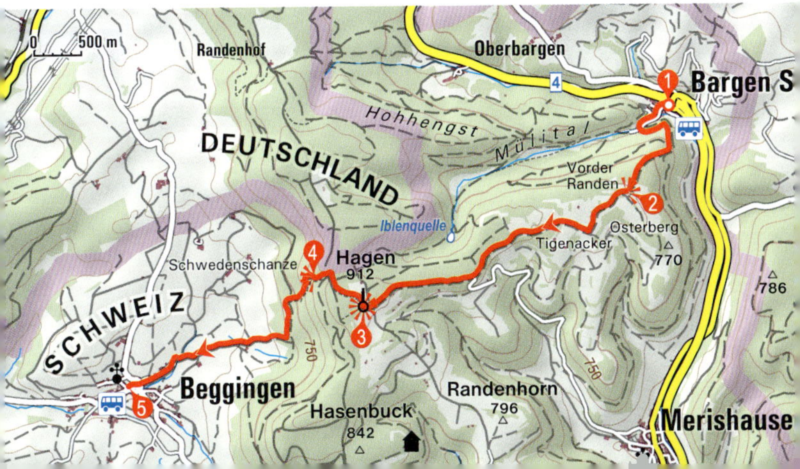

↗ 260 m | ↘ 260 m | 9.0 km

17 Tannbüel

2.20 h

Naturparadies Tannbüel – Wolfbüel – Schönebüel: eine Bargemer Runde

Das Tannbüel ist ein Naturschutzgebiet von nationaler Bedeutung im Besitz des Kantons Schaffhausen. Es ist ein botanisches Kleinod mit einer schier unglaublichen Varietät von seltenen kalkliebenden Pflanzen. Besonders berühmt im Frühling sind seine vielen Frauenschuhe. Ein Teil des Tannbüels ist eingezäunt und kann nur besichtigt werden, wenn eine Parkaufsicht anwesend ist. Der Rest ist frei zugänglich auf gebauten weichen Wegen. Unsere Wanderung kehrt über die weitsichtigen Höhen des Wolfbüels und des Schönebüels nach Bargen zurück.

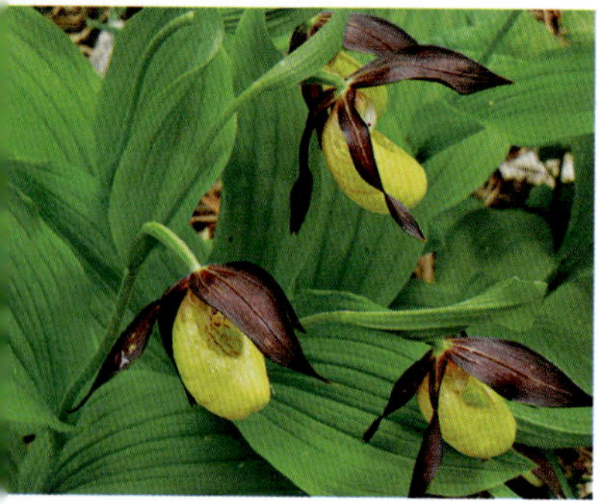

Ausgangs- und Endpunkt: Bargen, 605 m, Endhaltestelle. Anfahrt: Regionalbus 23 (ab »Schaffhausen Nord«). – Parkplätze am Ortsrand.
Anforderungen: Leicht; über das Wolfbüel asphaltiert.
Einkehr: China-Thai-Restaurant in Neuhaus am Randen (11.30–15 und 17.30–23 Uhr; Sa/So durchgehend); Tankstellenshops in Bargen.
Variante: Auch Tour 18 führt zum NSG Tannbüel.
Hinweise: Ausführliche Information zum Tannbüel auf www.bargen.ch. – Die Frauenschuhe blühen im Mai.

Von der Bushaltestelle in **Bargen ❶** gehen wir am stattlichen ehemaligen Gasthaus Löwen vorbei westwärts und gleich bei der ersten Querstraße wieder rechts. Immer neben der Umfahrungsstraße und doch recht einsam

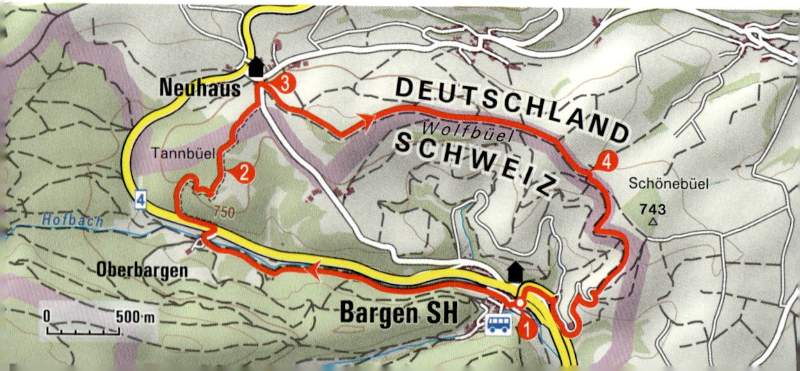

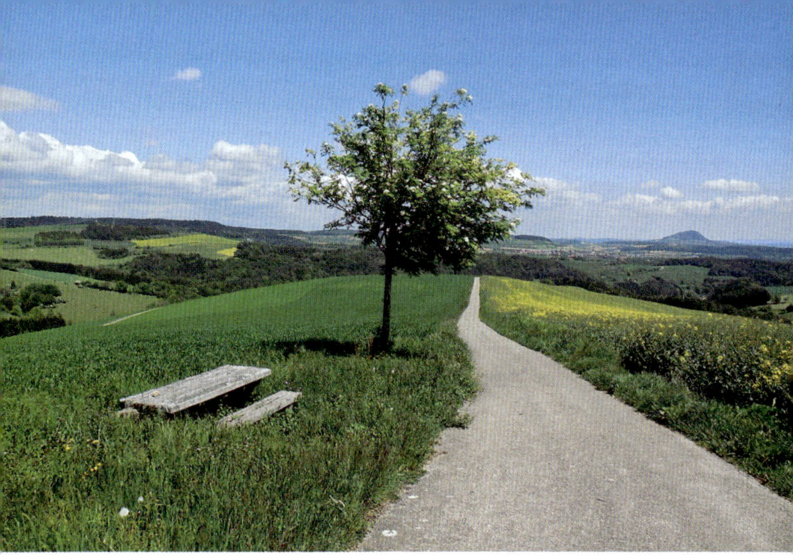

Oben: Wolfbüel.
Linke Seite: Frauenschuh (Cypripedium calceolus).

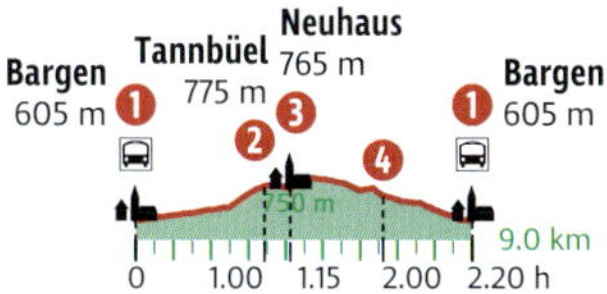

wandern wir am Straßenzollamt vorbei bis zum Hof Oberbargen. Dort wenden wir uns nach rechts, unterqueren die Schnellstraße und gehen gleich wieder links aufwärts. In den Kalkaufschlüssen am Wegrand findet man oft Versteinerungen.

Bei der Wegverzweigung im Wald halten wir rechts und kommen so zum unteren Anfang des **NSG Tannbüel** ❷, wo sich auch der eingezäunte Teil und die Parkhütte befinden. Je nach Jahreszeit besichtigen wir die verschiedenen Orchideen und anderen Pflanzen auf den vorgegebenen Wegen.

Am oberen Ende des Naturschutzgebietes passieren wir die Landesgrenze. Ein Wiesenpfad bringt uns zum Weiler **Neuhaus** ❸. Wir biegen gleich nach dem ersten Haus scharf rechts ab und steigen auf dem Asphaltsträßchen steil in die Höhe. Der Weg ist nun als Wanderweg markiert. Immer geradeaus gehen wir über den weitsichtigen Grat.

Nach dem Abstieg in einen Sattel auf dem **Schönebüel** ❹ zweigen wir auf diesem schleifend nach rechts ab auf eine bewachsene Feldstraße. Sie leitet uns noch ein ganzes Stück weit eben durch die Flanken, bis wir über einem Wasserreservoir nach rechts auf eine asphaltierte Flurstraße abbiegen und in Kurven hinunter nach **Bargen** ❶ wandern.

↗ 420 m | ↘ 420 m | 14.1 km

18 Schwarzer Stein / Nordspitze

3.45 h

Panorama-Rundtour zum nördlichsten Punkt der Schweiz

Der »Schwarze Stein« mit der Nummer 593 ist der nördlichste Grenzpunkt von Schaffhausen und damit der gesamten Schweiz. Der Überlieferung nach wurden dort Verbannte und Verurteilte von der Schaffhauser Obrigkeit außer Landes verwiesen. Heute aber ist er ein friedlicher Ort am Waldrand. Die schöne Wanderung verläuft stets in Grenznähe zunächst über die aussichtsreiche Krete des Wolfbüels, an dessen Ende vor allem im Frühjahr ein Abstecher ins botanische Paradies Tannbüel lohnt. Dann geht's zum Buchener Stumpen, einer über 500-jährigen Eiche, und zum Schwarzen Stein. Durch den Wald erreichen wir den Feldbergblick, wo wir weit über den Schwarzwald sehen. Zum Abschluss bringt uns ein schmaler Gratpfad über den Hoh Hengst wieder hinunter nach Bargen.

Ausgangs- und Endpunkt: Bargen, 605 m, Busendhaltestelle. Anfahrt: Regionalbus 23 (ab »Schaffhausen Nord«). –Parkplatz am Dorfrand.
Anforderungen: Größtenteils befestigte und unbefestigte Flurstraßen, im Abstieg schmaler, wurzeliger Pfad, stellenweise etwas steil. Die ganze Rundwanderung ist als »Nordspitze Panoramaweg 593« ausgeschildert und bestens markiert.
Einkehr: China-Thai-Restaurant in Neuhaus am Randen (11.30–15 und 17.30–23 Uhr; Sa/So durchgehend); Tankstellenkioske in Bargen.
Variante: Abstecher ins NSG Tannbüel (Mai–Juni: Frauenschuh!): reine Gehzeit 15 Min., zuzüglich Schauzeit.
Hinweise: Das Tannbüel ist eines der bedeutendsten und bekanntesten Naturschutzgebiete der Schweiz mit über 20 Orchideenarten. – Einige Picknickplätze entlang der Strecke, so z. B. beim Schwarzen Stein oder bei der Randenhütte.

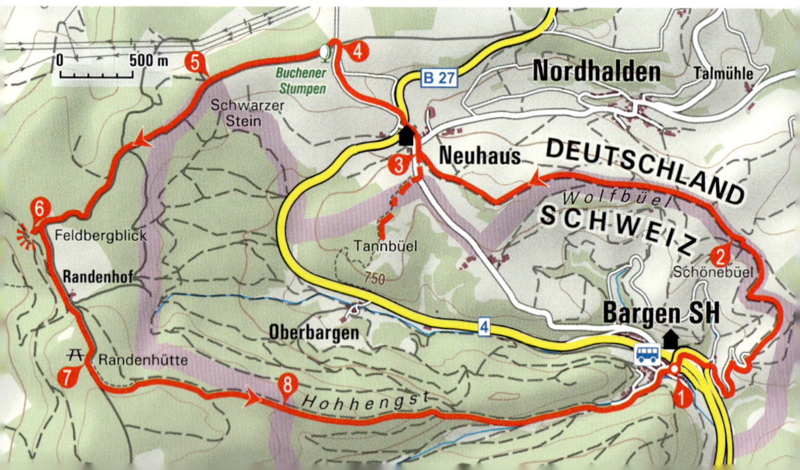

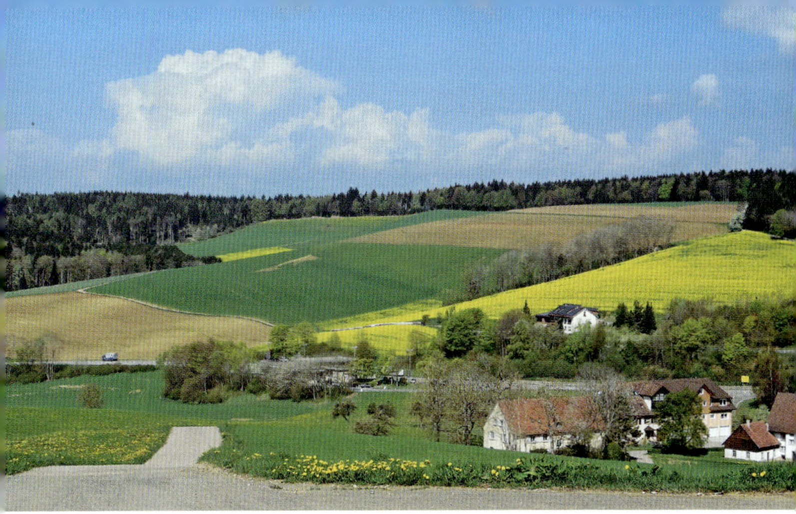

Neuhaus – und links der Bildmitte am oberen Waldrand die nördlichste Stelle der Schweiz.

Von der Busendhaltestelle in **Bargen ❶** läuft die Route über die Brücke der Schnellstraße und durch das Dorf ostwärts. Im Taleinschnitt beginnt die Steigung, die uns in Serpentinen durch die Hänge hinauf aufs **Schönebüel ❷** bringt. Auf der Asphaltstraße über die Krete des Wolfbüels erreichen wir **Neuhaus ❸**, wo wir links zum Tannbüel gehen können (Variante). Vom Weiler Neuhaus steigen wir auf einem Sträßchen hinauf zum eindrücklichen **Buchener Stumpen ❹**. Auf Naturwegen gehen wir dem Waldrand nach zum **Schwarzen Stein ❺** und durch den Wald bis zu einer großen Wiese. Gleich an deren Anfang dürfen wir den kurzen Abstecher zum **Feldbergblick ❻** nicht verpassen, weil die Aussicht von dort weit über das Wutachtal hinaus in den Schwarzwald reicht.

Zurück auf der Flurstraße wandern wir vorbei am Klausenhof bis zur **Randenhütte ❼**. Hier gehen wir links in den Wald, zuerst auf älteren und neueren Forstwegen, ab der Grenze auf dem **Hoh Hengst ❽** dann auf Pfaden zurück nach **Bargen ❶**.

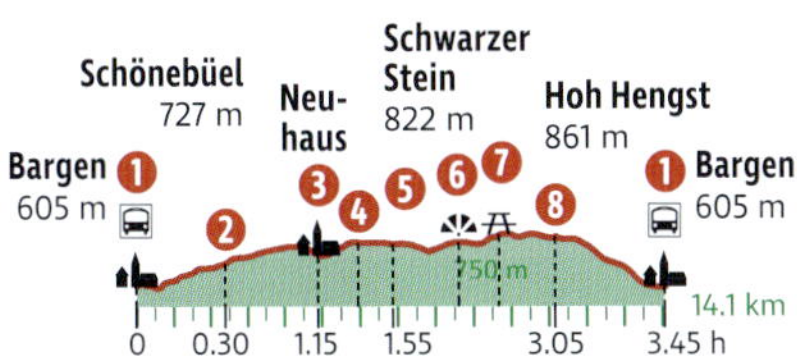

↗ 470 m | ↘ 500 m | 9.9 km

19 Zwei Schlossranden

3.15 h

Von Beggingen nach Siblingen über die Ostflanke des Randen: 2 Türme

Viele Teilnamen hat der Randen: Auf seiner Ostseite heißt er gerade zweimal Schlossranden. Schlösser finden wir darauf allerdings nicht, nur Mauerreste ehemaliger Burgen und zwei gediegene Aussichtstürme: den altehrwürdigen Schleitheimer Randenturm auf dem Schlossranden und den modernsten auf dem Siblinger Schlossranden. Und zwischen den beiden das fantastische Randenwandern durch Wälder und Lichtungen.

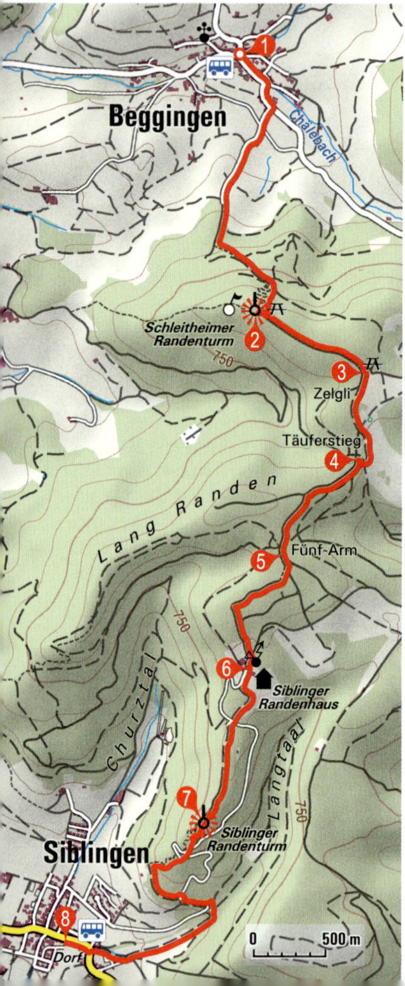

Ausgangspunkt: Beggingen, 545 m, Endhaltestelle. Anfahrt: Regionalbus 21. – Parkplatz im Dorf.
Endpunkt: Siblingen, Haltestelle Dorf, 513 m. Rückfahrt: Regionalbus 21.
Anforderungen: Trittsicherheit: Aufstieg und Abstieg auf schmalem steilem Pfad.
Einkehr: Siblinger Randenhaus (Mo, Di geschlossen), Sommerwirtschaft beim Schleitheimer Randenturm (nur an Wochenenden).
Varianten: Auf dem Randen viele Kombinationsmöglichkeiten.
Hinweis: Gedenkstein »Täuferstieg« als Mahnmal für religiöse Toleranz, siehe auch Touren 9 und 11.

Der Gedenkstein am Täuferweg.

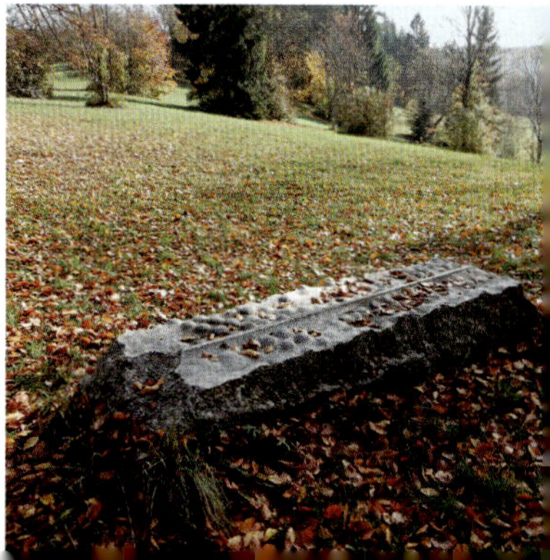

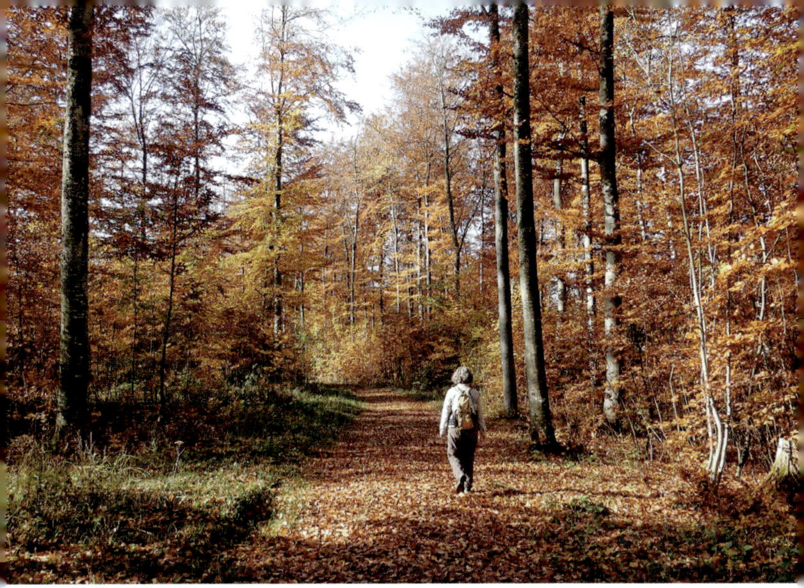

Herbst auf dem Randen.

In **Beggingen** ❶ folgen wir zunächst der Verbindungsstraße nach Hemmental und steigen durch die Hohle Gasse auf, einem geologisch besonderen Ort mit erdölhaltigem Posidonienschiefer. Bei den Häusern darüber biegen wir rechts ab und wandern auf einer asphaltierten Flurstraße bergwärts und gerade in den Wald hinein. Wir folgen den Markierungen des Wanderwegs, die uns über einen schmalen Pfad im Zickzack den steilen Hang hinanleiten. Oben am ehemaligen Burggraben gehen wir zuerst rechts zu den Mauerresten und auf den schönen **Schleitheimer Randenturm** ❷.

Dann kehren wir in den Graben zurück und steigen jenseits auf zur Schutz- und Wirtschaftshütte. Auf der Zugangsstraße wandern wir horizontal zum **Zelgli** ❸, einer schönen Lagerwiese mit Feuerstellen und Rasteinrichtungen.

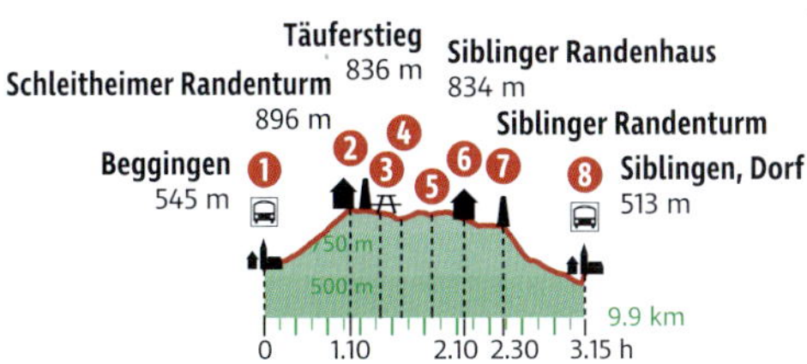

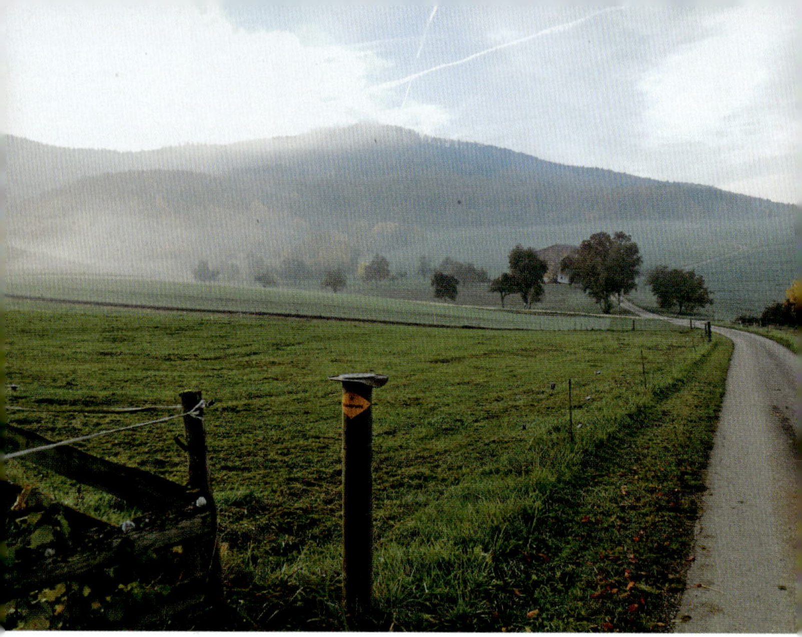

Randenwärts.

Wir wenden uns nach rechts und wandern auf der Höhe weiter durch den Wald (je nach Jahreszeit kann man auch linker Hand dem Waldrand folgen) bis zum **Täuferstieg** ❹. Es lohnt sich, die wenigen Meter aus dem Waldweg hinauszutreten in diese parkähnliche offene Landschaft und den Stein des Mahnmals zu besichtigen. Dann gehen wir auf der Höhe weiter durch den Wald zum **Fünf-Arm** ❺, einer vielfältigen Wegkreuzung. Wir bleiben geradeaus und erreichen 10 Min. später das **Siblinger Randenhaus** ❻ in bevorzugter Lage.

Wir folgen kurz der Zufahrtsstraße abwärts, gehen aber am Waldrand gleich links, überqueren etwas tiefer nochmals die Straße und wandern auf dem Siblinger Schlossranden ebenaus. Zur Rechten locken Aussichtspunkte über das Klettgau; ein Baumlehrpfad und ein kleiner Barfußweg bieten Abwechslung. Auf dem vordersten Sporn erhebt sich der **Siblinger Randenturm** ❼, erst 2014 errichtet und mit einer prächtigen Plattform in der Höhe versehen.

Dann folgen wir auf schönem Pfad dem Grat in die Tiefe, überqueren zweimal die Straße und erreichen den Waldrand über **Siblingen**. In einem weiten Bogen nach links führt uns der Wanderweg hinunter und zur Haltestelle im **Dorf** ❽.

↗ 220 m | ↘ 290 m | 11.2 km

3.10 h

Alp Babental 20

Von Beggingen nach Schleitheim über die Alp Babental und Juliomagus

Sogar eine richtige Alp hat das vielfältige Schaffhausen, mit allem was dazu gehört: saftige Weiden, Glockengeläut im Talrund und ein Alprestaurant beim großen Stall. Und dass schon die Römer es sich in der Gegend wohlgehen ließen, beweisen die Reste der Thermen, in denen die Bewohner von Juliomagus badeten, und der Keller, in dem sie ihre kulinarischen Genüsse lagerten. Dazwischen weite Wege durch Feld und Wald: schon fast eine Schlemmerrunde, diese schöne Wanderung!

Ausgangspunkt: Beggingen, Haltestelle Neumühle, 540 m. Anfahrt: Regionalbus 21. – Parkplatz im Dorf.
Endpunkt: Schleitheim, Bahnhofstrasse, 465 m. Rückfahrt: Regionalbus 21.
Anforderungen: Durchgehend bequeme Flur- und Waldstraßen.
Einkehr: Restaurant Alp Babental (kein Ruhetag), Restaurants in Schleitheim.
Hinweis: Bei Schleitheim befand sich die bedeutende römische Kleinstadt Juliomagus. Zwei außerordentlich sehenswerte Museen zeigen die archäologischen Funde vor Ort: das Thermenmuseum (täglich durchgehend geöffnet, 3 CHF) und 200 m weiter ein römischer Keller (www.museum-schleitheim.ch).

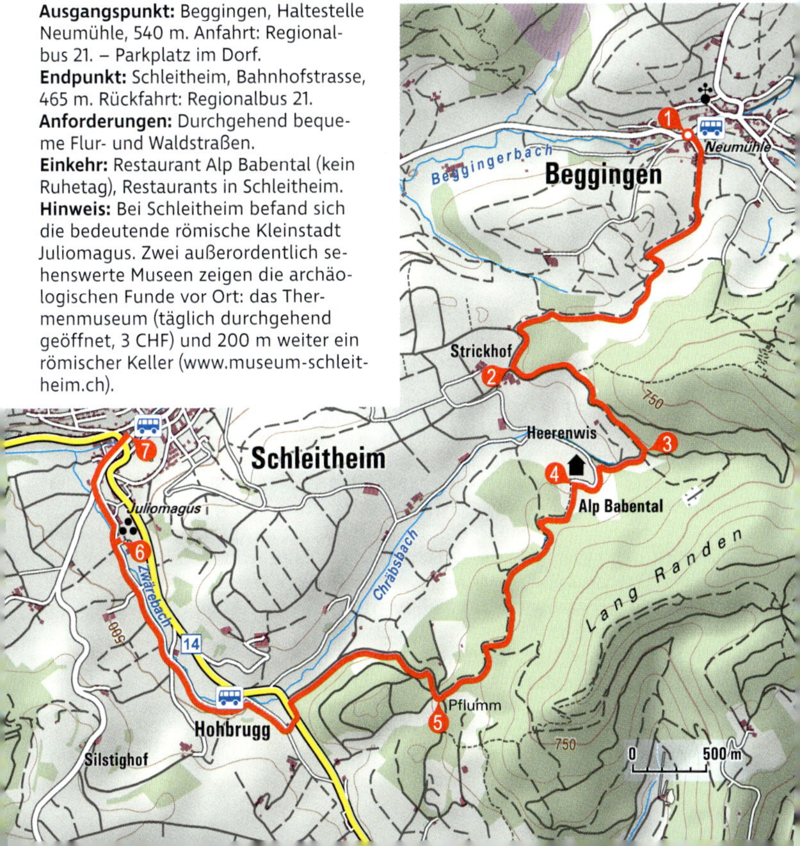

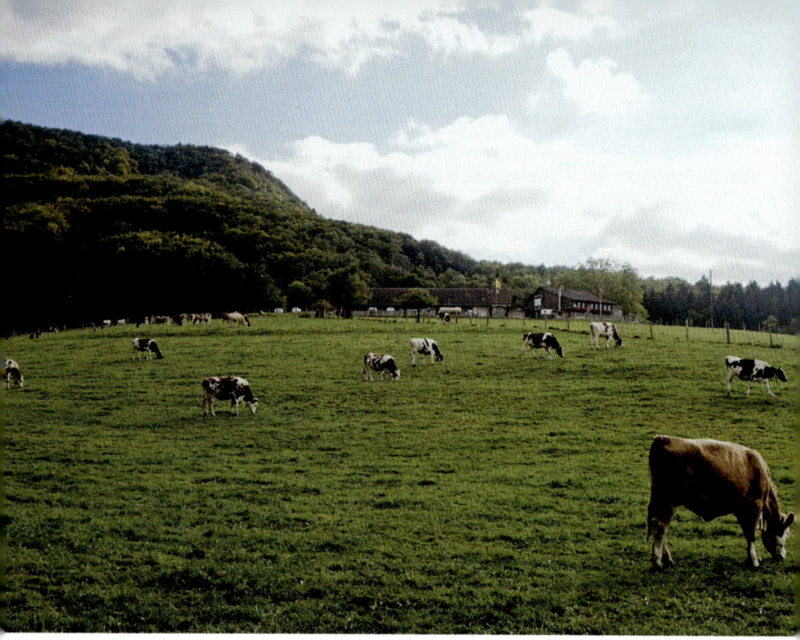

Alp Babental.

In **Beggingen** ❶ gehen wir gleich bei der **Bushaltestelle Neumühle** auf dem Asphaltsträßchen südwärts durch das Tälchen Sulzedel aufwärts. In der Kurve über dem letzten Hof verliert sich auch der Asphalt und die Flurstraße bringt uns über einen Pass und durch eine Wiesensenke zum **Strickhof** ❷. Hier wenden wir uns nach links und steigen auf schöner Naturstraße weiter an. Zur Rechten blicken wir hinüber zur Alp Babental, unserem nächsten Ziel.

Bald folgt der signalisierte Abzweig auf den steilen Wiesenpfad hinauf zum Schleitheimer Randenturm (siehe Tour 22), doch bleiben wir diesmal geradeaus, steigen noch wenig auf, halten rechts und folgen geradeaus dem Flurweg nahe dem Waldrand leicht abwärts bis zum Wanderweg bei **Heerenwis** ❸. Hier wenden wir uns nach rechts und gehen hinunter bis zum asphaltierten Sträßchen. Dort geht's nach links im Bogen hinauf zur **Alp Babental** ❹, wo es viel zu sehen gibt.

Dann wenden wir uns nach links und gehen auf einem Wiesenpfad zum Waldrand und weiter bis zu einem Fahrweg, in den wir links einbiegen. Wir bleiben, auf und ab, auf diesem Forststräßchen bis zur Kreuzung **Pflumm** ❺. Nach rechts setzt sich der markierte Wanderweg fort und leitet uns bis zur Zufahrtsstraße nach Schleitheim. Wir gehen rund 30 m

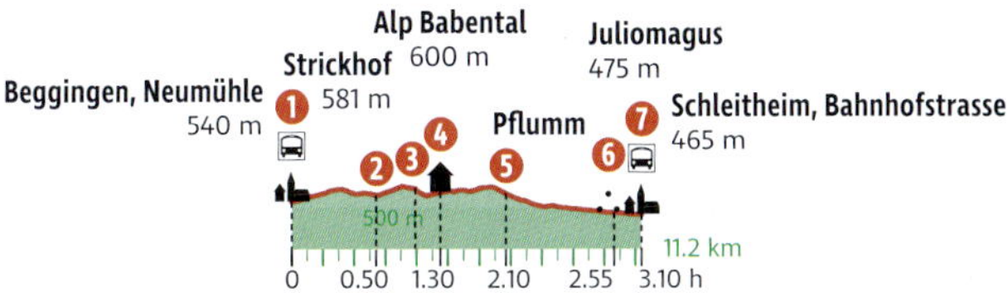

links, überqueren die Straße mit äußerster Vorsicht (es wird hier schnell gefahren!) und finden einen alten Feldweg, der uns über den Bach auf die andere Talseite bringt. Dort gehen wir rechts gegen den Weiler **Hohbrugg**. Wir überqueren die Brücke nicht, sondern bleiben diesseits und folgen dem Sträßchen talabwärts. So kommen wir zu der Stelle, wo einstmals die römische Kleinstadt **Juliomagus** 6 lag: Zur Linken sehen wir eine Brachwiese, wo die Siedlung lag; zur Rechten erreichen wir über ein Brücklein die überdachte Ausgrabungsstelle der ehemaligen Thermen, die einen Besuch unbedingt lohnen.

Nachher gehen wir in derselben Richtung weiter und kommen gleich zu Industriebauten. Dort finden wir linker Hand einen römischen Keller, den wir ebenfalls besichtigen können. Weiter dem Sträßchen folgend geht's dann nach **Schleitheim**, wo wir die Straßenkreuzung geradeaus überqueren, um zur **Bushaltestelle Bahnhofstrasse** 7 zu kommen.

Spuren von Juliomagus.

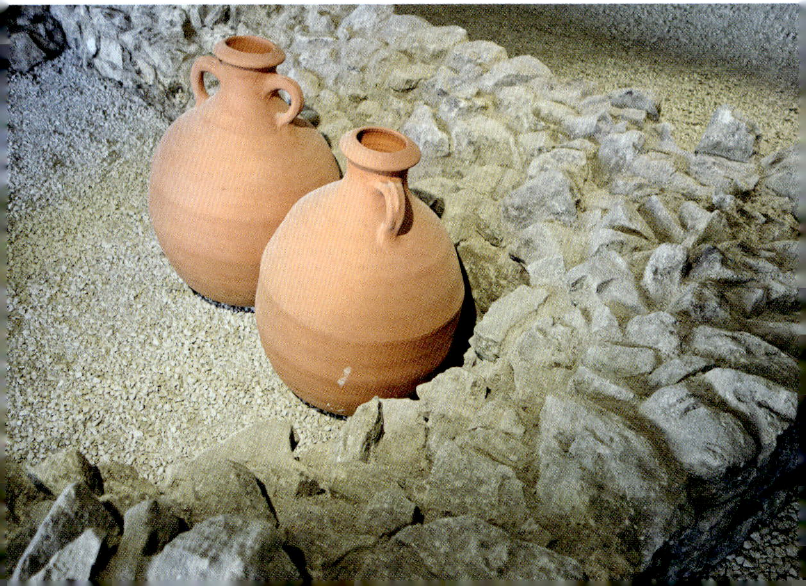

↗ 230 m | ↘ 300 m | 10.5 km

21 Staufenberg

3.15 h

Abwechslungsreiche Wanderung: Steine, Wald und Wasser

Diese ausgesprochen schöne Tour führt uns zunächst von Beggingen hinauf zum verlassenen Seebi-Steinbruch, aus dessen braunviolettem Schilfsandstein früher Figuren wie z. B. die allegorischen Gestalten auf dem Hauptbahnhof Zürich gehauen wurden. Dann geht's entlang aussichtsreicher Hänge hinauf zum Staufenberg und vorbei an einigen Stationen des Dar-da-da-Weges (oder »Tar da da«; siehe Tour 23) hinunter zur renaturierten Wutach, einem wildschönen Flüsschen. Nach dem Gipsmuseum folgen zum Abschluss der schmale Aufstieg zum Flüeli und der Weg über die Rebberge zurück nach Schleitheim.

Ausgangspunkt: Beggingen, Haltestelle Neumühle, 540 m. Anfahrt: Regionalbus 21. – Parkplatz im Dorf.
Endpunkt: Schleitheim, Bahnhofstrasse, 465 m. Rückfahrt: Regionalbus 21.
Anforderungen: Leichte Wanderung mit drei kurzen Stücken auf schmalen Pfaden.
Einkehr: Unterwegs keine; Gastbetriebe in Schleitheim.
Variante: Nach dem Staufenberg vom Pass direkt in 10 Min. hinunter nach Schleitheim durch den Hohlweg »Tüüfegass«.
Hinweis: Gipsmuseum Schleitheim: eindrückliche Stollenführungen (nur wenig geöffnet, www.museum-schleitheim.ch).

Blick vom Staufenberg zum Randen.

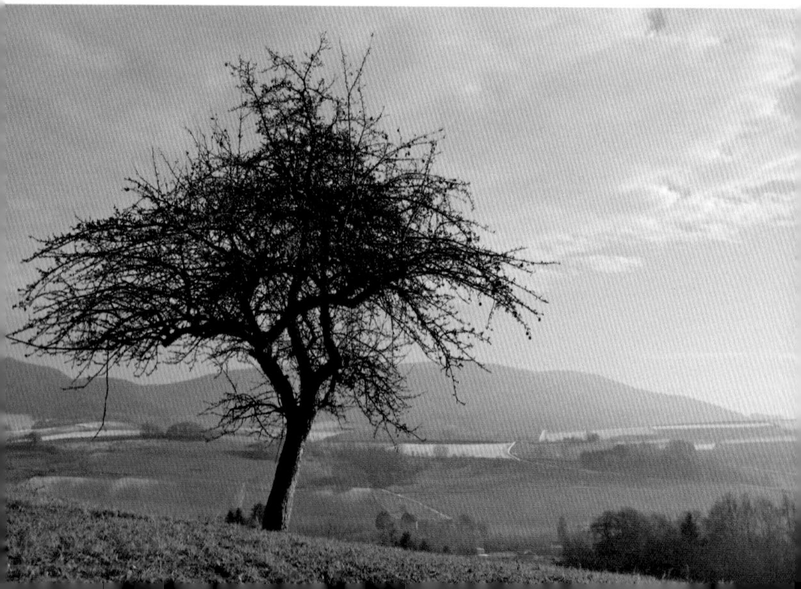

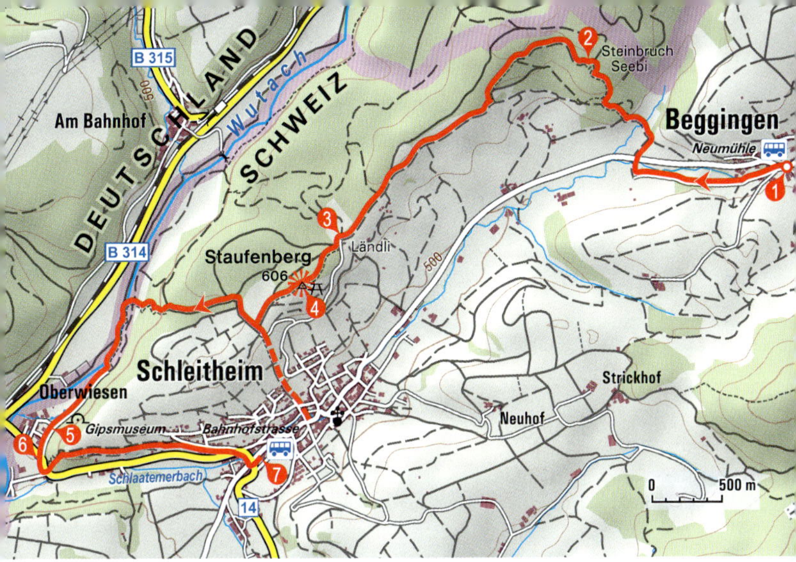

Von der **Haltestelle Neumühle** in **Beggingen** ❶ gehen wir zunächst gut 10 Min. auf dem asphaltierten Veloweg westwärts, bis wir nach rechts zur Anfahrtsstraße abzweigen können. Wir überqueren sie vorsichtig, steigen auf dem Feldweg an und gehen noch vor der Gehölzreihe wieder links durch ein Wiesental zum Waldrand. Geradeaus im Wald beginnt ein schöner Pfad. Auf der folgenden Forststraße gehen wir links und bei der nächsten Verzweigung rechts aufwärts zum verlassenen **Seebi-Steinbruch** ❷, in dessen Mitte wir aufsteigen können. Darüber finden wir wieder eine Forststraße, der wir nach links abwärts folgen. Wir bleiben auf ihr, bis wir nach einer Plantage von Aronia-Beeren zum Waldrand kommen. Dort gehen wir rechts, kurz aufwärts, dann flach durch die Hänge des Birbistels bis zum **Ländli** ❸. Wir queren das Pässchen auf dem Asphaltsträßchen, um gleich wieder nach rechts auf den Wanderweg einzuschwenken. Ein ornithologischer Lehrpfad mit Hinweistafeln begleitet uns nun hinauf zum **Staufenberg** ❹ und seiner herrlichen Aussicht.

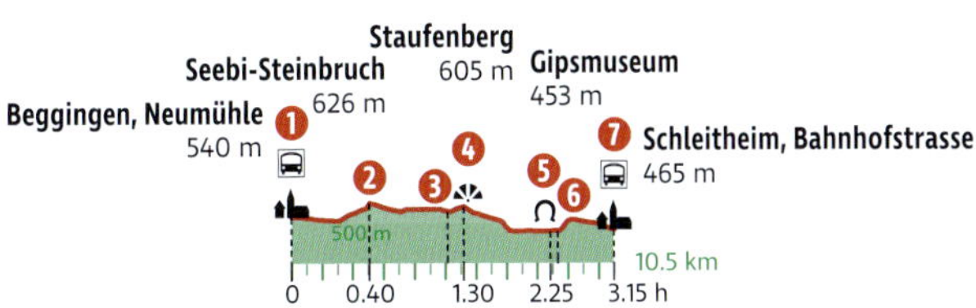

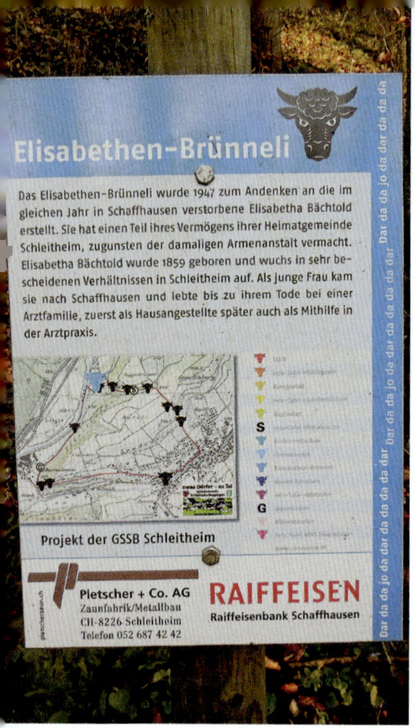

Am Tar-da-da-Weg.

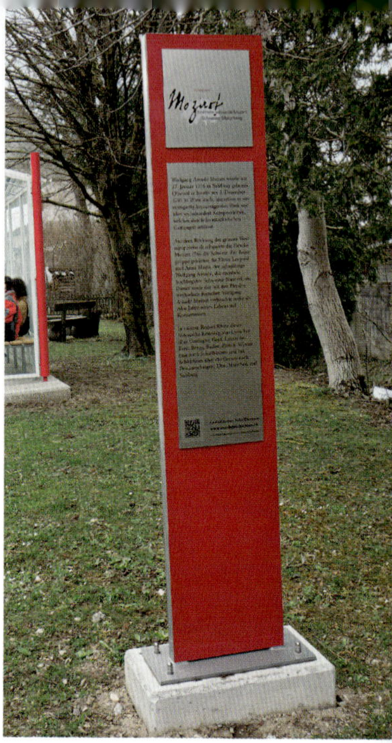
Die Mozartstele von Schleitheim.

Dem Waldrand folgend steigen wir ab auf den Pass über Schleitheim. (Ab hier folgen wir den Erlebnisstationen des Tar-da-da-Weges; siehe Tour 23.) Bevor wir nach rechts weitergehen, besuchen wir noch die Traubenhütte wenig weiter vorn. Dann wenden wir uns nordwestwärts und nach dem Bach links. Beim Chaospendel verlassen wir den Wanderweg und steigen links auf dem schmalen Pfad hinunter ins Wutachtal.

Wir folgen dem Pfad und überqueren die Flurstraße, bis wir ganz am Fluss sind. Am Ufer wandern wir bis zum Wehr, wo der Kanal beginnt. Dort gehen wir wieder landeinwärts auf die Flurstraße und auf ihr zum **Gipsmuseum** 5. Bei **Oberwiesen** 6 erreichen wir die Verkehrsstraße. Wir wenden uns gleich links im Bogen zurück in den Wald, wo der schöne Pfad beginnt, der uns zum Flüeli hinaufbringt. Bei der Wegkurve des Fahrweges wählen wir die obere Seite und gehen rechts Richtung **Schleitheim**, wo wir mit der Straße den Schleitheimer Bach überqueren und bei der folgenden Kreuzung links zur **Haltestelle Bahnhofstrasse** 7 gehen. Auch W. A. Mozart kam schon hier vorbei; eine Stele des Mozartweges erzählt davon.

↗ 540 m | ↘ 500 m | 13.2 km

4.00 h

Langranden und Räckholterenbuck

22

Von Schleitheim nach Siblingen über Schlossranden und Langranden

Das Randental bei Schleitheim ist eine eigene Welt: nicht Randen, nicht Klettgau, nicht Wutachtal ... sondern eben »Schlaate«, wie es vor Ort im prägnanten Schaffhauser Dialekt genannt wird (»Schlaate saat me!«), nicht am Rande der Schweiz, sondern im Mittelpunkt Europas, wie sie selbst es stolz bezeichnen. Wie auch immer! Ein spannendes Dorf entlang des Dorfbaches gibt es hier zu entdecken, viel wunderbare Natur mit einem großen Himmel darüber zu durchwandern und über den lang gezogenen Randenrücken zu wandern.

Ausgangspunkt: Schleitheim, Haltestelle Adlerstrasse, 473 m. Anfahrt: Regionalbus 21. – Parkplatz im Dorf.
Endpunkt: Siblingen, Haltestelle Dorf. Rückfahrt: Regionalbus 21.
Anforderungen: Trittsicherheit: steiler Auf- und Abstieg auf schmalem Pfad.
Einkehr: Sommerrestaurant beim Schleitheimer Randenturm (nur wochenends).
Varianten: Auf dem Randen sind viele Kombinationen möglich.
Hinweis: Schleitheim lohnt einen Dorfrundgang (siehe Tour 23).

Mit einem großen Himmel darüber ...

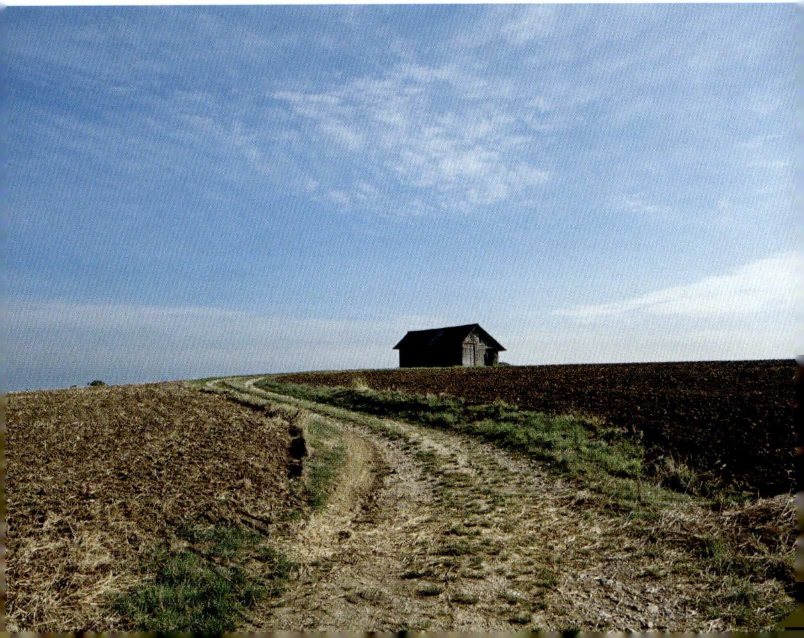

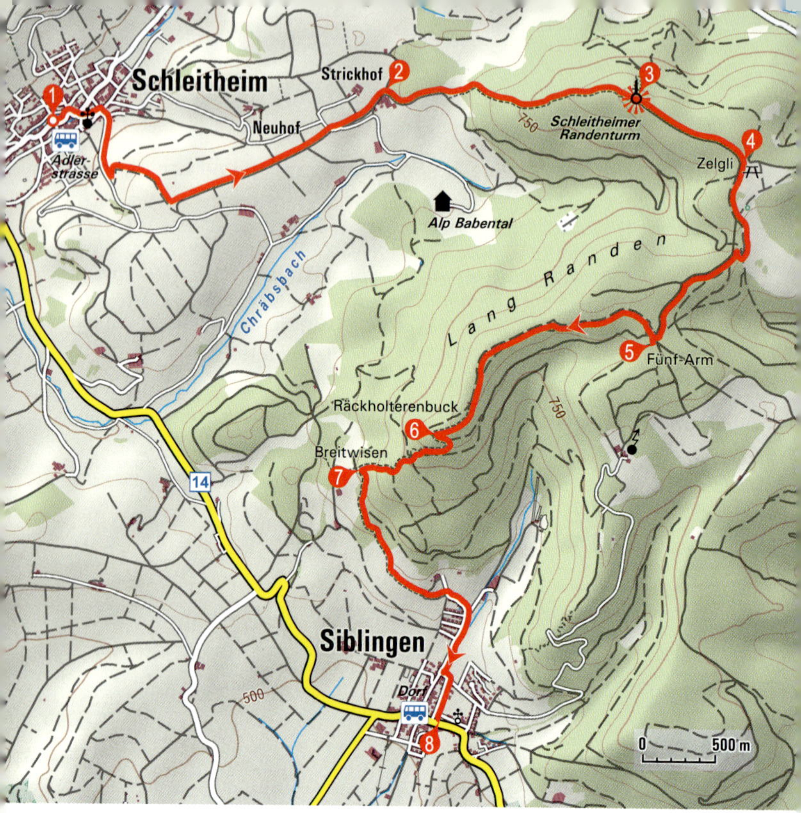

Von der **Haltestelle Adlerstrasse** in **Schleitheim** ❶ bleiben wir noch für 150 m horizontal auf der Dorfstraße, bis wir nach rechts mit den Durchgangsstraßen den Dorfbach überqueren können. Unter der Kirche steigen wir auf und gehen bei der folgenden Kreuzung 90 Grad rechts zum Ortsrand. Wieder rechts haltend wandern wir auf der Flurstraße durch Wiesen. Wir steigen auf zum Wasserreservoir, vor dem wir in der Falllinie weiter auf die Höhe gehen. Noch vor dem Asphaltsträßchen wenden wir uns nach links zu einem allein stehenden Schuppen. Immer geradeaus auf dem Scheitel der Höhe wandern wir nun bis ganz zum **Strickhof** ❷, einem stattlichen Bauerngehöft. Dort wenden wir uns nach rechts und steigen auf schöner Naturstraße weiter an. Zur Rechten blicken wir hinüber zur Alp Babental (siehe Tour 20). Bald folgt der signalisierte Abzweig auf den steilen Wiesenpfad in die Höhe. Immer dem Grat folgend, ganz zuoberst auch durch die rechtsseiti-

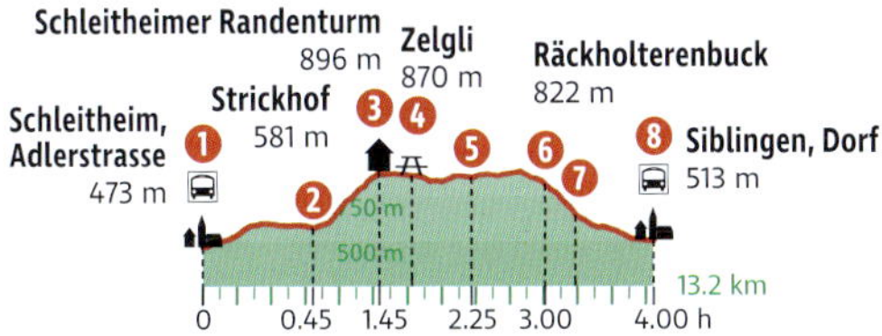

ge Flanke, steigen wir bis zum **Schleitheimer Randenturm** ❸ auf. Genau 100 Stufen führen uns auf dessen Zinne, wo wir über die Baumwipfel weit in die Welt blicken können. Durch den ehemaligen Burggraben erreichen wir darauf die Schutzhütte. Auf der Zufahrtsstraße wandern wir ebenaus zum **Zelgli** ❹, einer ausgedehnten Lagerwiese mit Feuerstelle und Rasteinrichtungen.

Dort wenden wir uns rechts und gehen auf der Höhe für etwa 10 Min. weiter bis zur nächsten Wegverzweigung. Es lohnt sich, dort kurz nach links aus dem Wald hervorzutreten, um die Parklandschaft des Mösli und den Gedenkstein des Täuferstiegs (siehe auch Tour 9) zu besichtigen.

Dann wandern wir nochmals rund 10 Min. weiter auf der Höhe durch den Wald bis fast zur Wegkreuzung **Fünf-Arm** ❺. Hier wählen wir gleich die erste Abzweigung scharf rechts. Zunächst auf einem Weg, dann auf der Forststraße durch die Flanke gehen wir bis zu einer Stelle, wo wir nach rechts auf den Grat aufsteigen können. Auf diesem halten wir wieder nach links und gehen über den Rücken des Langrandens aufwärts, schließlich abwärts bis zum **Räckholterenbuck** ❻, wo wir Aussicht gewinnen.

Nun fällt der Grat ab und wir steigen auf schönem Pfad bis zum Waldrand bei **Breitwisen** ❼ hinunter. Dort wenden wir uns gleich nach links und gehen auf schönem Höhenweg bis hinunter ins Churztal am Siedlungsrand. Dem Bach nach und dann durch die Siedlung kommen wir nach **Siblingen Dorf** ❽.

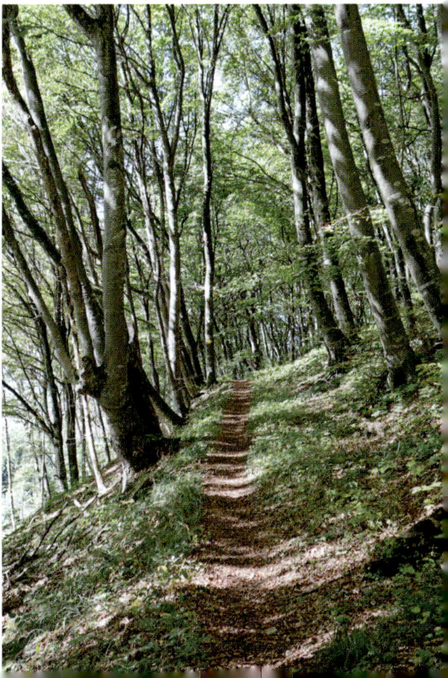

Abstieg vom Räckholterenbuck.

↗ 180 m | ↘ 180 m | 5.8 km

23 Tar-da-da-Weg

1.45 h

Tolle Runde mit nicht zu kleinen Kindern – gehen, schauen und erleben

Dies ist eine beliebte Familienrunde. Der Tar-da-da- (»darf der das?«) Weg wurde 2008 von der Oberstufe der Schule Schleitheim erstellt. An 15 Stationen unterwegs gibt's Informationen und ungewohnte Erlebnismöglichkeiten für alle Sinne: Wer bringt schon Balken zum stabilen Schweben?! Hat ein Chaospendel tatsächlich keine Gesetzmäßigkeiten? Eine Grillstelle beim Riesenxylophon, die renaturierte Wutach ... es gibt viel zu entdecken! Zu viel verraten wollen wir hier nicht.

Ausgangs- und Endpunkt: Schleitheim, Haltestelle Bahnhofstrasse, 465 m. Anfahrt: Regionalbus 21. – Ausgeschilderte Parkplätze eingangs Schleitheim.
Anforderungen: Neugier und griffiges Schuhwerk: Der Weg verläuft teils auf schmalen Pfaden, im Aufstieg durch den Hohlweg Tüüfegass auch über Wiese; der Weg ist speziell ausgeschildert als Tar-da-da-Weg und gut zu finden; genügend Zeit für die Besichtigungen einplanen!
Einkehr: Unterwegs keine (Picknickmöglichkeiten, Feuerstelle, Rasten an der Wutach); Gastbetriebe in Schleitheim.
Hinweise: Der Weg führt auch vorbei am Gipsmuseum Schleitheim: eindrückliche Stollenführungen (nur wenig geöffnet, www.museum-schleitheim.ch).

Der Weg beginnt eigentlich bei der Brücke am westlichen Dorfende, aber wir gehen von der **Haltestelle Schleitheim, Bahnhofstrasse** ❶ gleich nordostwärts der Dorfstraße entlang. Bei der nächsten Straßenbrücke wechseln wir hinüber, gehen aber weiter der Straße neben dem Dorfbach nach. Schon hier gibt es viel zu sehen, aber wir verpassen knapp 5 Min. weiter den Abzweig nach links nicht. Jetzt geht es in der Falllinie durch die Tüüfegass den Berg hinan. Eine Hinweistafel und etwas höher eine erste Erlebnisstation (Ohren spitzen!) bieten willkommene Unterbrechungen. Auf der Krete oben angelangt, machen wir nach links einen Abstecher zu einer Traubenhütte. Wieder zurück, wandern wir auf einer Feldstraße nordwestwärts hinunter und gehen nach einer Bachrunse links. Zwei Stationen fordern uns heraus, bevor uns das Chaospendel die Sinne verwirrt. Bei diesem biegen wir links in einen schmalen Pfad, der uns steil hinunter führt. Etwas nach rechts finden wir eine Feuerstelle, das Riesenxylophon und ein Brünnlein. Wir gehen ein wenig gleichenwegs zurück und wählen dann den Pfad durch den

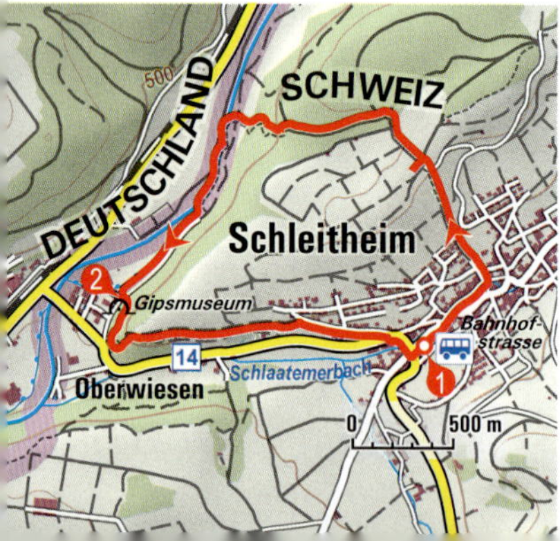

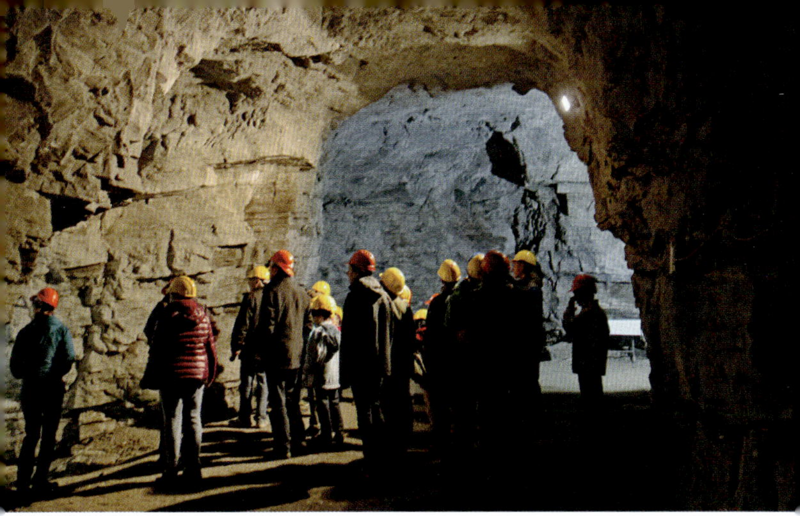

Stollenführung im Gipsmuseum.

Auenwald, der uns gegen die Wutach führt. Eine Feldstraße können wir gerade überqueren und gelangen so ans Ufer der Wutach. Wir wenden uns nach links und folgen den Pfadspuren. Wenn wir wollen, finden wir bald zur Linken, etwas zurückgesetzt, an der Feldstraße bei einer Rasthütte eine interessante Infotafel zur Renaturierung der Wutach. Wir folgen weiter dem Uferpfad bis zum Wehr, wo ein Fabrikkanal von der Wutach weggeht.
Hier wechseln wir auf die Feldstraße und folgen dieser bis an den Rand von Oberwiesen. Beim **Gipsmuseum** ❷ können wir, auch wenn es geschlossen ist, eine Idee vom Gipsabbau bekommen. Gleich nördlich vom Gipsmuseum, beim dortigen Rastplatz, finden wir die Fortsetzung des Tar-da-da-Weges. Ein abwechslungsreiches Weglein führt uns erst im Bogen über dem Gipsmuseum durch die Halde bis zum Wanderweg und dann mit Stationen durch die Flüelihalde aufwärts. Wo wir oben einen Fahrweg erreichen, beschreiben wir mit diesem noch die Kurve aufwärts und gehen dann horizontal ostwärts. (Wer mag, kann in dieser Kurve noch auf dem Pfad weiter aufsteigen zu einer Stelle mit guter Aussicht, kehrt dann aber für den Weiterweg wieder zur Kurve zurück.) Der »Müliweg« bringt uns angenehm und mit schönen Ausblicken nach Schleitheim, wo wir auf einer Quartierstraße absteigen. Bei der Verkehrsstraße folgen wir dieser bis über die Brücke des Baches und finden bei der folgenden Kreuzung nach links die **Haltestelle Schleitheim, Bahnhofstrasse** ❶.

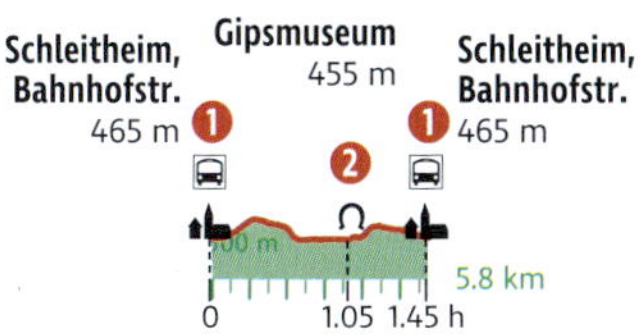

↗ 230 m | ↘ 400 m | 11.7 km

24 Jakobsfelsen und Emmerberg

3.00 h

Durch Feld und Wald über die Höhen des Reiat

Lohn und Büttenhardt sind zwei schöne Dörfer auf der Hochfläche des oberen Reiat. Während Lohn dank des dort zu findenden feuerfesten Bolustones eine gewisse Industrialisierung erlebt hat, wovon seine weithin sichtbaren Kamine künden, ist das abgelegenere Büttenhardt ganz bäuerlich geprägt geblieben. Nicht zu übersehen sind die drei imposanten Windräder, die auf deutschem Boden in Wiechs am Randen stehen. Diese schöne Wanderung lässt die weitgedehnten Höhen erleben und quert auf alten Pfaden die trennenden Täler, um schließlich lang auf dem Rücken des Emmer- und des Längenberges zu bleiben. Mit kurzem Abstieg geht es dann an den Rand von Schaffhausen zurück.

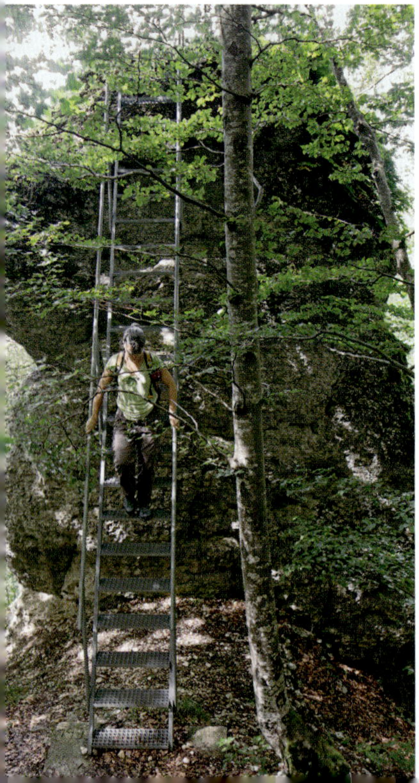

Ausgangspunkt: Lohn, 638 m, Haltestelle Lohn, Kreuz. Anfahrt: Regionalbus 24. – Parkplatz im Dorf.
Endpunkt: Schweizersbild, 468 m, Haltestelle Dachsenbüel. Rückfahrt: Stadtbus 6.
Anforderungen: Durchgehend schöne Pfade, Wege und Naturstraßen.
Einkehr: Unterwegs keine.
Variante: Vom Gmaafeld 4 lässt sich auf einem Sträßchen westwärts in einer guten Viertelstunde nach Merishausen absteigen.

Von der **Haltestelle Lohn, Kreuz** 1 gehen wir in der Anfahrtsrichtung noch gut 100 m weiter ins Dorf hinein und biegen dann hinter dem Restaurant Gemeindehaus nach links abwärts. Am Dorfrand wenden wir uns vor einer Baum- und Gebüschhecke nach links und nach dieser wieder rechts. Wir folgen der Kiesstraße bis an deren Ende, wo wir über einen Wiesenpfad zum Waldrand hinuntergehen. Leicht nach rechts versetzt führt ein

Fast eine Jakobsleiter am Jakobsfelsen.

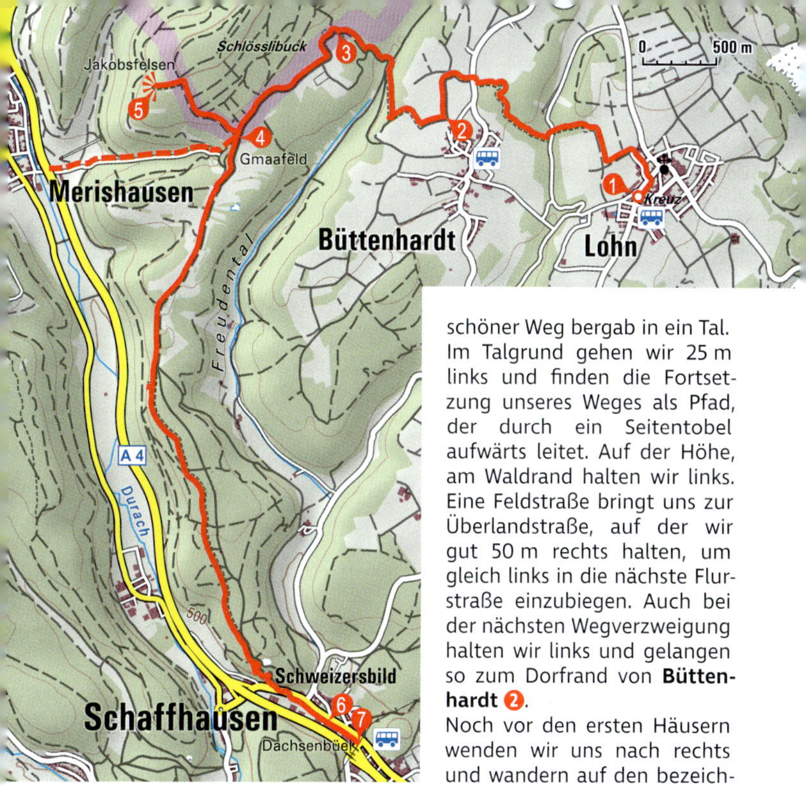

schöner Weg bergab in ein Tal. Im Talgrund gehen wir 25 m links und finden die Fortsetzung unseres Weges als Pfad, der durch ein Seitentobel aufwärts leitet. Auf der Höhe, am Waldrand halten wir links. Eine Feldstraße bringt uns zur Überlandstraße, auf der wir gut 50 m rechts halten, um gleich links in die nächste Flurstraße einzubiegen. Auch bei der nächsten Wegverzweigung halten wir links und gelangen so zum Dorfrand von **Büttenhardt** ❷.
Noch vor den ersten Häusern wenden wir uns nach rechts und wandern auf den bezeichneten Wegen zum Waldrand, wo wir links gehen. Bei einer Rast- und Feuerstelle beginnt ein Pfad, der uns erneut ins nächste Tal – ins oberste Freudental – hinunterleitet. Mit dem dortigen Asphaltsträßchen steigen wir jenseits wieder an und können nach einer Kurve rechts wieder auf schönem Pfad zum **Schlösslibuck** ❸ hinaufsteigen. Wir wenden uns nach links, südwestwärts, umgehen das imposante Gehöft und wandern auf einer Flurstraße der Grenze nach bis zum **Gmaafeld** ❹. Dort halten wir uns rechts und steigen auf einer Forstpiste an, bis wir nach links auf ebenem Pfad zum **Jakobsfelsen** ❺ vorgehen können. Über eine Eisenleiter lässt er sich besteigen und liefert ein wenig Aussicht ins Durachtal. Gleichenwegs gehen wir zurück zur Forstpiste, wo sich etwas höher eine schöne Lagerstelle befindet. Dann kehren wir zum **Gmaafeld** ❹ zurück.
Nun wandern wir über die Höhe des Emmerberges weiter mit viel Himmel über uns. Schließlich durchquert die Naturstraße eine Waldpartie und zieht

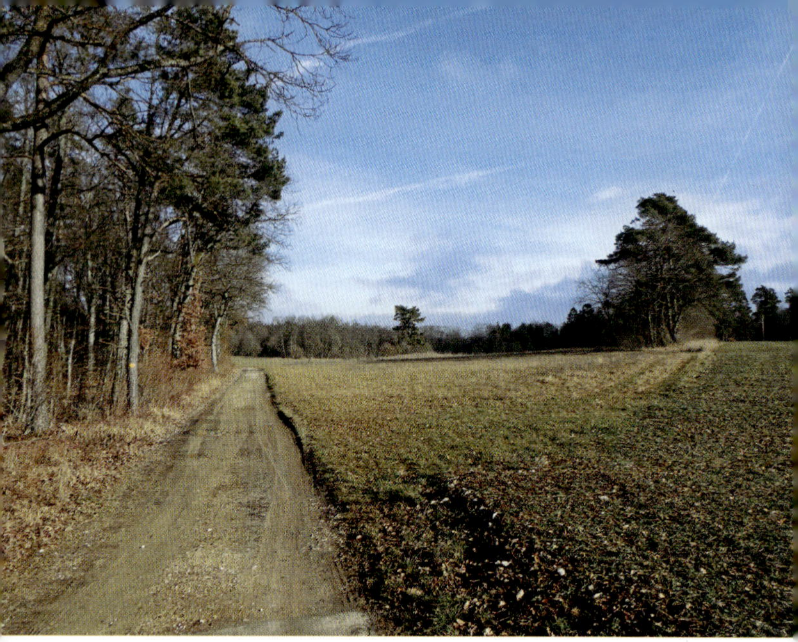

Weitgedehnte Höhen beim Emmerberg.

nochmals durch Wiesen, bevor der Wald beginnt. Hier geht der Wanderweg links abwärts. Wir aber bleiben noch auf der Höhe und gehen geradeaus auf einem Waldweg weiter. Bald finden wir zur Rechten einen fast zugewachsenen Aussichtspunkt. Wir bleiben stets auf dem Weg geradeaus und lassen einen Fahrweg stets zur Linken.
Schließlich vereinen sich Weg und Sträßchen; wir gehen weiter geradeaus und bei der folgenden Verzweigung auf recht steilem Fahrweg in die Tiefe hinunter zur Verkehrsstraße. Indem wir dieser folgen, passieren wir die Felsen von **Schweizersbild** 6 und können bei der nächsten Kreuzung rechts zur **Haltestelle Dachsenbüel** 7 des Stadtbusses gelangen.

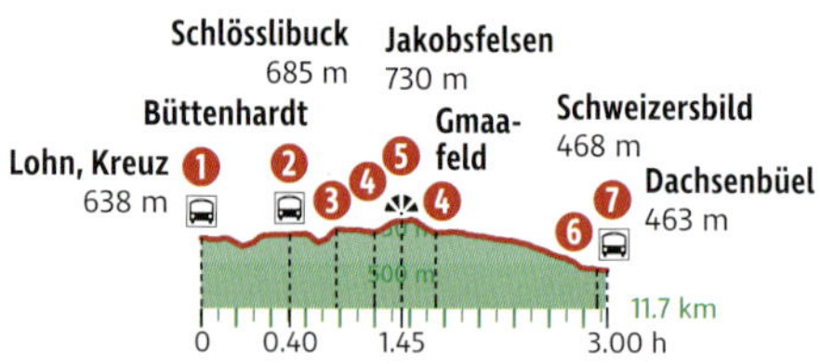

Reiet und Freudental

Hohe Ebene – langes Tal: von Lohn nach Schweizersbild

Wunderbar aussichtsreich thront die Hochfläche des Reiet zwischen dem Biber- und dem Freudental. Unsere Wanderung beginnt oben bei Lohn und folgt der nördlichen Kante der Randenverwerfung, bevor sie durch das lange Freudental zum Stadtrand von Schaffhausen zurückführt. Die weite Aussicht des Anfangs geht in diesem Tal völlig verloren, das sich als schmales Wald- und Wiesental eine Stunde weit dahinzieht und bei den seltsamen Felsformationen von Schweizersbild endet.

Ausgangspunkt: Lohn, Haltestelle Dorf, 630 m. Anfahrt: Regionalbus 24. – Parkmöglichkeit im Dorf, besser in Schaffhausen parken.
Endpunkt: Schweizersbild, 468 m. Rückfahrt: Stadtbus 6 ab Hst. Dachsenbüel.

Anforderungen: Leicht, fast ausschließlich Naturstraßen.
Einkehr: Unterwegs keine; Gastbetriebe in Schaffhausen.
Variante: Kombinieren mit Tour 24 und vom Schlösslibuck bis kurz vor Schweizersbild auf der Höhe bleiben.

Im Freudental.

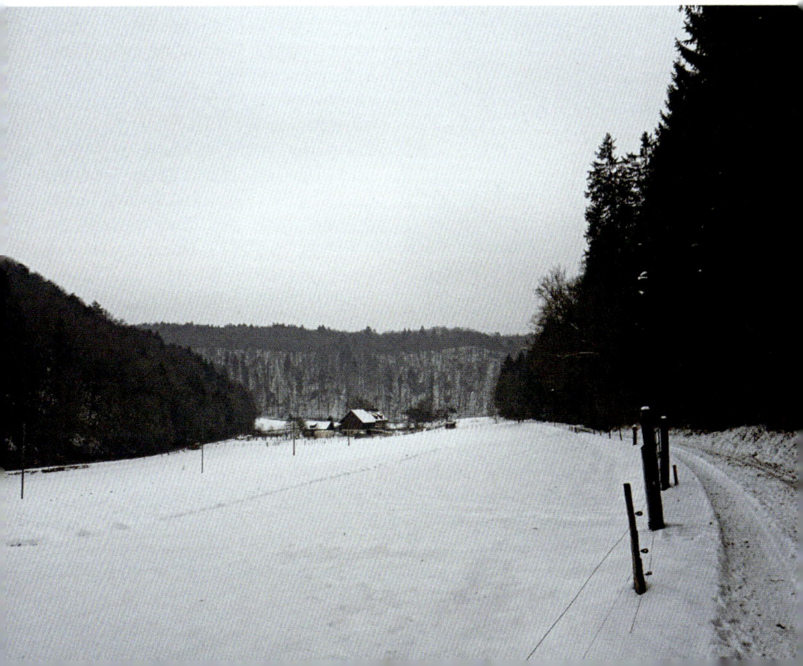

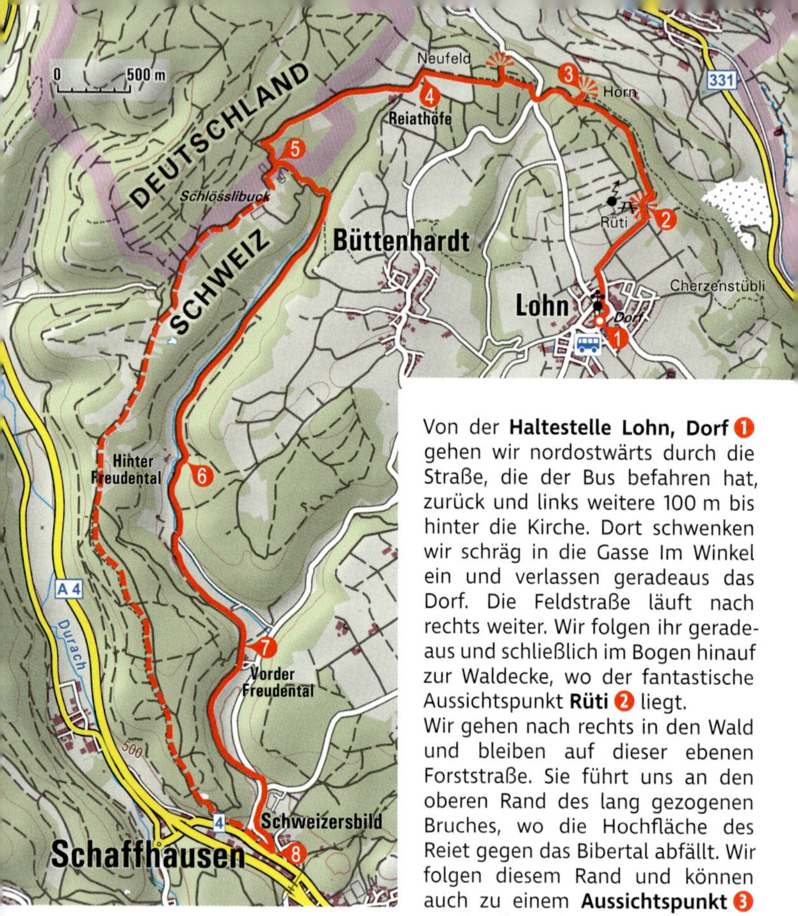

Von der **Haltestelle Lohn, Dorf** ❶ gehen wir nordostwärts durch die Straße, die der Bus befahren hat, zurück und links weitere 100 m bis hinter die Kirche. Dort schwenken wir schräg in die Gasse Im Winkel ein und verlassen geradeaus das Dorf. Die Feldstraße läuft nach rechts weiter. Wir folgen ihr geradeaus und schließlich im Bogen hinauf zur Waldecke, wo der fantastische Aussichtspunkt **Rüti** ❷ liegt.

Wir gehen nach rechts in den Wald und bleiben auf dieser ebenen Forststraße. Sie führt uns an den oberen Rand des lang gezogenen Bruches, wo die Hochfläche des Reiet gegen das Bibertal abfällt. Wir folgen diesem Rand und können auch zu einem **Aussichtspunkt** ❸ unmittelbar über dem hier **Horn** genannten Bruch vorgehen. Dann erreichen wir die Stelle, wo sich die Straßen von Lohn und Büttenhardt nach Opfertshofen vereinen und über die Kante in die Tiefe gehen. Wir bleiben geradeaus auf der Höhe und folgen dem markierten Wanderpfad westwärts. Nach dem Waldrand gehen wir geradeaus über das ebene **Neufeld** ❹ bis zu einem Asphaltsträßchen, wo wir nach links abbiegen. Wir befinden uns im Reiet, das dem ganzen Bezirk Reiat zu seinem Namen verholfen hat. Gleich bei der nächsten Verzweigung – noch vor den sichtbaren Reiathöfen – schwenken wir nach rechts und gehen auf dem Asphaltsträßchen weiter. Bald überqueren wir die Landesgrenze, wandern später durch Wald um eine scharfe Linkskurve und gelangen so zum Pferdegehöft beim **Schlösslibuck** 5. Links vor den Stallungen finden wir den Pfad, der uns durch den Wald absteigen lässt auf ein Asphaltsträßchen. Im Bogen nach links gelangen wir so ganz in den Talgrund des Freudentales. Nun wandern wir einfach talauswärts auf der Flurstraße. Wir sehen das stattliche **Hintere Freudental** 6 mit seinem Weiher. Vor dem mittleren Freudental wechselt der Wanderweg die Talseite und läuft weiter zum **Vorder Freudental** 7. Wir bleiben diesseits, während auf der andern Talseite nun die Straße zu sehen und hören ist.

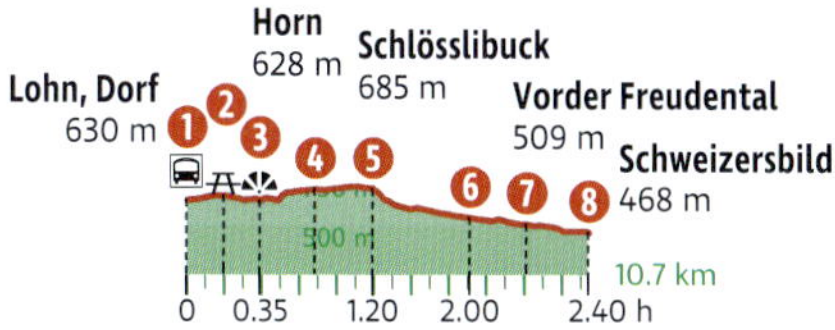

Kurz vor seinem Ende verengt sich das Tal. Wir finden einen Pfad, der uns ein Stück neben dem Bach wandern lässt, müssen dann aber doch 125 m auf der Straße am Rand gehen. Dann können wir nach links in eine Quartierstraße abbiegen, die uns zum Felsen von **Schweizersbild** 8 bringt. Die nächste Bushaltestelle des Stadtbusses befindet sich bei der nächsten Kreuzung südostwärts.

Die Felsen von Schweizersbild.

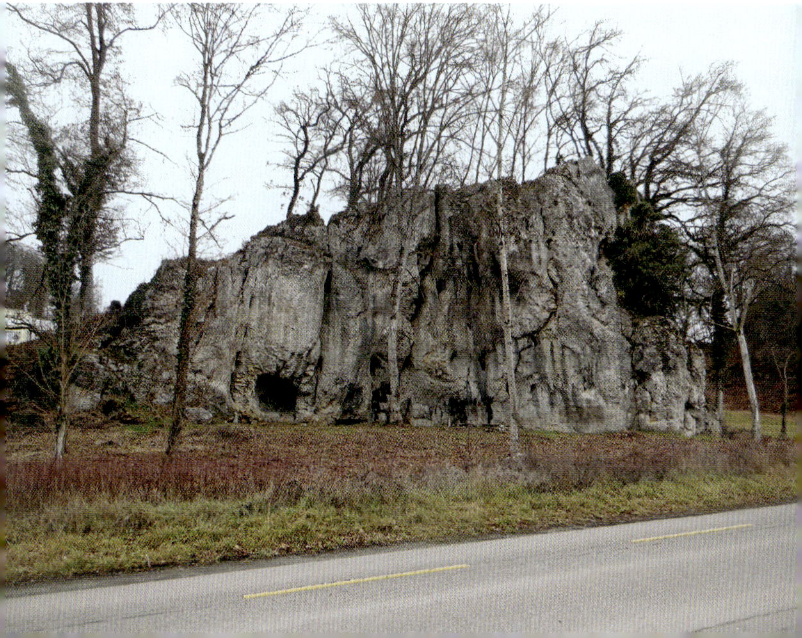

↗ 30 m | ↘ 250 m | 6.6 km

26 Cherzestübli – Churzloch – Langloch

2.00 h

Viel Natur mit geologischen und botanischen Besonderheiten

Die aussichtsreiche Hochfläche des Oberen Reiat bricht auf ihrer Ostseite rund 150 Meter tief ab zum Bibertal und in den Hegau. Wir beginnen in Lohn, wo der in seltener Reinheit vorkommende Boluston eine bis heute funktionierende Keramikindustrie entstehen ließ. Dann besuchen wir auf dieser abwechslungsreichen Wanderung beim Cherzestübli den oberen Rand des Abbruchs, von wo wir in die Tiefe steigen und durch die kuriosen Abflussrinnen eiszeitlicher Schmelzwasser westwärts gehen. Wir durchwandern romantisch-schaurige Orte voll seltsamer Gesteinsformationen, seltener Blumen und sumpfiger Bäche und genießen erstaunliche Abgeschiedenheit.

Ausgangspunkt: Lohn, Haltestelle Dorf, 630 m. Anfahrt: Regionalbus 24. – Parkplatz im Dorf.
Endpunkt: Herblingen, Post, 440 m. Rückfahrt: Stadtbus 5 (oder Regionalbus 24 zurück nach Lohn).
Anforderungen: Leicht; Flurstraßen und (teils schmale) Wege.
Einkehr: Restaurants in Herblingen; unterwegs kein bewohntes Haus.
Hinweis: Im März blühen im Churzloch zu Tausenden die sonst so seltenen, geschützten Märzenbecher (»Schneeglöckchen«, Leucojum vernum).

Rechts: Märzenbecher (Leucojum vernum) im Churzloch.
Unten: Vorfrühling im Churzloch.

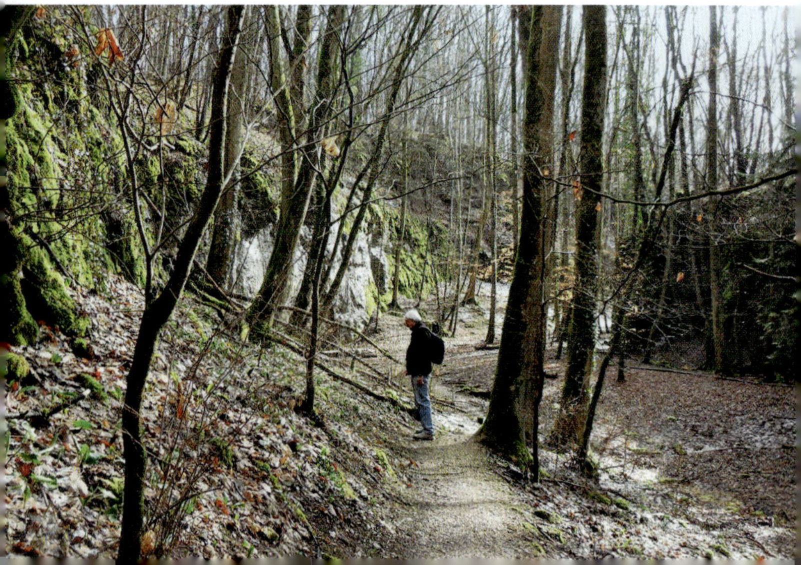

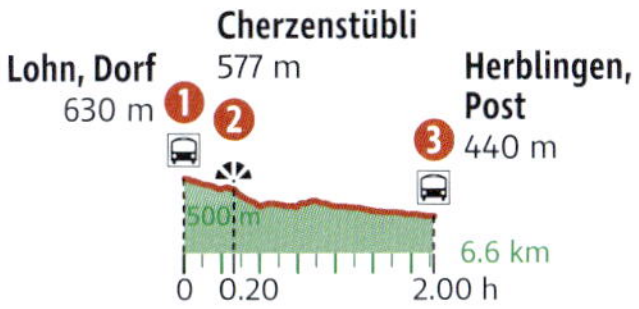

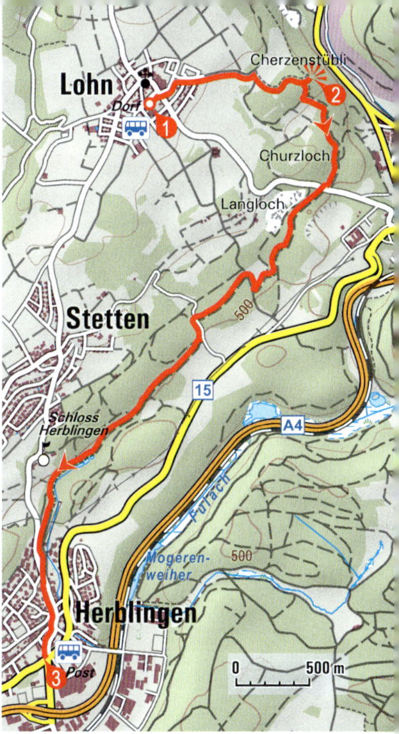

Von der **Haltestelle Dorf** in **Lohn** 1 gehen wir nordwärts aus dem Dorf und auf dem Wanderweg zum **Cherzenstübli** 2. Dort wenden wir uns nach rechts und beginnen den Abstieg. Nach gut 5 Min., ein Stück nach einer Wiesenpartie, bleiben wir bei einer Wegverzweigung geradeaus. So gelangen wir hinunter an den Rand des **Churzlochs**. Ein kurzer Abstecher nach links ins romantische Churzloch hinein lohnt auf jeden Fall. Dann wenden wir uns südwestwärts, überqueren eine Lokalstraße und durchwandern das **Langloch**. An dessen Ende geht der Wanderweg unvermittelt rechts in die Höhe zum oberen Rand der Schlucht. Wir halten zuerst links, am Rand der Wiese rechts und finden die Fortsetzung der markierten Route auf einer Waldstraße.

Bei der folgenden asphaltierten Straße gehen wir kurz links, bis wir dem unteren Waldrand weiter südwestwärts folgen können. Immer geradeaus, bald auf schmalem Pfad neben dem Bach, wandern wir durch ein sumpfiges Tälchen unter dem Schloss Herblingen vorbei bis zu den ersten Häusern von Schaffhausen.

Bei der großen Straße wenden wir uns nach links, gehen abwärts und durchqueren einen älteren Dorfteil. Bei der folgenden Straßenverzweigung halten wir geradeaus bis zur großen Kreuzung bei **Herblingen, Post** 3.

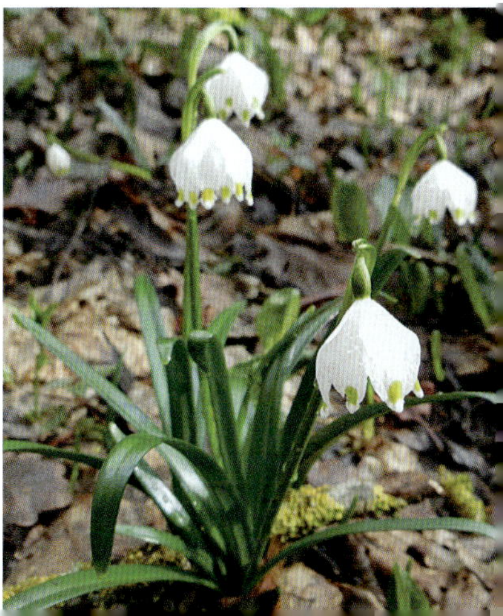

↗ 600 m | ↘ 600 m | 22.9 km

27 Reiatweg

6.15 h

Weite Rundwanderung in der Nordecke der Schweiz

Reiat heißt der nördlichste Zipfel der Schweiz: eine hügelige Landschaft mit viel Natur und schmucken Dörfern, abseits vom Rummel. Der obere Reiat gehört noch zum Tafeljura, der dort im Osten in einer lang gezogenen Stufe abfällt zum Untern Reiat und ins eiszeitlich geprägte Bibertal. Der Reiatweg verbindet diese beiden verschiedenen Landschaften zu einer großen, vielfältigen Runde: durchs Bibertal hinauf, über die aussichtsreichen Hegaurandhügel und auf Schmugglerpfaden zur Nordecke, hinüber aufs Plateau und auf schmalem Weg am oberen Rand der Stufe zurück.

Ausgangs- und Endpunkt: Thayngen DB, Bahnhof, 436 m. Anfahrt: S 24, S 22 oder RB ab Schaffhausen respektive Singen. – Parkplatz westlich vom Bahnhof.
Anforderungen: Lange Wanderung auf Flurstraßen, Wegen und Fußpfaden.
Einkehr: Rest. Reiatstube in Opfertshofen (Mo, Di geschlossen), Gastbetriebe in Thayngen.
Varianten: 1. Erst in Hüttenleben beginnen und enden (Regionalbus 24 ab Thayngen, Fahrplan beachten). – 2. Abbruchmöglichkeit in Opfertshofen (wenige Verbindungen Regionalbus 24 nach Thayngen).
Hinweis: Weitere Infos auf www.reiat-tourismus.ch.

Über Opfertshofen: weite Blicke in den Hegau.

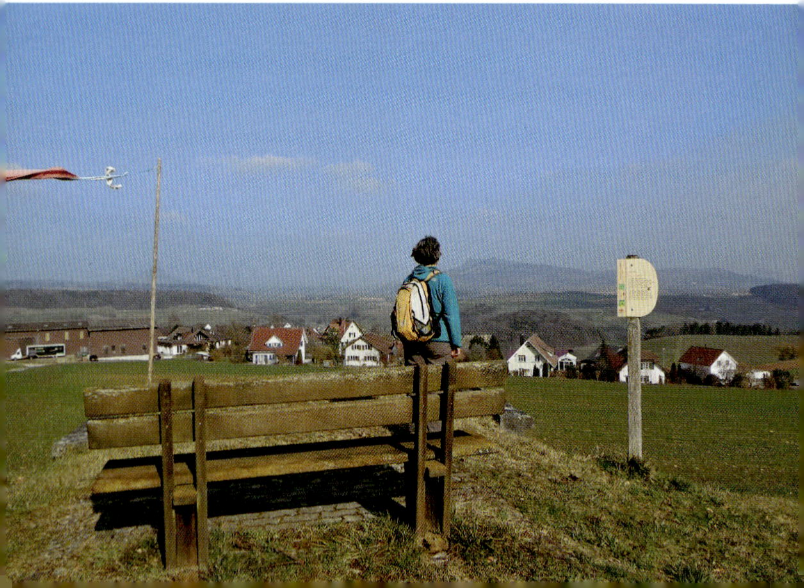

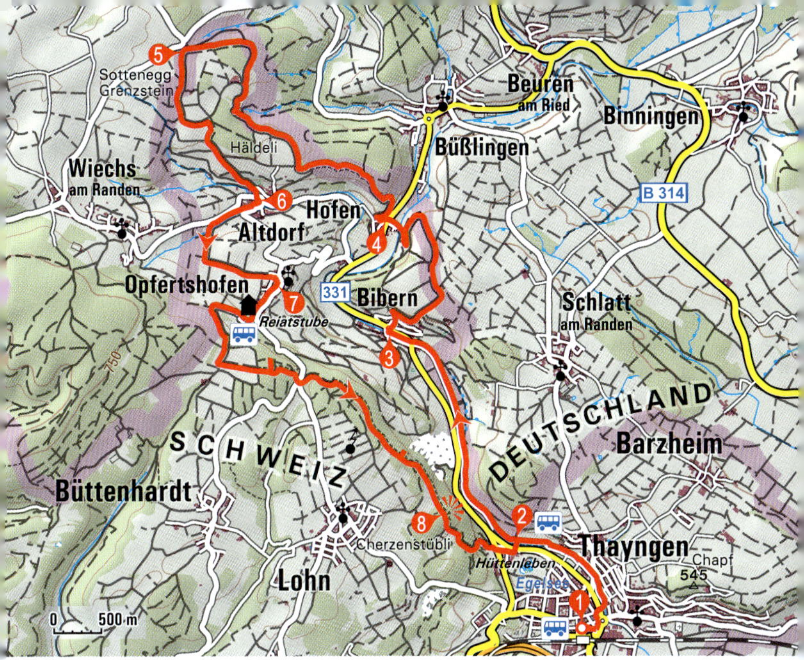

Vom **Bahnhof Thayngen** ❶ folgen wir zunächst den roten Wegweisern des Biberwegs (vgl. Tour 28) bis zur Brücke bei **Hüttenleben** ❷. Auf dem asphaltierten Weg folgen wir dann stets dem Flüsschen Biber bis nach **Bibern** ❸, wo wir neben der Brücke die »Schöne von Bibern« bewundern können. Wir überqueren die Straße und gehen auf dem Wanderweg in die Höhe zur Grenze zum Hegau. Weg und Grenze bleiben diesseits der Krete; ein kurzer Abstecher zu einer Gerichtslinde lohnt, um die Aussicht voll zu genießen. Dann steigen wir wieder ab ins Bibertal nach **Hofen** ❹, wo wir erneut die Straße queren, um jenseits wieder anzusteigen. Hoch über dem Tal folgen wir dem Waldrand bis zum Schmugglergraben; eine Tafel erzählt uns die zugehörige Geschichte.

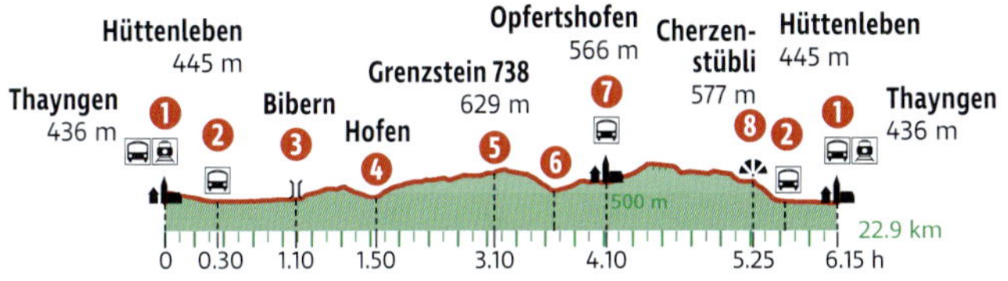

Danach wenden wir uns nordwärts und beschreiben eine große Runde bis zum **Grenzstein 738** ❺. Er stellt den Wendepunkt unserer Wanderung dar; wir halten südwärts und gehen nach **Altdorf** ❻. Der Wanderweg folgt einem hübschen Wiesenbach aufwärts und wendet sich dann nach links nach **Opfertshofen** ❼. Am Dorfende, nach der Reiatstube, steigen wir im Bogen hinauf auf die Schichtstufe. Auf dem Neufeld schwenken wir nach links und erreichen bei der Straße den oberen Rand der Stufe. Wir überqueren die Straße und wandern weiter ostwärts. Es lohnt sich unbedingt, nicht einfach auf der Waldstraße zu bleiben, sondern nach links zum bezeichneten Aussichtspunkt **Horn** zu gehen und von dort dem schmalen Fußpfad am unmittelbaren Rand des Abbruchs zu folgen.
Immer geradeaus auf diesem Pfad entlang der Kante erreichen wir schließlich den Aussichtspunkt **Cherzenstübli** ❽. Geradeaus weiter gelangen wir nach etwa 5 Min. Abstieg und nach einer Wiesenpartie zu einer Verzweigung. Der offizielle Reiatweg geht hier links in die Tiefe nach Hüttenleben; fast schöner aber und nur wenig länger bleiben wir geradeaus, steigen ins Churzloch ab und gehen dort links auf schmalem Pfad nach **Hüttenleben** ❷. Von hier geht's auf dem schon bekannten Weg der Biber nach zurück zum **Bahnhof Thayngen** ❶.

In Altdorf.

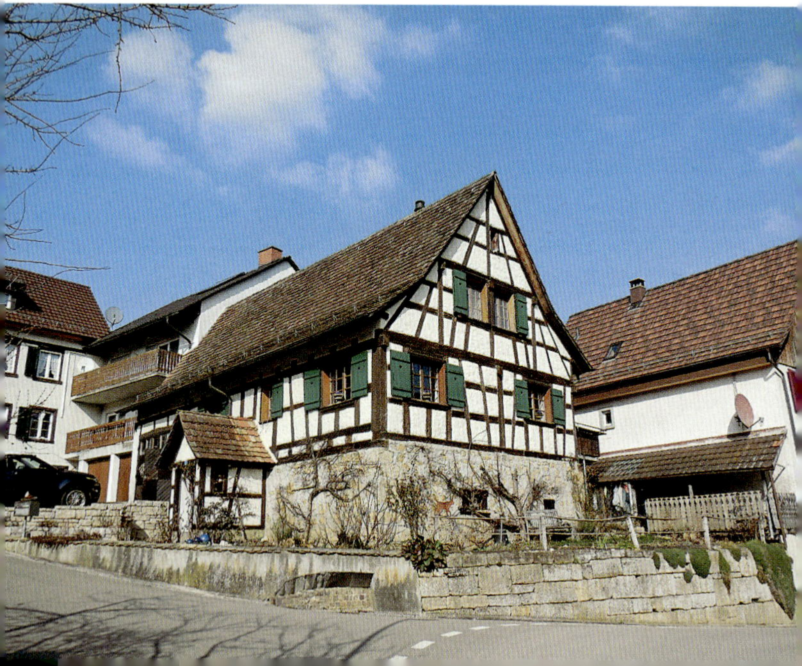

↗ 200 m | ↘ 200 m | 9.9 km

2.30 h

Barzheim und Buechbergrand 28

Von Thayngen nach Barzheim den Flühen nach

Vielleicht der vergessenste Zipfel der kurvigen Schaffhauser Grenze? Nicht einmal alle Schaffhauser Bewohner kennen Barzheim und den Buechberg. Nur selten verliert sich jemand in die Gegend. Der Buechberg ist eine fast topfebene Hochfläche, die mit scharfem Rand in Steilhängen (Schliffehalde und Flüen) zum Bibertal und zum Hegau abfällt. Unsere Wanderung läuft unter einem großen Himmel über den oberen Rand bis Barzheim und unter den Flühen wieder zurück durch viel Weite und Natur.

Ausgangs- und Endpunkt: Thayngen DB, Bahnhof, 436 m. Anfahrt: S 24, S 22 oder RB ab Schaffhausen oder Singen. – Parkplatz westlich vom Bahnhof.
Anforderungen: Durchgehend gute Wege und Flurstraßen; Orientierungsgeschick (da nur noch teilweise als Wanderweg markiert).
Einkehr: Unterwegs keine; Gastbetriebe in Thayngen.
Variante: Nur halbe Runde begehen und direkt zum unteren Flüeweg absteigen.

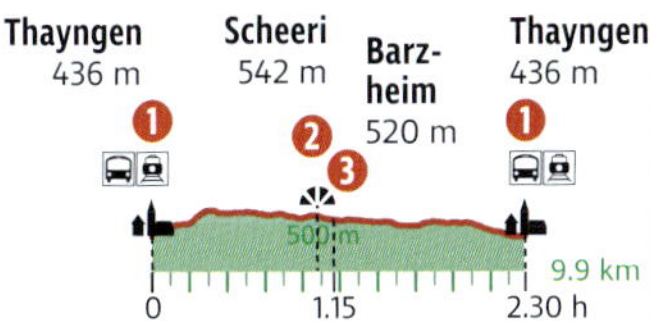

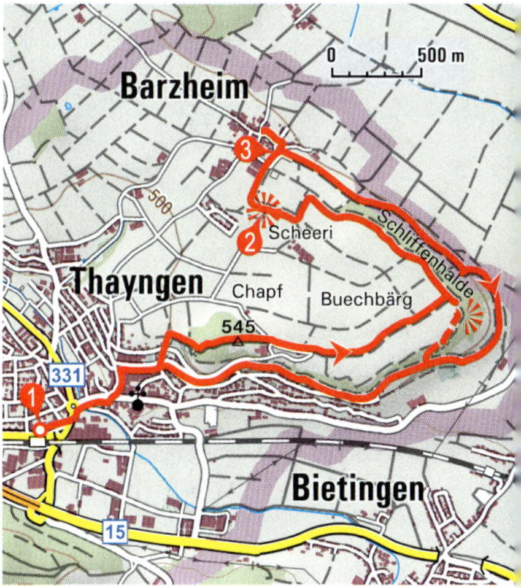

Vom **Bahnhof** in **Thayngen** 1 folgen wir der Hauptstraße und überschreiten nach der großen Kreuzung die Brücke über die Biber. Wir wandern auf der Straße aufwärts gegen den alten Dorfteil mit der Kirche. Vor einem schönen Riegelhaus gehen wir links und dann über der Schulsportanlage wieder rechts. Schließlich folgen wir der Buechbergstrasse aufwärts, bis wir gleich in der ersten Kurve links auf einer Treppenanlage in der Falllinie aufsteigen können. Wir überqueren eine Straße und bleiben auf der Treppe bis zuoberst. Dort gehen wir rechts zum Waldrand und über den Reben auf einem Pfad in den Wald hinein. Der tolle Pfad bringt uns gleich zu einem Rast- und Spielplatz mit Aussicht. Am oberen Rand des Spielplatzes, beim Wasserreservoir, geht unser Weg als schöne Forstpiste weiter. Horizontal folgen wir einem

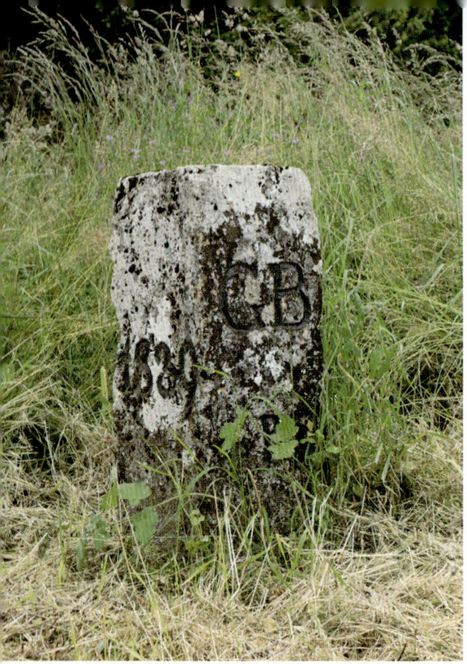

Wandern am Rande der Schweiz.

aussichtsreichen Waldrand und treffen bei einem Hof auf ein Asphaltsträßchen. Es bringt uns aufwärts zu einem Aussichtspunkt mit Schutzhäuschen. Beim folgenden Nussbaum verlassen wir den Asphalt und wandern auf der Höhe auf der Naturstraße weiter. Immer geradeaus gehen wir über die weite Hochfläche bis zum anderen Waldrand. (Hier kann man rechts zu einer Aussichtsbank gehen und weiter auf der Variante zurück nach Thayngen.)
Wir wenden uns nach links und folgen dem Waldrand. Immer geradeaus geht der Weg, ein Stück durch den Wald und zu einer neuen Großscheune. Nach dieser gehen wir links hügelan und dort gleich wieder rechts. So gelangen wir zum Aussichtspunkt **Scheeri** ❷, wo wir eine überraschend vielseitige Rundsicht genießen. Dann wandern wir zum Dorfrand von **Barzheim** ❸. Unser Weiterweg geht gleich am oberen Dorfrand wieder rechts weg, aber vielleicht wollen wir zuerst doch noch einen Blick in den alten Dorfkern werfen. Dann wandern wir am Rand zwischen den Äckern zur Rechten und den abfallenden Wiesen zur Linken wieder südostwärts. Die Naturstraße führt durch Wald, dann dem Waldrand nach und absteigend bis zur Landesgrenze (Bank, Grenzstein, Naturstraße). Wir lassen die befahrenere Straße links liegen und gehen eben weiter. Gut 5 Min. nach der Grenze treffen wir auf eine Hinweistafel auf das Schutzgebiet hier. Wir gehen eben auf der Kiesstraße weiter bis zu den Weinbergen. Dort wenden wir uns nach rechts und gehen dem Waldrand über den Reben entlang. Hier stößt von rechts die Variante zu uns. Wir bleiben stets geradeaus auf dem schließlich breiten Weg oberhalb von Häusern bis zu einer Asphaltstraße. Dieser folgen wir links abwärts und gelangen wieder zu unserem Anstiegsweg bei der Treppenanlage. Auf dem gleichen Weg gehen wir zum **Ausgangspunkt** ❶ zurück.

Der Hohentwiel vom Buechberg aus.

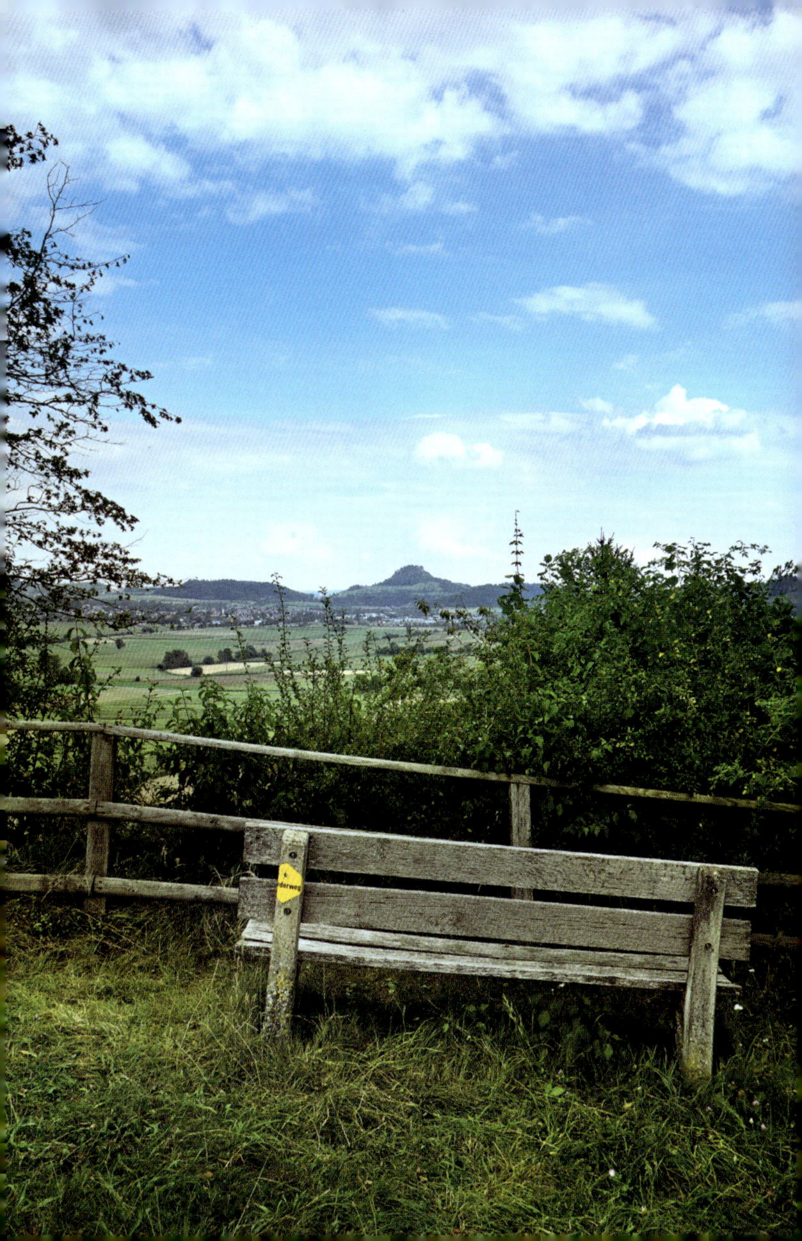

↗ 50 m | ↘ 50 m | 4.2 km

29 Thayngen: Biberweg

1.15 h

Naturkundlicher Erlebnispfad zum Biber an der Biber

Die teilweise renaturierte Biber in Thayngen zeigt auf einer kurzen Strecke eine Fülle an naturkundlich Interessantem. Seit dem Frühling 2014 liefert der interaktive Biberweg Informationen und Hinweise auf Pflanzen und Tiere. Die Lebensweise des Bibers und seines Umfeldes wird so gut verständlich. Der Weg folgt dem Ufer der Biber und ist schön angelegt; am Ende befindet sich eine Picknickstelle.

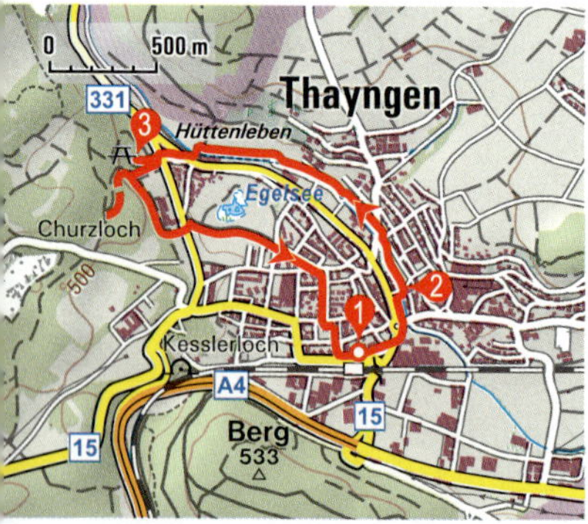

Ausgangs- und Endpunkt: Thayngen DB, Bahnhof, 436 m. Anfahrt: S 16, S 22 oder RB ab Schaffhausen oder Singen. – Parkplatz westlich Bahnhof.
Anforderungen: Leichte Wanderung auf Wegen und Flurstraßen. Die ganze Route ist ab dem Bahnhof Thayngen gut ausgeschildert mit roten Wegpfeilen samt Biberlogo.
Einkehr: Gastbetriebe in Thayngen.
Variante: Abstecher ins romantische Churzloch (siehe auch Tour 26).
Hinweise: Das Bilderbuch »Hugo, der mutige Biber« (Meier-Verlag, Schaffhausen) passt zum Erlebnisweg. – Im Sommer großes Freibad am Weg.

Markierung Biberweg.

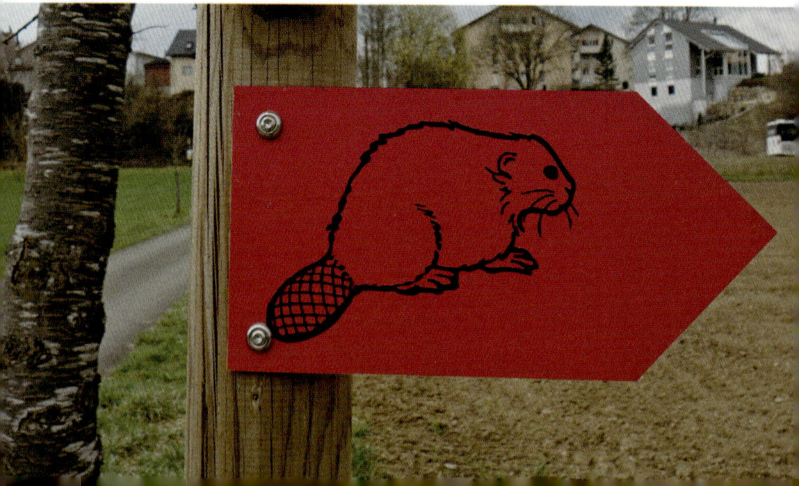

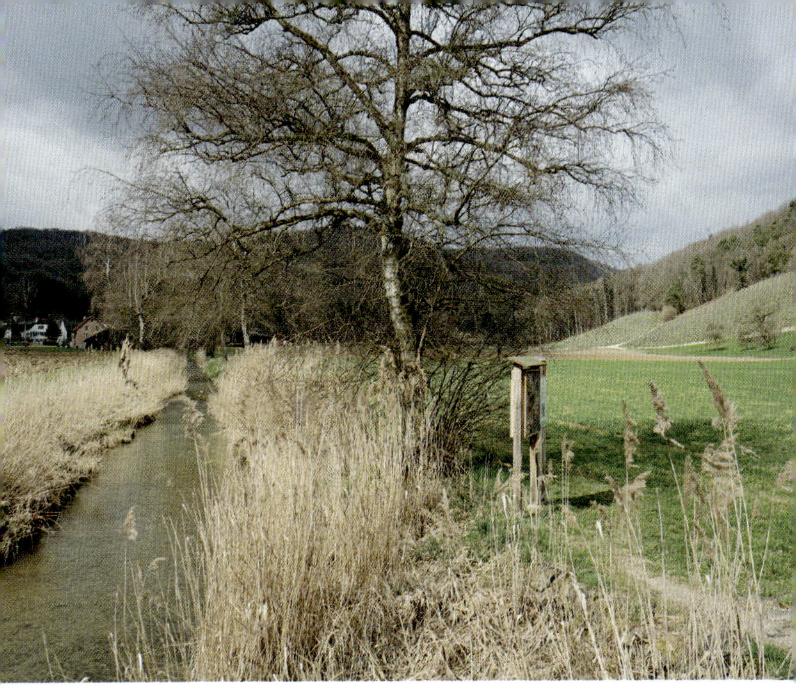

Das Flüsschen Biber.

Vom **Bahnhof** in **Thayngen** ❶ geht es zunächst ost-, dann nordwärts den Verkehrsachsen nach. Bald können wir nach rechts zum Flüsschen Biber vorgehen, wo wir den Anfang des eigentlichen **Biberweges** ❷ finden (Holzskulptur, Infotafel). Der Weg folgt nun dem Bachlauf, wechselt mehrmals die Seite. Bei Hüttenleben verlässt er die Biber, überquert zweimal eine befahrene Straße und endet schließlich am **Waldrand** ❸ vor dem **Churzloch**. Für den Rückweg gehen wir bis fast zur letzten Straße zurück, dann im spitzen Winkel nun auf dem Wanderweg wieder zum Waldrand. Bei Zeit und Lust machen wir dort geradeaus aufwärts einen Abstecher ins romantische **Churzloch** (10 Min.). Sonst wenden wir uns am Waldrand nach links und folgen diesem. Nach einem großen Gehöft halten wir links, überqueren die Straße und gehen abwärts. Dem Egelsee entlang, der auf dieser Seite aber fast vollständig zugewachsen ist, wandern wir Richtung **Thayngen** und den Schildern folgend zurück zum **Bahnhof** ❶.

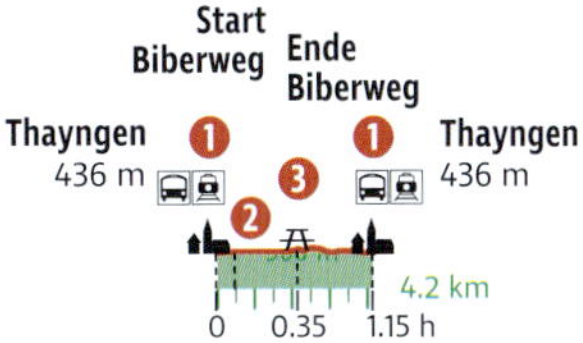

TOP

30

Vulkane im Hegau, Hohentwiel

↗ 580 m | ↘ 620 m | 15.0 km

5.00 h

Vulkanhöhenweg: Mägdeberg – Hohenkrähen – Hohentwiel

Aus dem flachen Hegau ragen neun Vulkanberge auf: des Herrgotts Kegelspiel, wie man gerne sagt. Eigentlich stehen mehr oder weniger nur noch ihre Mittelschlote, der Rest wurde von den Gletschern der Eiszeit abgehobelt. Dennoch haben sie ihre charakteristische Vulkanform behalten. Sie tragen seltsame Namen und auf ihren Gipfeln Reste von Burgen und Festungen. Während Hohenhewen (Tour 32) und Hohenstoffeln (Tour 31) allein stehen, sind diese drei Vulkane einer Hügelreihe aufgesetzt wie Perlen einer Kette: der behäbige Mägdeberg, der wildeste von allen – Hohenkrähen, und die bekannteste, die stolze Festung Hohentwiel. Mit kurzem Aufstieg erreichen wir den Höhenweg, der sie verbindet, erleben ihre Unterschiede, blicken über den ganzen Hegau und in die Alpen und träumen von vergangenen Zeiten ...

Festungsruine Hohentwiel.

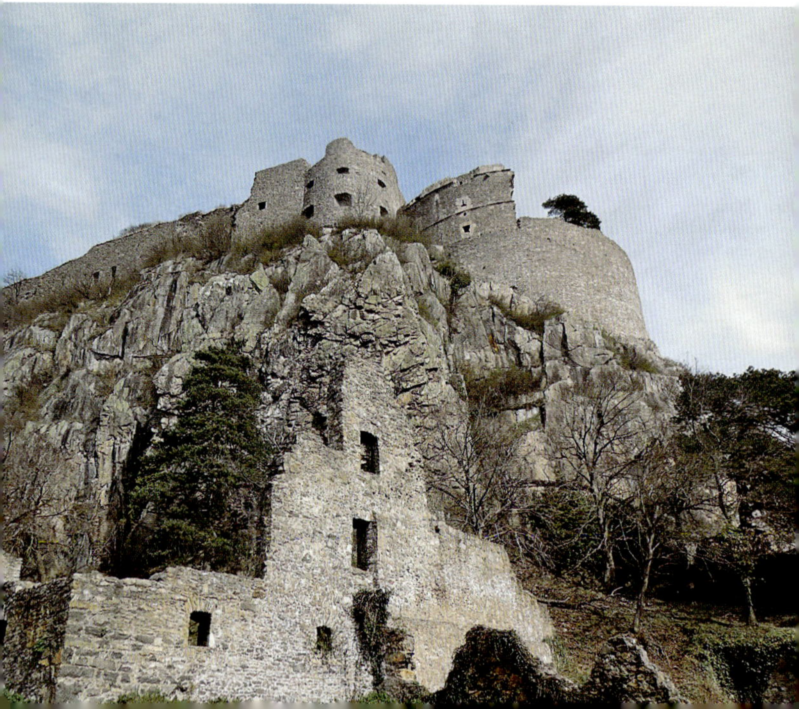

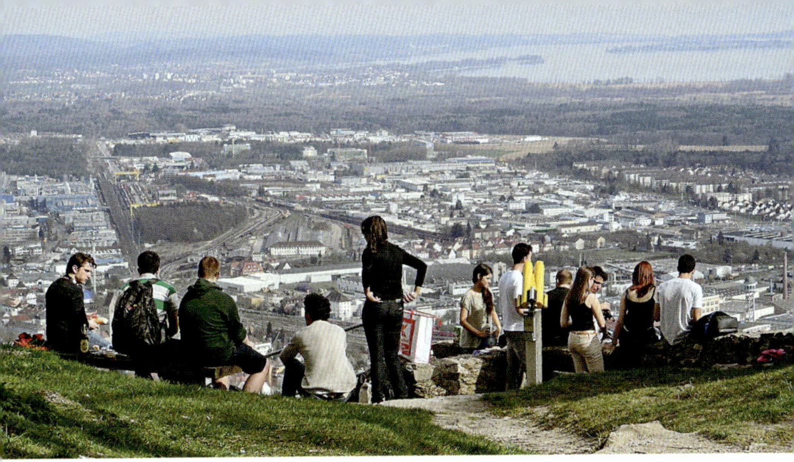

Logenplatz über Singen – samt Blick über den Zellersee.

Ausgangspunkt: Mühlhausen (bei Engen), Bahnhof, 465 m. Anfahrt: mit der Bahn »Seehas« (Konstanz–Singen Htw–Engen); Anschlüsse aus Zürich, Basel, Schaffhausen etc. via Singen/Htw. – Motorisiert Anreisende parken am besten bei der Haltestelle Singen-Landesgartenschau (verschiedene Parkplätze), zwischen dem Stadtzentrum von Singen und dem sichtbaren Hohentwiel gelegen, ausgeschildert, und fahren von dort eine Station mit dem »Seehas« nach Mühlhausen.
Endpunkt: Singen, Bahnhof, 425 m (rsp. Singen-Landesgartenschau). Rückfahrt: wie Anfahrt.
Anforderungen: Bequeme Wege, am Hohenkrähen steiler Felspfad (gesichert) und am Hohentwiel schmaler unschwieriger Pfad am Anfang des Abstiegs.
Einkehr: Hotel-Restaurant Hohentwiel (tägl. ab 11 Uhr), neben dem Infozentrum.
Variante: Vom 1. Nov. bis zum 30. April ist der beschriebene Abstieg vom Hohentwiel gesperrt; in dieser Zeit erfolgt der Abstieg via Rückkehr zum Infozentrum, wo man neben dem Restaurant Hohentwiel einen Treppenabgang als Zugang zum Abstieg nach Singen findet.
Hinweise: Besuch der sensationell sehenswerten Festungsruine Hohentwiel (täglich 9/10–16/18/19.30 Uhr, 4 bzw. 2 €. Achtung! Eintrittskarten schon bei der Infostelle lösen!) – Bis heute lesenswert und passend zum Besuch des Hohentwiels der Klassiker »Ekkehard« von Joseph Victor von Scheffel. – Ein „Audio-Guide Hohentwiel" lässt sich in den App-Stores herunterladen.

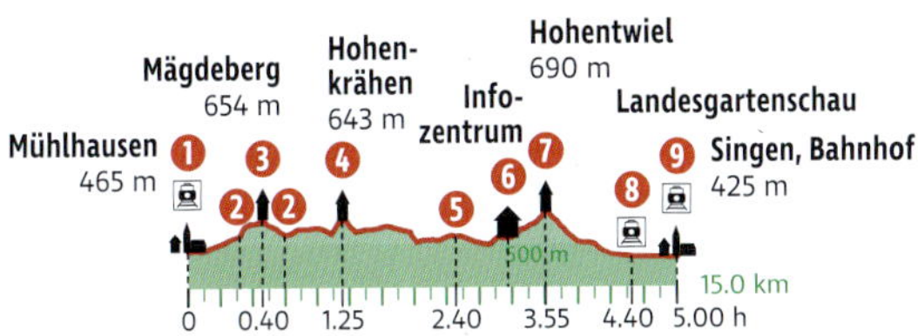

Von der **Haltestelle Mühlhausen** ❶ steigen wir zur Straße auf und gehen singenwärts bis wir nach rechts auf einem Sträßchen gegen Mägdeberg aufsteigen können. Wir unterqueren die Schnellstraße und steigen in zwei Kehren auf. Bei der Wegverzweigung **Mägdeberger Hof** ❷ bleiben wir noch geradeaus, gehen auf die Höhe und nach rechts zur **Burgruine Mägdeberg** ❸. Wir kehren zur Verzweigung **Mägdeberger Hof** ❷ zurück und wenden uns dort nach rechts. Auf einer Flurstraße wandern wir über die Höhe und am Ende einer Ebene nach links auf einem Pfad zum **Hohenkrähen**. Wir erreichen seinen Fuß durch ein Tor bei einem Pfadfinderheim und erklimmen ihn auf einem gesicherten steilen Felsenpfad bis zum **Gipfel** ❹.

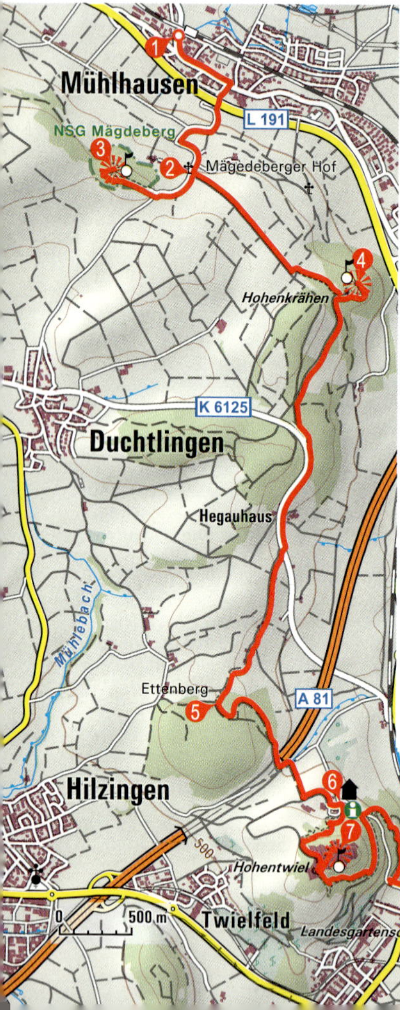

Auf dem gleichen Pfad steigen wir zum Heim ab und gehen eben weiter auf einer Flurstraße. Wir gelangen zu einer asphaltierten, befahrenen Straße. Dort gehen wir links und folgen der Straße abwärts, bis wir kurz nach dem Hegauhaus wieder nach rechts auf eine Flurstraße abzweigen können. Aufwärts kommen wir zur Wegverzweigung **Ettenberg** ❺, wo wir uns nach links wenden. So erreichen wir die breite Talsenke (unter der die hörbare Autobahn verläuft) vor dem Hohentwiel. Wir halten kurz links und steigen dann auf steilem Wiesenpfad gegen den Hohentwiel auf.

Auf dem Fahrweg über der Wiese gehen wir links bis zum **Infozentrum** ❻. Hier gibt es eine sehenswerte kleine Ausstellung und die Kasse

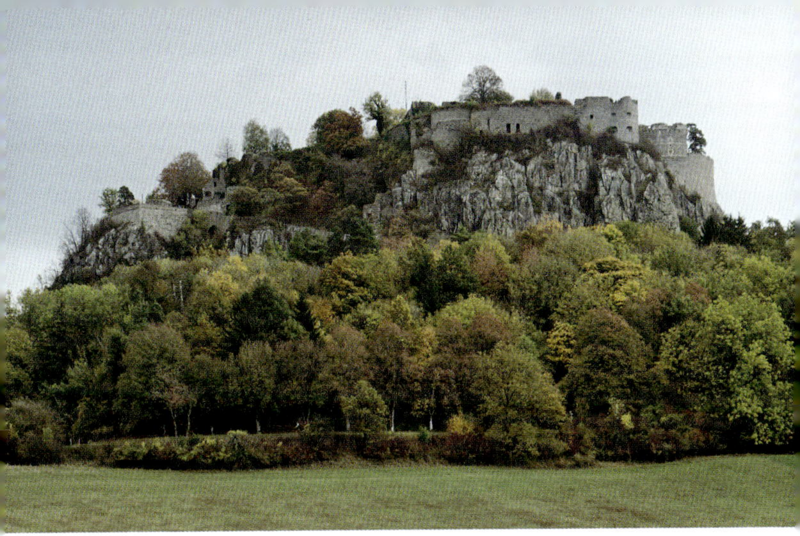

Hohentwiel.

für die Eintritte in die Festungsruine. Vor der Infostelle führt ein breiter asphaltierter Weg an einem interessanten Friedhof vorbei in die Höhe. Durch das Alexandertor erreichen wir den vergitterten Eingang zur Festung. Auf dem gepflasterten Hauptweg steigen wir hinauf zu den weitläufigen Anlagen der **Festungsruine Hohentwiel** 7. Hier gibt es viel zu entdecken und zu sehen, so auch eine umfassende Rund- und Fernsicht.
Wieder zurück beim Eingang, gehen wir im Sommerhalbjahr (Anfang Mai bis Ende Oktober, sonst Variante) vor dem Tor gleich links und finden dort einen Treppenabgang. So gelangen wir an den Fuß der Mauern und zum Ten-Brink-Weg, der uns singenwärts in die Tiefe führt. Nach 10 Min. erreichen wir einen breiteren Weg und wenden uns nach links. Nahe des Infozentrums stoßen wir auf den asphaltierten Weg, der uns weiter abwärts führt. Wir bleiben auf dem asphaltierten Gehweg, nach den ersten Häusern dann auf dem Gehsteig neben der Straße, bis zu einer großen Verkehrsachse. Hier wenden wir uns nach links. Beim Bahnübergang befindet sich die **Haltestelle Landesgartenschau** 8. Wer noch weiter wandert, bleibt nochmals so lang neben der Verkehrsstraße und findet dann den Wegweiser nach rechts in den Park. Bei der zweiten Brücke gehen wir nach links über diese und eine weitere Brücke und immer geradeaus stadtwärts. Am Narrenbrunnen vorbei gelangen wir zu einer Ringstraße, die wir geradeaus überqueren. Durch die Ekkehardstraße gehen wir geradeaus, bis wir bei einem Wegweiser nach rechts in die Fußgängerzone abbiegen können. Geradeaus liegt der **Bahnhof** von **Singen** 9.

↗ 550 m | ↘ 550 m | 15.5 km

31 Hohenstoffeln

5.00 h

Weite Runde über den freistehenden Vulkankegel

Wie der Hohenhewen besteht auch der Hohenstoffeln aus Basalt, dessen reichhaltiges Vorkommen aber so intensiv abgebaut wurde, dass von den ursprünglich zwei Gipfeln nur noch der eine steht. Ganz bewaldet erlaubt er nur Aussicht über den ehemaligen Basaltsteinbruch nach Norden. Unsere Route enthält einige Durststrecken auf Asphaltstraßen, die aber landschaftlich immer reizvoll bleiben. Daneben treffen wir hervorragende Wege und Flurstraßen, geologisch und botanisch interessante Stellen und viele Weitblicke in den Hegau.

Ausgangs- und Endpunkt: Riedheim, Haltestelle Turmstraße, 485 m (Hilzingen-Riedheim). Anfahrt: Bus 7353 ab Singen (Bhf.) bis Hilzingen-Riedheim, Turmstraße (Sa und vor allem So reduzierter Betrieb: Fahrplan beachten!). – Bezeichnete Parkplätze in Riedheim bei der Burg.
Anforderungen: Lange Tour auf guten Wegen, am Gipfel schmale Waldpfade. Die ganze Route ist signalisiert, aber mit sehr unterschiedlichen Rauten: gelb, blau, rot-weiß, mit Burgenlogo ... Folgen Sie also nicht einfach den Markierungen, sondern beachten Sie genau die Beschreibung.
Einkehr: Unterwegs keine.
Variante: Am Morgen bis Hilzingen-Binningen, Krone 2 fahren und sich das Stück von Riedheim bis Binningen schenken (spart 1 Std. Asphalt).
Hinweis: Bei Binningen befindet sich »Syringa«, ein sehenswerter Schaugarten für Duft- und Würzkräuter (nicht direkt an der Wanderroute, gut 1 km westlich).

Vom Nordgipfel des Hohenstoffeln blicken wir hinüber zum Hohenhewen.

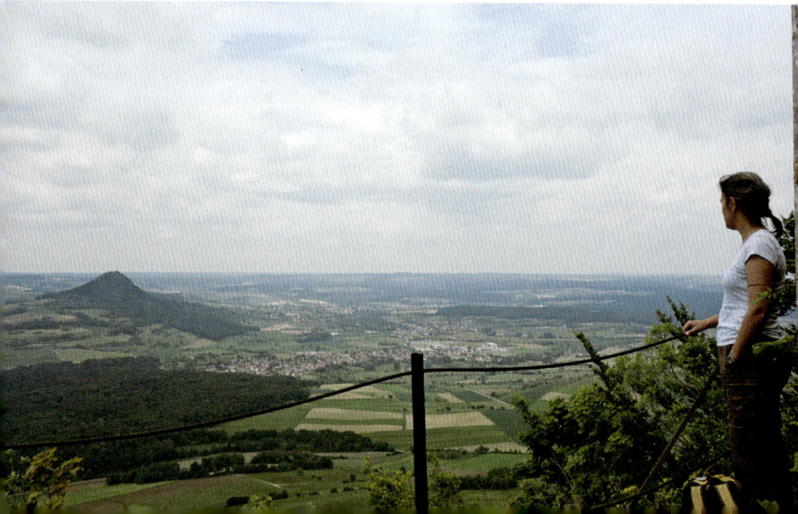

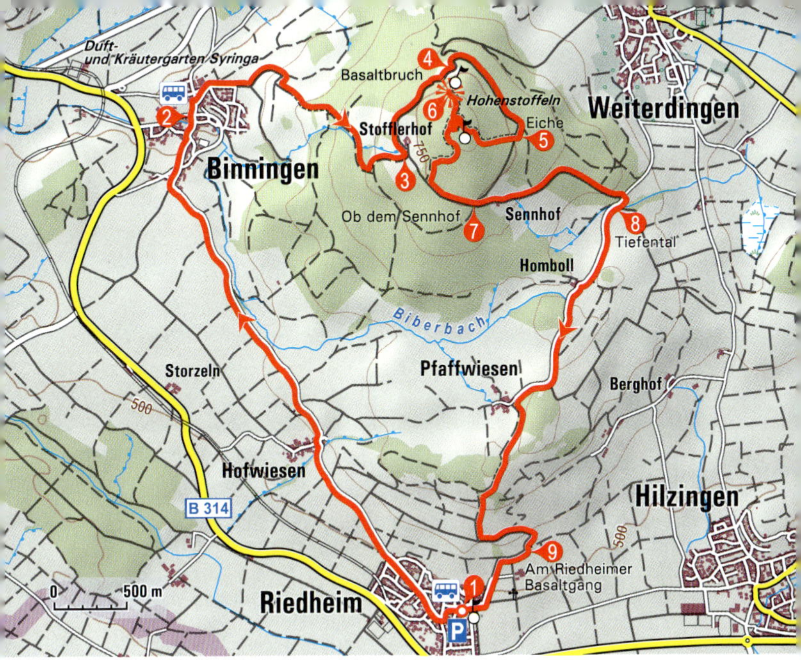

Unsere Wanderung beginnt auf der Nordseite der markanten Burg von **Riedheim** ❶. Wir starten westwärts, gehen abwärts zur Kirche und davor wieder westwärts auf einer Asphaltstraße aus dem Dorf hinaus. Über das aussichtsreiche Sträßchen erreichen wir in 20 Min. den Weiler Hofwiesen, wo wir bei der Verzweigung mit dem Burgenlogo rechts gehen. Über die Höhe wandern wir dem Sträßchen folgend nach **Binningen** ❷.
Bei der Kreuzung an der tiefsten Stelle gehen wir gerade, dann halb rechts aufwärts. Auf der Höhe gehen wir vor dem Wegkreuz erneut halb rechts, direkt auf den Gipfel des Hohenstoffelns zu, aus dem Dorf hinaus. Bei der folgenden Verzweigung bleiben wir links auf dem Asphaltsträßchen. Es

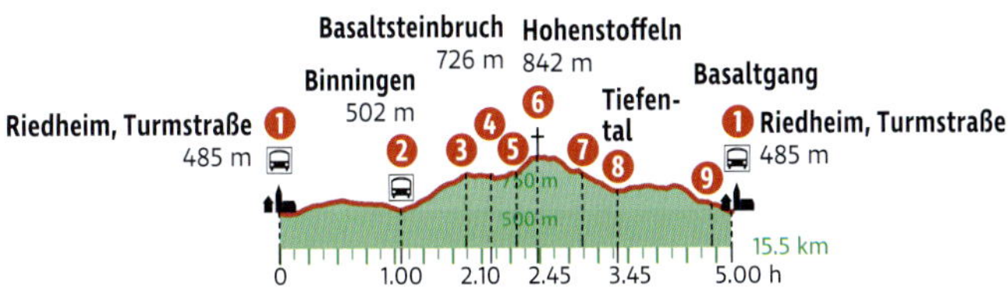

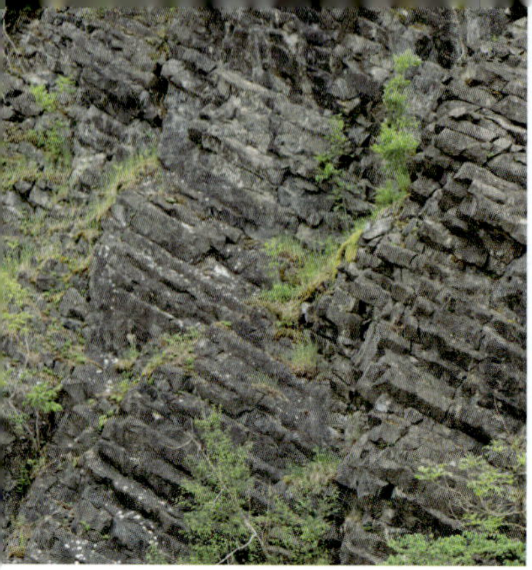

Basaltgestein.

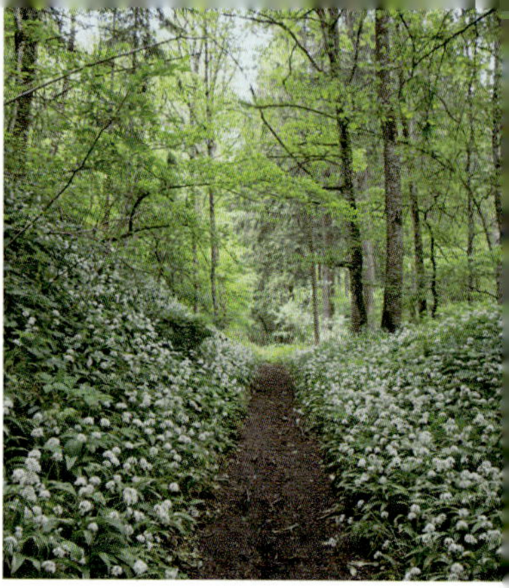

Blühender Bärlauch (Allium ursinum).

steigt in schönem Bogen hinauf zu einem Rastplatz bei einer Quellfassung. Darüber beginnt ein Pfad, der gerade den Berg hinanläuft. Über eine breite Forststraße erreichen wir dann den **Stofflerhof** 3.
Hier wenden wir uns nach links, gehen vor dem Hof vorbei und auf ebenem Fahrweg weiter. Vor der Nordecke des Berges finden wir den gewaltigen, sehenswerten **Basaltsteinbruch** 4. Nach der Ecke gehen wir auf einer Forststraße weiter bis zur Wegverzweigung **Eiche** 5. Hier beginnt rechts der Pfad, der uns auf den **Hohenstoffeln** hinaufführt. Wir erreichen die Höhe auf einem Gratsattel, wo wir uns zuerst nach rechts wenden und den Aussichtspunkt des **Gipfels** 6 erklimmen.
Nach der Rast gehen wir zum Sattel zurück und spazieren noch auf der Höhe zu den Resten einer Burganlage. Erneut zurück beim Sattel gehen wir nun südwestwärts auf schmalem Pfad erst wenig, dann steiler abwärts. Wir erreichen eine breite Forststraße ganz in der Nähe des Stofflerhofes, wenden uns nun aber nach links. Am Waldrand finden wir den **Sennhof** 7, an dem vorbei wir auf der Naturstraße abwärts gehen. Beim vielfältigen Wegweiser **Tiefental** 8 wenden wir uns nach rechts und folgen mit der blauen Raute dem Asphaltsträßchen Richtung **Riedheim**. Es leitet uns über den Pass des Homboll bis zum verschlafenen Weiler Pfaffwiesen. Unser Weg zieht gleich nach der Kirche links hoch zum Waldrand: Ein schöner, überwachsener Wiesenweg bringt uns auf die Höhe, wo wir gerade in den Wald hineingehen. Ein schmaler Pfad führt uns zu einer aussichtsreichen Stelle. Wir folgen weiter dem Weg über eine Flurstraße, dann beim Wasserreservoir gerade hinunter Richtung **Riedheim**. Auf einem Asphaltsträßchen beschreiben wir noch einen großen Bogen nach links am **Basaltgang** 9 vorbei. Dann bringt uns das Sträßchen am Dorfrand hinunter wieder zur **Turmstraße** 1.

↗ 470 m | ↘ 470 m | 10.8 km

3.30 h

Hohenhewen 32

Vielfältige Rundtour über den Vulkankegel

Der Hohenhewen ist der Hausberg des malerischen Engen und einer dieser steil aufschießenden Vulkanberge, die den Hegau prägen. Sein Kern besteht aus Basalt, was im Gipfelbereich auch deutlich sichtbar wird, während der Rest von Nagelfluh umhüllt ist. Ein Bergsturz von 1757 auf der Ostseite macht ihn dort fast unbesteigbar. Wir erklimmen ihn daher von Westen, genießen vom modernen Turm der mittelalterlichen Burg und der Aussichtskanzel eine hervorragende Fernsicht und umrunden ihn auf botanisch reichhaltigen, schönen Fußpfaden und -wegen. Diese gehören zum »Hewensteig«, einem der Premium-Wanderwege des »Hegauer Kegelspiels«, und sind mit dessen Logo ausgeschildert.

Ausgangs- und Endpunkt: Engen, Bahnhof, 530 m. Anfahrt: mit der Bahn »Seehas« (Konstanz–Singen Htw–Engen); Anschlüsse aus Zürich, Basel, Schaffhausen etc. via Singen (Htw). – Parkplatz in Engen; motorisiert Anreisende können die Runde auch direkt beim Wanderparkplatz bei Anselfingen ❸ beginnen und enden.
Anforderungen: Zwischen Engen und Anselfingen Asphalt, sonst Naturwege, im Abstieg streckenweise steiler Pfad (!).
Einkehr: Unterwegs keine; Gastbetriebe in Engen.
Hinweis: Engen zeigt eine sehenswerte Altstadt auf einem Kalkfelsen und lohnt einen Rundgang.

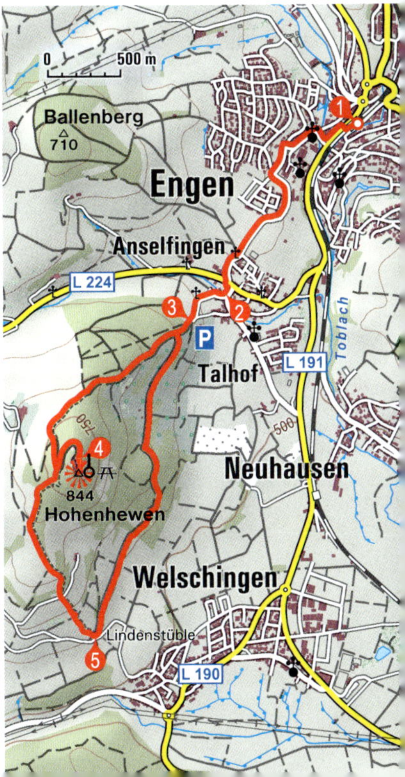

Wir starten die Tour beim **Bahnhof Engen ❶**, indem wir in Anfahrtsrichtung zurück und durch die Bahnunterführung gehen. Die gleich folgende Hauptverkehrsstraße überqueren wir, halten links, an der nächsten Kreuzung rechts und an der folgenden wieder links. 200 m weiter nochmals rechts aufwärts und gleich wieder links erreichen wir eine Kreuzung über dem Krankenhaus, wo wir links gehen.

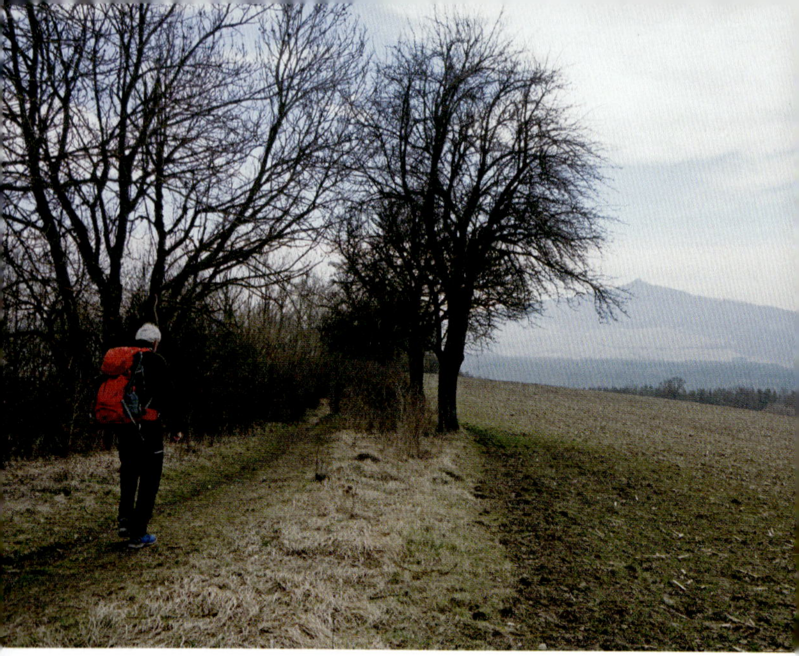

Im Abstieg vom Hohenhewen haben wir den Hohenstoffeln vor uns.

Die Asphaltstraße führt uns im Bogen aufwärts und wir gewinnen Ausblicke auf Engen. Über die Höhe wandern wir nach **Anselfingen**, wo wir geradeaus bleiben. Wir überqueren vorsichtig die Straße und gehen bei der nächsten **Kreuzung** ❷ rechts aufwärts bis zum **Wanderparkplatz** ❸. Hier beginnt der schöne Aufstieg zum **Hohenhewen**, den wir bald vor uns erkennen können. Wir folgen stets dem Wanderweg aufwärts auf die Rückseite des Berges. Bei einer scharfen Linkskurve werden wir nachher im Abstieg hinunter gehen. Zuerst aber steigen wir noch ganz auf den **Gipfel** ❹ zu seinen Burgruinen, dem Turm und der großen Plattform mit dem Aussichtsbalkon auf.

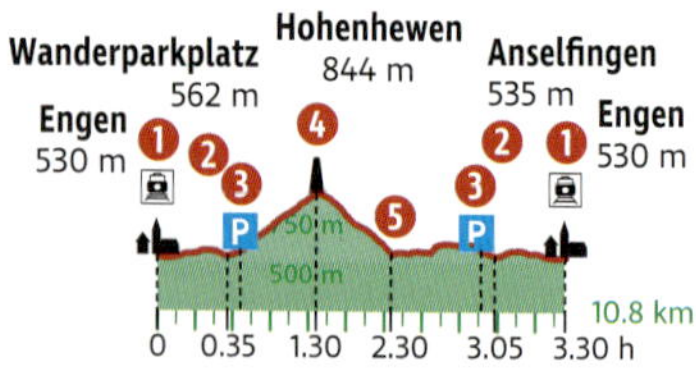

Im Abstieg gehen wir gleichenwegs bis zur erwähnten Kurve zurück. Nun wenden wir uns nach links. Ein schmaler Pfad führt uns zuerst dem Hang entlang, später nach rechts abfallend in die Tiefe. Wir folgen ein Stück dem Waldrand und wenden uns dann nach links. Am Waldrand neben den Feldern und Wiesen läuft der unverkennbare Weg südwärts. Nach einer Naturstraße, wo uns eine Überraschung erwartet, gehen wir gerade in der Falllinie durch die Wiese abwärts. Ein Seilgeländer hilft uns durch einen sumpfigen Abhang. Dann ist **»Lindestüble«** 5 erreicht. Wir wenden uns nach links und gehen leicht aufwärts, dann flach weiter. Bei einer Verzweigung wählen wir den markierten Weg aufwärts. Bald können wir wieder eben weiterwandern, bis wir den Aufstiegsweg erreichen.
Wir gehen gleichenwegs nach **Engen** 1 zurück.

Gipfel des Hohenhewen.

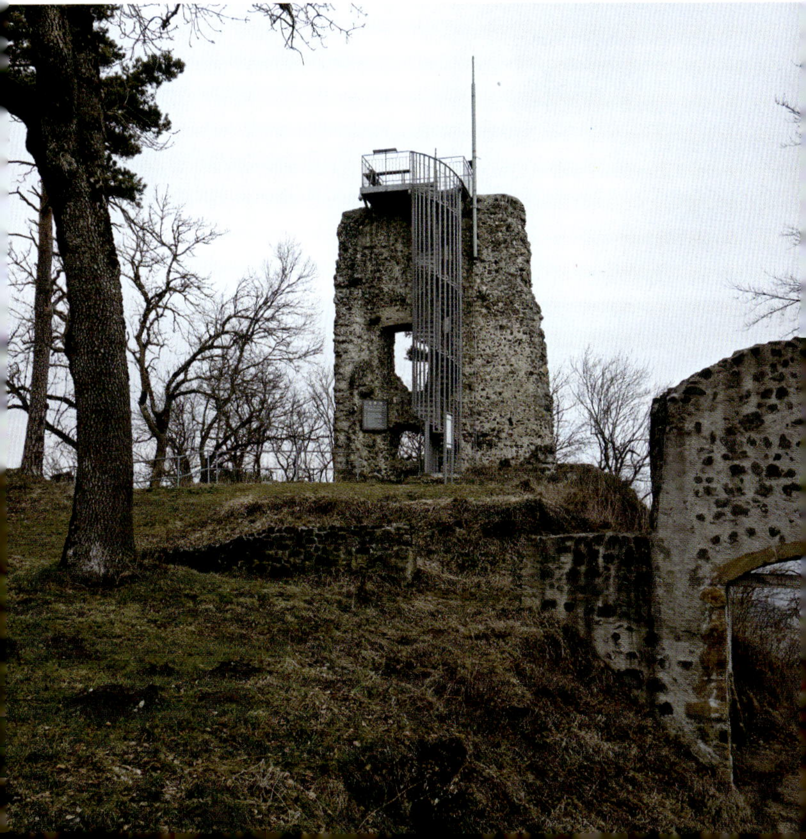

↗ 400 m | ↘ 400 m | 15.9 km

33 Aachquelle

4.45 h

Karstphänomene und Urgeschichte – eine naturkundliche Wanderung

Die Aachquelle ist ein einzigartiges Naturwunder: Sie ist die größte Quelle Deutschlands. Im Durchschnitt quellen hier 8000 Liter Wasser pro Sekunde aus dem 18 m tiefen Quelltopf, der sich im Berg in einer langen Höhle fortsetzt. Der größte Teil dieses Wassers kommt aus der Donau, die bei Tuttlingen in den Klüften des Kalksteins der Schwäbischen Alb versickert und unterirdisch hierher fließt. Wir verbinden den Besuch mit einer langen Wanderung zum interessanten Eiszeitpark Petersfelsen, wo wir nebst einer Höhle – einem Pendant zum Kesslerloch bei Thayngen – eine Vielfalt seltener Pflanzen bewundern können.

Ausgangs- und Endpunkt: Aach, Aachquelle, 488 m. Anfahrt: Bahn nach Singen (Htw), Bus 7364 ab Singen bis Aachquelle (samstags nur stündlich, sonntags nur zweistündlich). – Parkplatz bei der Aachquelle.
Anforderungen: Problemlose Wege; rund ein Drittel der Wanderung verläuft auf Asphalt.
Einkehr: Unterwegs keine; Gastwirtschaft an der Aachquelle.
Variante: Kleine Runde: nur bis Homberg 4 gehen und via Aach-Altstadt zur Quelle zurückkehren (insgesamt 1.45 Std. Gehzeit).
Hinweis: Bei Immendingen (ca. 30 Autominuten nördlich unserer Route) führt der Premium(wander)weg »Donauwellen« zu den Stellen der Donauversinkung.

Rast am Aachtopf.

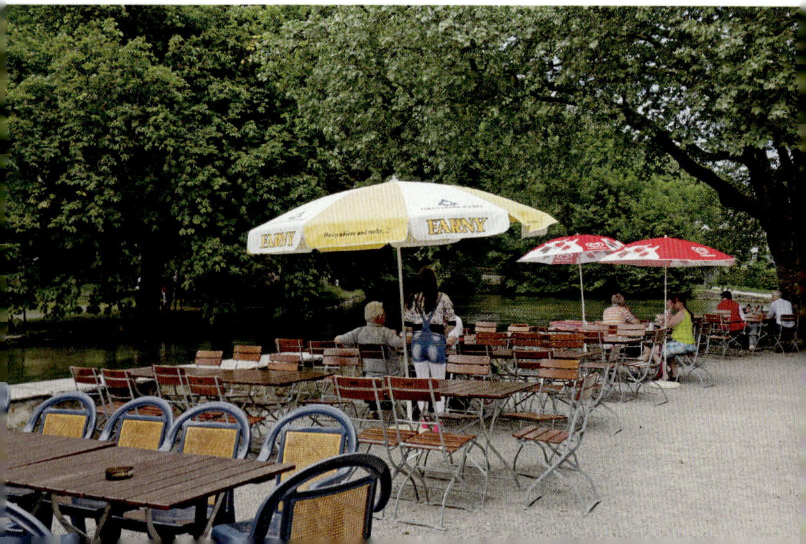

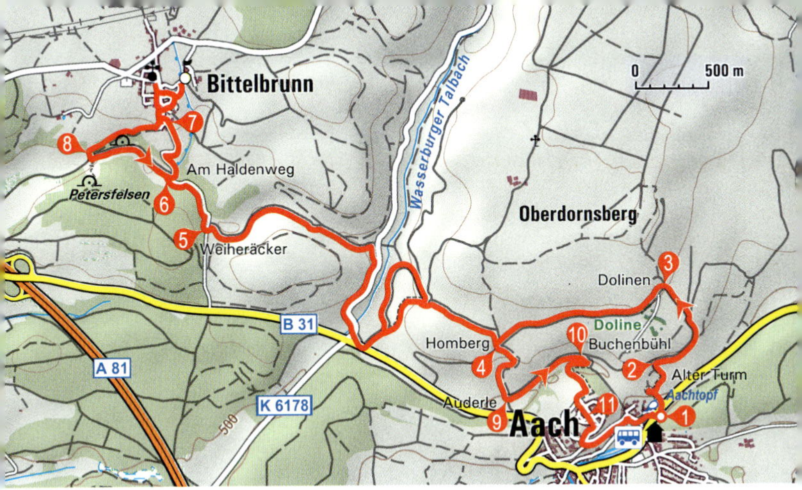

Wir beginnen unsere Tour mit einer Umrundung des **Aachtopfs** ❶. Dann steigen wir auf der Bergseite auf einem Fußpfad auf zu einem Aussichtspunkt. Noch etwas höher finden wir die Mauerreste einer ehemaligen Burg und Ausblicke zum Hegau. Zurück beim Burggraben gehen wir auf dem bezeichneten Weg weiter und erreichen danach beim Waldrand die Wegverzweigung **Alter Turm** ❷. Hier gehen wir rechts auf der Naturstraße und dann im Bogen aufwärts durch schönen Buchenwald. Bei einer Verzweigung halten wir halb links und gelangen etwas höher zum Abzweig **Doline** ❸. Hier gehen wir links eben weiter. Etwas weiter vorn sehen wir zur Linken die eindrückliche große Doline, wo ein großes Stück Erdboden abgesackt ist, weil in der Tiefe das Wasser in der Aachtopfhöhle das Kalkgestein ausgewaschen hat.

Immer weiter der gut geschütteten Forststraße folgend gelangen wir schließlich etwas unvermittelt zur Wegverzweigung **Homberg** ❹. Hier werden wir später zurückgehen (vgl. Variante); jetzt aber wenden wir uns nach rechts und 150 m höher wieder links. Diese schöne ältere Forststraße bringt uns zu einer befahreneren, wo wir links abwärts gehen. Wir folgen

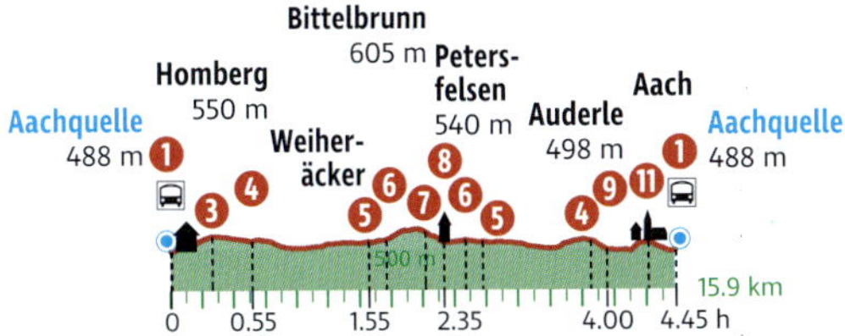

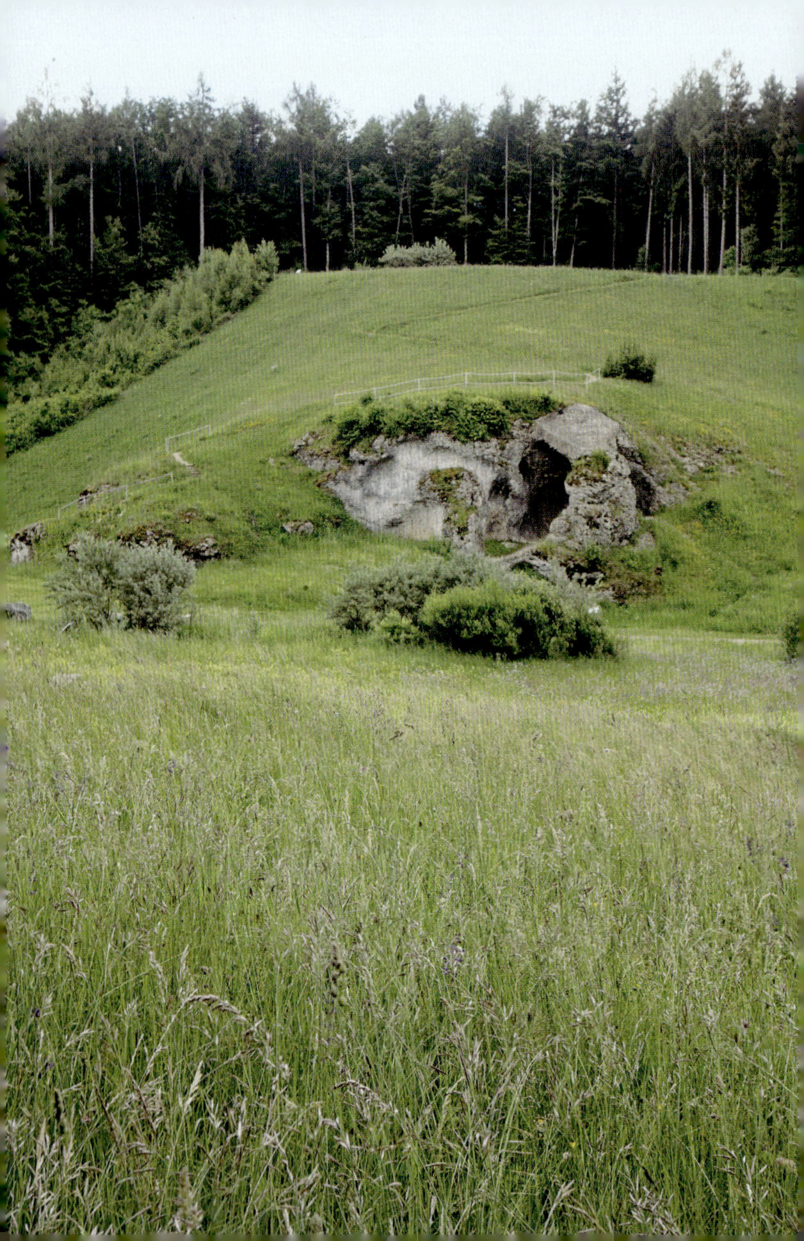

dieser Naturstraße hinunter in ein Tal und dort nach vorn bis unmittelbar vor eine Verkehrsstraße. Wir queren auf der alten Asphaltstraße das breite Tal und wenden uns jenseits wieder taleinwärts. Vorsichtig folgen wir dem Rand dieser wenig befahrenen Straße, bis sie zu steigen anfängt. Dort (Wegmarkierungen) biegen wir links auf einer Forstpiste aufwärts in ein Tal hinein. Wir gehen entlang von Riedwiesen, dann einem Moorsee und schließlich von Felsen und erreichen bei **Weiheräcker** 5 ein Asphaltsträßchen. Diesem folgen wir nach rechts, passieren einen schönen Weiher und gelangen zur Wegverzweigung **Haldenweg** 6. Wir steigen zunächst auf dem Asphalt hinauf zum Dorf **Bittelbrunn** 7. Unser Weiterweg setzt sich gleich am Dorfanfang wieder links fort, doch lohnt sich eine kleine Runde durchs Dorf: nach rechts zum Schlössle, dann hinauf zur seltsamen Kirche und wieder zurück. Auf einer schönen Wiesenstraße wandern wir dann aus dem Dorf hinaus und durch dichten Wald hinunter zum **Petersfelsen** 8.

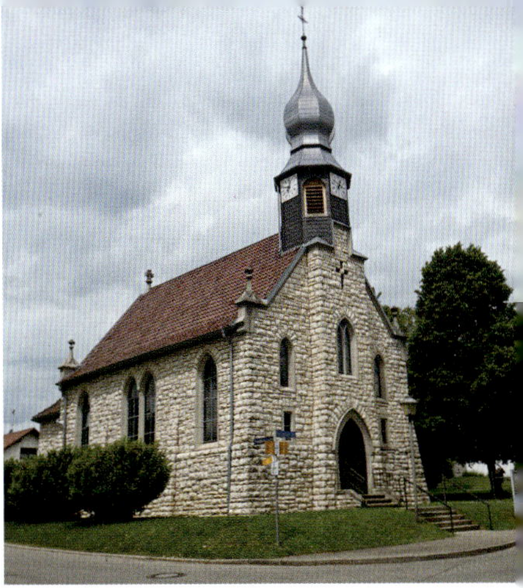

Bittelbrunn.

Hier gibt es viel zu sehen: die Höhle natürlich, aber auch die botanisch reichhaltige Vegetation auf den Felsen. Verschiedene Pfade mit Hinweistafeln führen uns durch das Gebiet und weisen auf Besonderheiten, wie die Verwendung von Pflanzen durch die Urbewohner, hin.
Dann beginnen wir den Rückweg, indem wir durchs Tal westwärts gehen. Ein Seitenpfad führt uns noch zum Eingang der Gnirshöhle, der aber vergittert ist. Ab dem **Haldenweg** 6 wandern wir auf der uns schon bekannten Strecke zurück. Nach der Traverse durch das Tal neben der Verkehrsstraße können wir diesmal direkt aufwärts auf einem alten Fahrweg durch den Wald gehen und den Weg etwas abkürzen.
Zurück bei **Homberg** 4 wandern wir nun geradeaus abwärts bis zum Talboden bei **Auderle** 9. Hier gehen wir links für gut 5 Min. dem Tal entlang, queren bei **Buchenbühl** 10 den Talboden und finden gleich nach rechts einen wunderschönen Weg, der uns hinauf zur Altstadt von **Aach** 11 bringt. Durch das aufgeputzte Wohnquartier gelangen wir zu den Stadttoren und zum Kriegsdenkmal. Wir wenden uns links abwärts bis zum Fluss Aach und gehen vor der Brücke links zurück zum Ausgangspunkt **Aachquelle** 1.

Petersfelsen.

↗ 500 m | ↘ 500 m | 17.3 km

34 Chroobachhütte, Herrentisch und Schrotzburg

5.00 h

Große Runde von Ramsen nach Stein am Rhein über den Schienerberg

Der Schienerberg teilt den unteren Bodensee in die zwei Arme Zellersee und Untersee. Er bildet so die Halbinsel Höri (siehe Tour 35) und lässt von seiner Höhe auf beide Seiten blicken. Als abgelegenes Grenzland ist er nur dünn besiedelt und lässt viel Natur erleben. Unsere Wanderung verläuft größtenteils auf schmalen Fußpfaden, über den Rücken des Schienerberges auch auf Flurstraßen und Asphalt.

Ausgangspunkt: Ramsen, Haltestelle Post, 420 m. Anfahrt: Regionalbus 25 (Schaffhausen–Ramsen) oder Bus SBG 7349 (Singen–Stein a. R.) bis Ramsen, Sonne. – Parkplatz in Ramsen.
Endpunkt: Stein am Rhein, Bahnhof, 414 m. Rückfahrt: S 8 (Schaffhausen–St. Gallen), S 29 (Winterthur–Stein a. R.), NFB 33 / 7349 (Singen Htw.–Stein a. R.), NFB 825 (Frauenfeld–Stein a. R.). – Kursschiffe nach Schaffhausen, rsp. Kreuzlingen und Konstanz (nur im Sommer).
Anforderungen: Orientierungssinn und Ausdauer.
Einkehr: Unterwegs keine; zum Schluss Burg Hohenklingen (Mai bis Sept.: Mo geschlossen; Okt. bis April: Mo + Di geschlossen; Januar und Februar: Winterpause); Gastbetriebe in Stein am Rhein.
Hinweise: Auf der Höhe Chroobachhütte/Herrentisch ist eine Windkraftanlage geplant, doch sollte die Tour weiter möglich bleiben. – Burgbesichtigung Hohenklingen auch ohne Restaurantbesuch möglich, aber nur zu Öffnungszeiten.

Noch See? Schon Strom? Der Untersee vor Stein am Rhein.

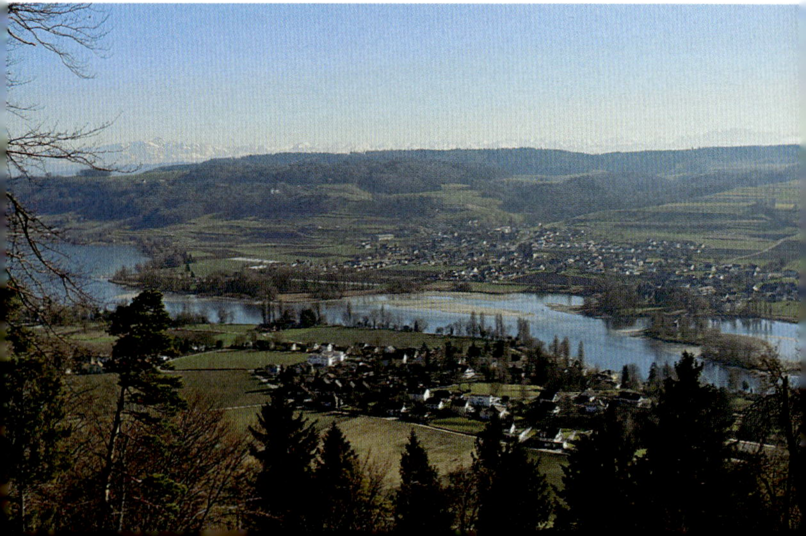

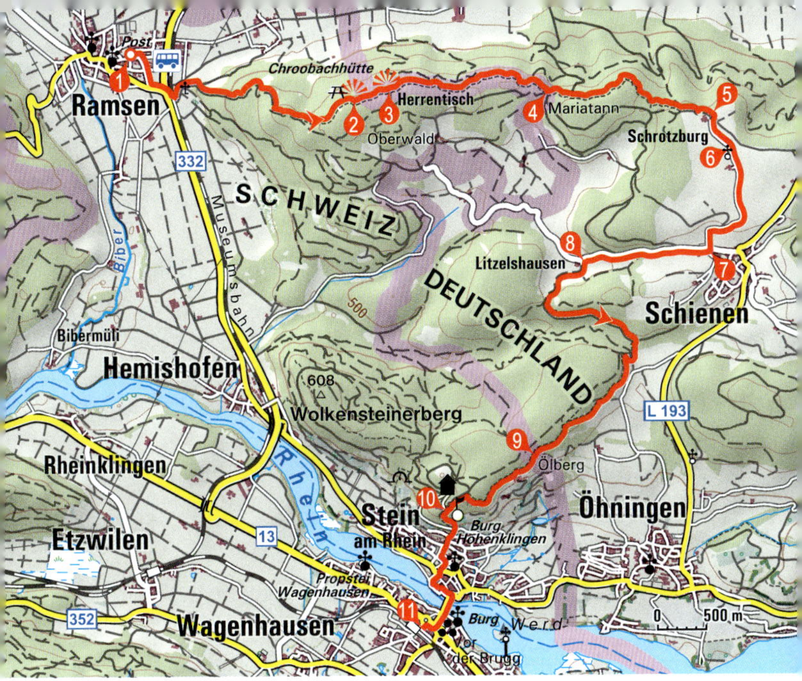

Von der **Haltestelle Ramsen, Post** ❶ gehen wir ostwärts und biegen gleich rechts ab. Dem Ortsrand nach und über das Feld erreichen wir die Straße und jenseits den Bahnübergang der Museumsbahn. Wir gehen danach links aufwärts und nach der Kurve rechts auf den markierten Pfad. Durch schönen Wald und höher oben dem Grat entlang zieht sich der Weg aufwärts bis zur **Chroobachhütte** ❷. Eine tolle Aussicht zum Hegau öffnet sich hier. Wir folgen dem Grat ostwärts und sind 5 Min. später beim Aussichtspunkt **Herrentisch** ❸. Weiterhin am Grat ostwärts, passieren wir nach **Mariatann** ❹ die Grenze und erreichen schließlich die Wiesen von **Schrotzburg**.

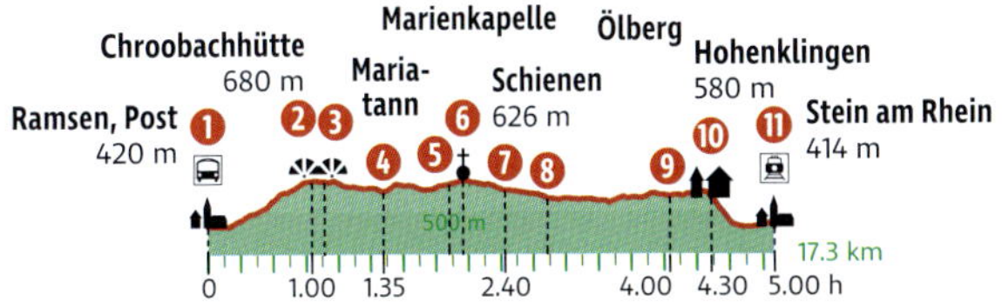

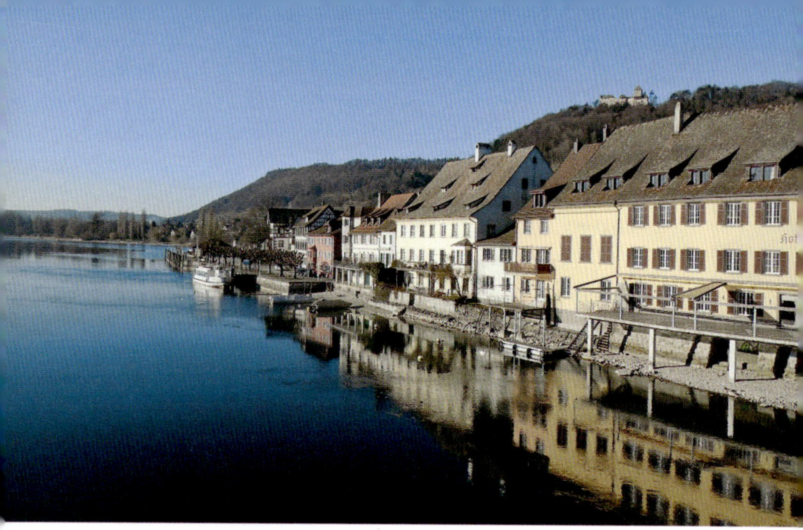

Stein am Rhein und Burg Hohenklingen.

Beim **Hof** ❺ können wir geradeaus noch zum Burghügel gehen, wählen sonst aber den Weg nach rechts. Er führt uns auf die Höhe zur **Marienkapelle** ❻. Am Hof Unterschrotzburg vorbei folgen wir der Straße. Bei einem Rastplatz macht sie einen rechten Winkel und verläuft abwärts bis zum Ortsrand von **Schienen** ❼.

Noch vor dem Dorf biegen wir rechts ab und folgen einem Sträßchen bis zum Weiler **Litzelshausen** ❽, wo wir die Straße nach links verlassen. Wir beschreiben auf der Naturstraße nun einen großen Bogen und gehen durch Wald über einem Tal wieder zurück gegen Schienen. Bei einem Wegweiser können wir auf einem Pfad hinunter in die Schlucht gehen und den Schiener Bach überqueren. Auf der anderen Schluchtseite wieder aufgestiegen, halten wir nur kurz rechts und finden gleich im Waldrand südwärts den Weiterweg. Wir müssen gut auf die Wegzeichen achten und folgen dem Pfad aufwärts. Schöne Ausblicke wechseln mit Waldpartien. Beim Grenzübergang **Ölberg** ❾ bleiben wir auf der Höhe und gehen geradeaus bis zum prächtigen Aussichtspunkt beim Rastplatz vor der Burg. Weiter dem Wanderweg folgend gelangen wir alsobald zum Platz im Burggraben vor **Hohenklingen** ❿. Um die Burg zu besichtigen, steigen wir über den Burgweg zu ihr auf.

Sonst gehen wir gleich links auf schmalem Pfad in Kehren in die Tiefe nach **Stein am Rhein**. Wir erreichen es beim Parkplatz vor dem Untertor. Durch dieses und das Städtchen oder via Schifflände und Rheinufer kommen wir zur Brücke und über diese hinauf zum **Bahnhof** ⓫.

↗ 200 m | ↘ 200 m | 12.1 km

3.30 h

Kattenhorn 35

Balkon über dem Untersee – Schnuppertour an der Halbinsel Höri

Noch See? Schon Strom? Ganz allmählich wandelt sich der Untersee in den Rhein, lässt Raum für flache Ufer und Schilfbestände. Auf der deutschen Uferseite erstreckt sich die Halbinsel Höri, legendär als früher Wohnsitz Hermann Hesses und als Künstlerrefugium. Wir wandern seeaufwärts dem Ufer entlang, das zuerst naturbelassen ist. Später müssen wir leider längere Zeit auf einem Asphaltsträßchen hinter den Uferhäusern durchgehen bis zum Schloss Kattenhorn. Dort bringt uns ein kurzer Aufstieg zur Geländeterrasse des Kattenhorns, wo wir aussichtsreich und prächtig den Rückweg beginnen. Ein romantisches Weglein durch die Klingenbachschlucht führt uns nach Öhningen, von wo wir gleichenwegs nach Stein am Rhein zurückkehren.

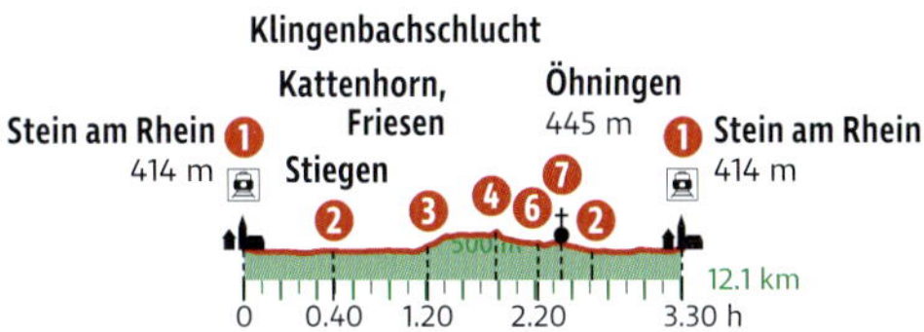

Ausgangs- und Endpunkt: Stein am Rhein, Bahnhof, 414 m; rsp. Stein, Schifflände (Parkplatz, Hst. Bus). Anfahrt: S 8 (Schaffhausen–St. Gallen), S 29 (Winterthur–Stein), NFB 33 (Singen–Stein a. R.), NFB 825 (Frauenfeld–Stein a. R.) – Gebührenpflichtiger Parkplatz auf Westseite bei Schifflände. – Kursschiffe ab Schaffhausen, rsp. Kreuzlingen und Konstanz.

Anforderungen: Über das Kattenhorn schmale naturbelassene Wege, seeaufwärts gut 2,5 km Asphaltsträßchen.

Einkehr: Unterwegs keine.

Hinweis: Zwischen Stein am Rhein und Radolfzell verkehrt der »Höribus« und ermöglicht weitere Entdeckungen im Künstlerwinkel am Bodensee.

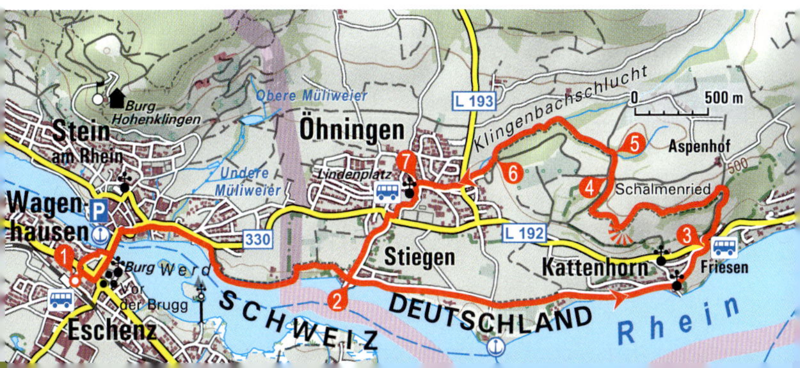

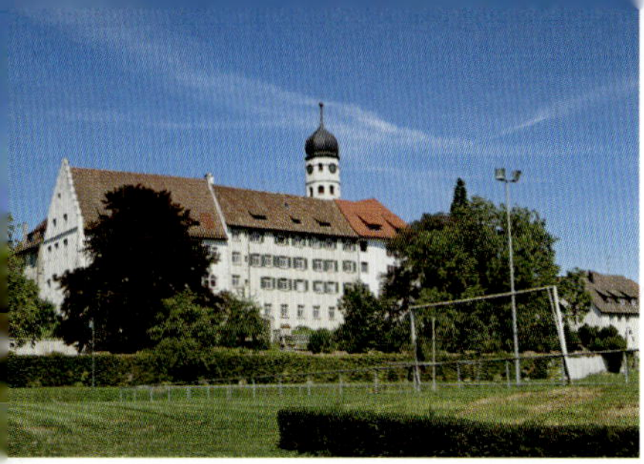

Kloster Öhningen.

Vom **Bahnhof Stein am Rhein** 1 gehen wir auf dem bezeichneten Weg über die Brücke und geradeaus ins malerische Städtchen. Dort wenden wir uns nach rechts und verlassen die Altstadt beim ehemaligen Öhningertor. Wir folgen der Straße ostwärts, bis wir am Siedlungsrand nach rechts gegen das Haus der Pontoniere abbiegen können. Bei diesem beginnt ein schöner Pfad, der uns unmittelbar am Ufer entlangführt. Nach einem Brücklein gehen wir links landeinwärts und finden bei der markierten Grenze den Weiterweg. Im Weiler **Stiegen** 2 teilt sich der Weg; wir bleiben geradeaus auf dem Asphaltsträßchen. Immer geradeaus ostwärts passieren wir das große Freibad von Öhningen, die Verzweigung zur Anlegestelle Oberstaad und gelangen schließlich ins Dorf Kattenhorn mit schmucken Häusern, der Blasiuskapelle und einem Schloss am See. Dort steigen wir mit dem Asphaltsträßchen auf zur Verkehrsstraße, die wir bei **Kattenhorn**, **Friesen** 3 überqueren.
Wir steigen steil, aber auf schöner Naturstraße weitere 10 Min. auf, bis wir nach einem Waldstück scharf links auf einen Pfad weggehen können. Horizontal führt er uns nun dem Abhang entlang. Wir überblicken den Untersee, tauchen dann wieder längere Zeit in den Wald ein, um zu einem hervorragenden Aussichtspunkt zu gelangen. Eben weiter gehend gewinnen wir auch wunderbare Ausblicke Richtung Stein am Rhein.
Auf dem folgenden Sträßchen gehen wir rechts aufwärts bis zur Höhe **Schalmenried** 4. Dort bleiben wir geradeaus und finden 1 Min. weiter den Abzweig **Am Schluchtweg** 5, wo wir links in den Pfad abbiegen. Nun folgen wir romantisch über Stege und Brücklein stets der Schlucht abwärts. Bei der Einmündung in eine andere Schlucht halten wir weiter links abwärts. Bei der Verzweigung Klingenbachbrücke bleiben wir geradeaus. So durchwandern wir die **Klingenbachschlucht** 6. Anschließend folgen wir ein Stück einer Feldstraße, können aber gleich wieder rechts auf einen Pfad einschwenken, um dann zur Brücke am oberen Siedlungsrand zu gelangen. Wir gehen rechts aufwärts durch Quartierstraßen, überqueren eine Hauptstraße, bleiben geradeaus Richtung Kirche und erreichen die Ortsmitte **Öhningen, Lindenplatz** 7. Hier gehen wir links, vor dem Kloster abwärts, halten rechts und kommen zur Verkehrsstraße. Auf ihr kurz rechts, dann können wir weiter seewärts auf einer Straße absteigen. So gelangen wir wieder nach **Stiegen** 2. Auf dem Anfangsweg kehren wir nach **Stein am Rhein** 1 zurück.

Vor Stein am Rhein.

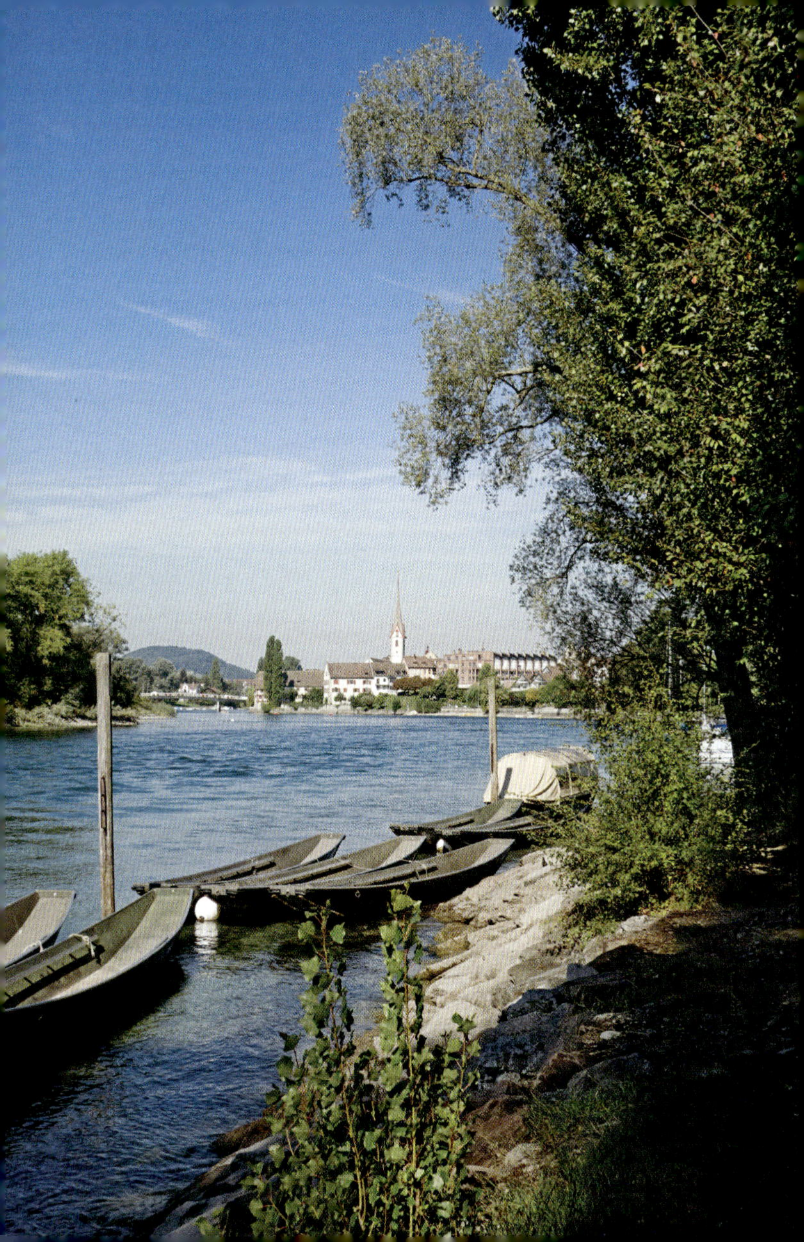

36 Burg Hohenklingen

TOP

↗ 320 m | ↘ 320 m | 7.9 km

2.30 h

Kurze Rundtour ab Stein am Rhein zur perfekt erhaltenen Burg

Stein am Rhein liegt hervorragend am Beginn des mächtigen Hochrheins, der dort den Untersee verlässt. Es ist mit seiner sorgfältig restaurierten Altstadt mit den bemalten Häusern und dem Kloster Sankt Georgen ein einmalig attraktiver Ort, seit alters bestens bewacht von der sehenswerten Burg Hohenklingen, von deren Turm man eine atemberaubende Aussicht genießt. Die Wanderung versteht sich als ideale Ergänzung zu einem Besuch und lässt den Ort ganzheitlich erleben.

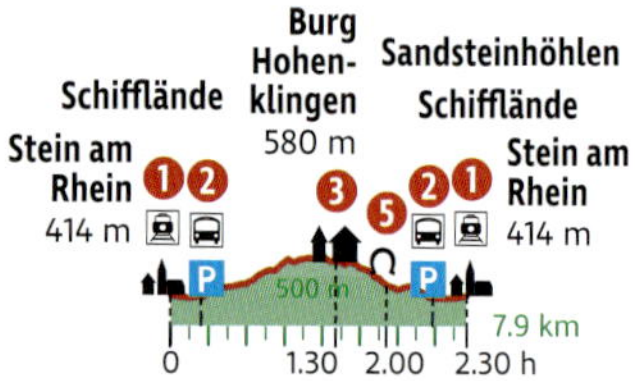

Ausgangs- und Endpunkt: Stein am Rhein, Bahnhof, 414 m, rsp. Stein am Rhein, Schifflände (Parkplatz und Hst. Bus). Anfahrt: S 8 (Schaffhausen–St. Gallen), S 29 (Winterthur–Stein a. R.), NFB 33 (Singen Htw.–Stein a. R.), NFB 825 (Frauenfeld–Stein a. R.). – Parkplatz gebührenpflichtig in Stein a. R. (auf Westseite bei Schifflände). – Kursschiffe ab Schaffhausen, rsp. Kreuzlingen und Konstanz.
Anforderungen: Straßen und Wege, streckenweise aber auch steile, rutschige Pfade.
Einkehr: Burg Hohenklingen (Mai bis Sept.: Mo geschlossen; Okt. bis April: Mo + Di geschlossen; Januar und Februar: Winterpause); Gastbetriebe in Stein am Rhein.
Variante: Auf- oder Abstieg über den steilen direkten Fußweg nehmen.
Hinweise: Eine Burgbesichtigung ist auch ohne Restaurantbesuch möglich, aber nur zu den Öffnungszeiten. – Lager- und Feuerstelle östlich oberhalb Burg. – Am Abstiegsweg: künstlich gebaute tiefe Höhlen im Sandstein (Taschenlampe!)

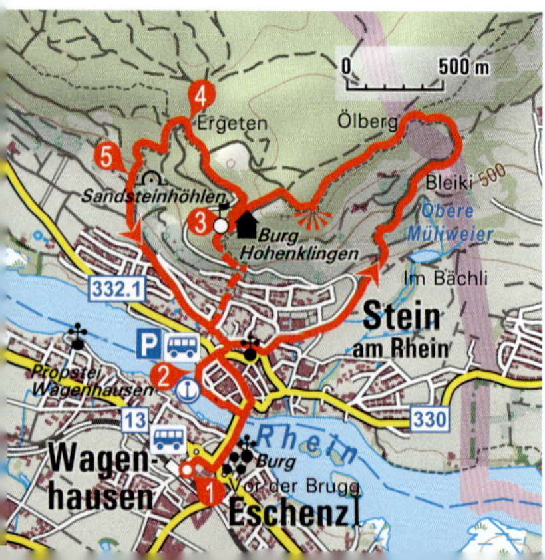

Vom **Bahnhof Stein am Rhein** ❶ den Markierungen des Wanderwegs folgend über die Brücke und durch die Gassen zur **Schifflände** ❷ oder direkt durchs Untertor zum großen Parkplatz. Am oberen Rand des Parkplatzes finden wir den Wegweiser, von dem wir ostwärts weitergehen (Variante: westwärts). Immer den Markierungen folgend passieren wir die neue Schulanlage und gehen auf der Asphaltstraße aufwärts. Bei der Abzweigung der

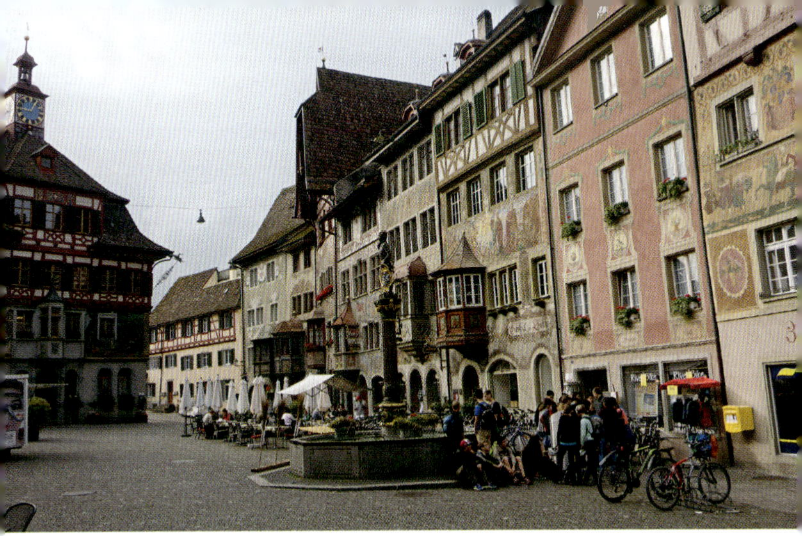

Stein am Rhein.

Zufahrtstraße zur Burg bleiben wir geradeaus. Auf der Straße, beim untersten Weinberg auch über die Abkürzung, gewinnen wir an Höhe und Ausblick und gelangen schließlich beim Hof Bleiki ans Straßenende. Auf dem Wiesenweg gehen wir noch wenig weiter und steigen dann steil gegen den Wald auf. Durch den Wald erreichen wir den Ölberg und damit die Höhe. Dort wandern wir burgwärts mit fantastischen Tiefblicken und erreichen schließlich die **Burg Hohenklingen** ❸ mit einem kleinen Abstieg in den Burggraben (Wendeplattform der Zugangsstraße).
Nach der Burgbesichtigung setzen wir unsere Wanderung dort fort (Variante südwärts direkt in die Tiefe): Wir steigen auf der Nordseite auf einem Pfad kurz zur Straße ab, der wir 20 m aufwärts folgen, um sie gleich wieder nach links auf einer Waldstraße zu verlassen. Aufsteigend gelangen wir zu einer ehemaligen großen Kiesgrube, wo wir gleich links den Pfad finden, der uns zur Wegkreuzung von **Ergeten** ❹ führt. Dort wenden wir uns nach links, gehen wenige Meter auf der Forststraße und schwenken gleich in den Abstiegspfad ein. Etwas sumpfig auf Wildschweinspuren leitet er uns in die Tiefe. Nach einem Querweg wählen wir den rechten Pfad, der uns durch ein Tobel mit Sandsteinflanken abwärts führt. Schon fast zuunterst im Wald finden wir die **Sandsteinhöhlen** ❺. Eine lässt sich mit Licht begehen, und wer sich traut, kann zuhinterst kriechend durch einen schmalen Gang sogar ins Freie gelangen.
Dann ist der Waldrand erreicht, und ein schöner Weg durch die Rebberge führt uns zurück nach **Stein am Rhein** ❶.

↗ 440 m | ↘ 440 m | 15.4 km

37 Wolkensteinerberg

4.00 h

Von Stein a. R. nach Diessenhofen – via Wolkensteinerberg und Bibermüli

Bei der Brücke von Stein am Rhein endet der Untersee und der Hochrhein beginnt. Diese schöne Wanderung schafft zuerst im Aufstieg einen hervorragenden Überblick über diese Gegend, traversiert dann den wunderbaren Rücken des Wolkensteinerberges bis zu einem Aussichtspunkt über den weiteren Verlauf des Rheins. Durch die weite Ebene der Bibermündung erreichen wir eine Stelle, wo der Fluss ganz breit und träge dahinfließt und bei Niedrigwasser Probleme für die Schifffahrt macht. Durch den Grenzwald gehen wir dann auf der deutschen Seite des Hochrheins bis zur Holzbrücke von Diessenhofen.

Im Aufstieg nach Hohenklingen.

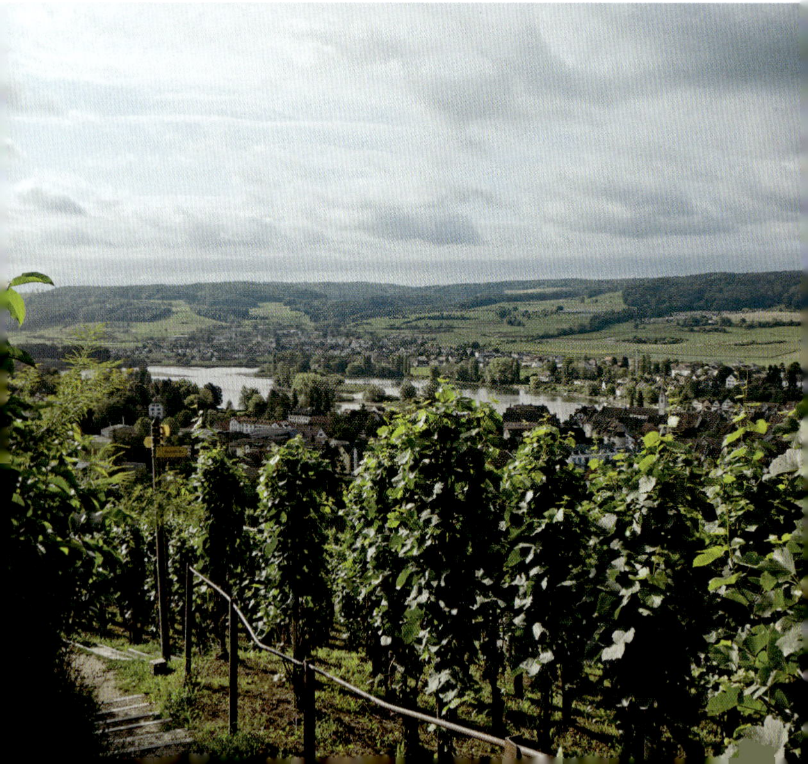

Ausgangspunkt: Stein am Rhein, Bahnhof, 414 m, rsp. Stein am Rhein, Schifflände (Parkplatz und Hst. Bus). Anfahrt: S 8 (Schaffhausen–St. Gallen), S 29 (Winterthur–Stein a. R.), NFB 33 (Singen Htw.–Stein a. R.), NFB 825 (Frauenfeld–Stein a. R.). – Parkplatz gebührenpflichtig in Stein a. R. (auf Westseite des Städtchens bei Schifflände). – Kursschiffe ab Schaffhausen, rsp. Kreuzlingen und Konstanz.
Endpunkt: Diessenhofen, Bahnhof, 410 m, (oder Diessenhofen, Schifflände). Rückfahrt: S 8 (Schaffhausen–Stein a. R. – St. Gallen), NFB 823 (Diessenhofen-Frauenfeld), Kursschiffe nach Schaffhausen, rsp. nach Stein a. R. und Konstanz.
Anforderungen: Teils schmale Waldpfade über den Wolkensteinerberg, sonst Wege und Flurstraßen.
Einkehr: Unterwegs keine; Gastbetriebe in Stein a. R. und auf Burg Hohenklingen, Gastbetriebe in Diessenhofen.
Variante: Von Hemishofen via Rheinufer

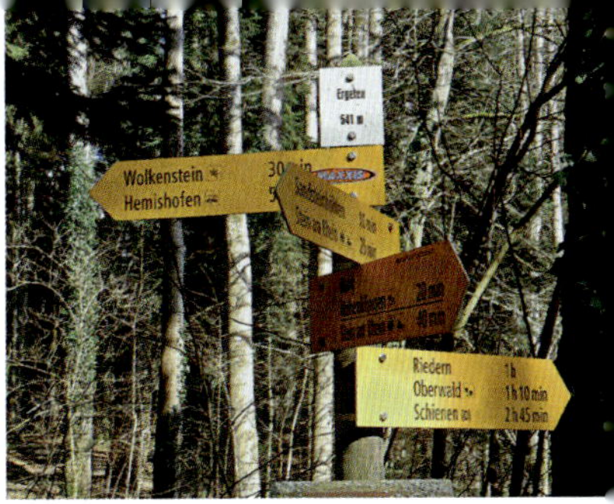

zurück nach Stein a. R.
Hinweis: Die hervorragend renovierte Burg Hohenklingen lohnt einen Besuch wegen der Anlage und wegen der Aussicht vom Turm. Die Besichtigung ist unabhängig von einer Einkehr im Restaurant möglich, aber nur zu den Öffnungszeiten (von Anfang Mai bis Ende September: Mo geschlossen; Oktober bis April: Mo und Di geschlossen; Januar und Februar: Winterpause).

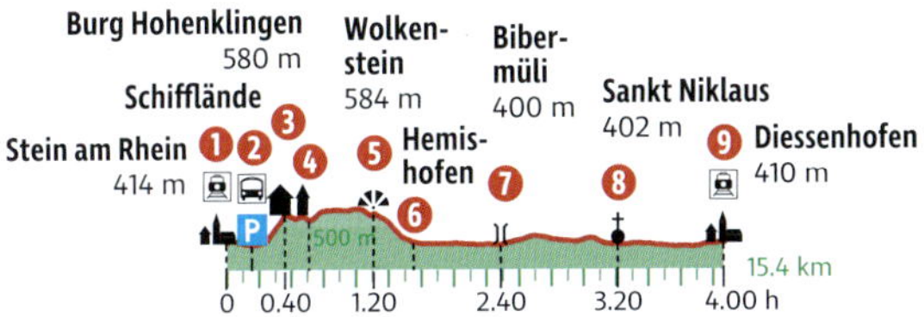

Vom **Bahnhof Stein am Rhein** ❶ gehen wir auf dem bezeichneten Weg zur Brücke, überqueren sie und gehen danach links zur **Schifflände** ❷ oder durchs malerische Städtchen bis zum Untertor.
Unser Weiterweg beginnt beim Wegweiser nördlich über dem großen Parkplatz. Wir gehen dort kurz links – westwärts – und steigen dann auf dem bezeichneten Weg auf. Zuerst durch Quartierstraßen, dann über Treppen erreichen wir die Weinberge über dem Dorf, wo wir einen prächtigen Ausblick über den Untersee gewinnen. Auf schmalem Pfad steigen wir dann in Kehren hinauf zur **Burg Hohenklingen** ❸. Hier können wir links ganz zur Burg hinaufsteigen und sie besichtigen.
Nachher gehen wir auf der Straße abwärts, halten nach links zu den Serviceeinrichtungen und zum Lift des Restaurants, wo wir unsern Weiterweg finden. Auf dem Pfad wandern wir hinunter zur Straße, wo wir kurz rechts aufwärts gehen, um gleich wieder links auf breiter Forststraße anzustei-

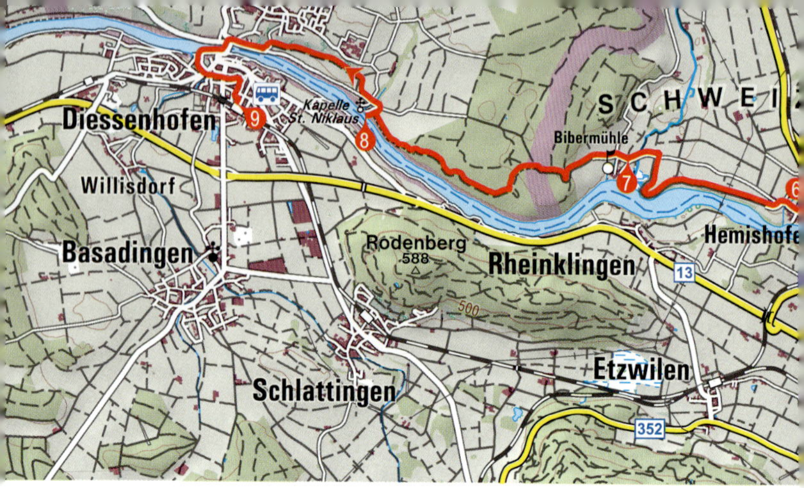

gen. Bei einer ehemaligen Kiesgrube geht es links auf markiertem Weg wieder hinunter zum Pass von **Ergeten** ❹. Dort gehen wir geradeaus und auf bald fantastischem Weg stets über die Grathöhe des **Wolkensteinerberges**, manchmal durch dichten Mischwald, gelegentlich mit Aussicht der Krete entlang. Immer geradeaus gelangen wir schließlich zum vordersten **Sporn** ❺, wo ehedem eine Burg stand, von der aber kaum mehr etwas zu sehen ist. Geblieben ist die weite Aussicht über den Hochrhein, die Bibermündung und zum Hegau.

Für die Fortsetzung kehren wir zurück bis zur Verzweigung mit einer Forststraße, auf der wir nun südwärts absteigen. 5 Min. tiefer geht links eine ebene Piste ab; dort verpassen wir den Abzweig nach rechts auf den markierten Fußweg nicht! Wir steigen durch den Wald ab bis zum oberen Dorfrand von **Hemishofen** ❻ und über Quartierstraßen bis zur Hauptstraße. (Hier kann man nach links zurück nach Stein am Rhein gelangen; siehe Variante.) Wir gehen der Straße entlang nach rechts, bis wir wieder nach links abzweigen können. Wir durchwandern nun das Dorf, bis wir nach der Brücke über den Bach links halten, weiterhin westwärts. Nun müssen wir ein längeres Stück am Rande der weiten Felder hinter uns bringen; ein Gedenkstein errinnert an die Überquerung des Rheins durch napoleonische Truppen (vgl. auch Tour 40).

Erst vor der Mündung der Biber können wir nach links an den Rhein vorgehen und die Flusslandschaft genießen. In einem Bogen landeinwärts überqueren wir auf einer Brücke die Biber. Wir gelangen an den Rand des Gutes **Bibermüli** ❼, das in Privatbesitz ist und einer großen Sammlung von Stundenbüchern Raum bietet. Wir bleiben außen vor und gehen an der Nordseite vorbei. Immer dem Fahrweg folgend erreichen wir die Landes-

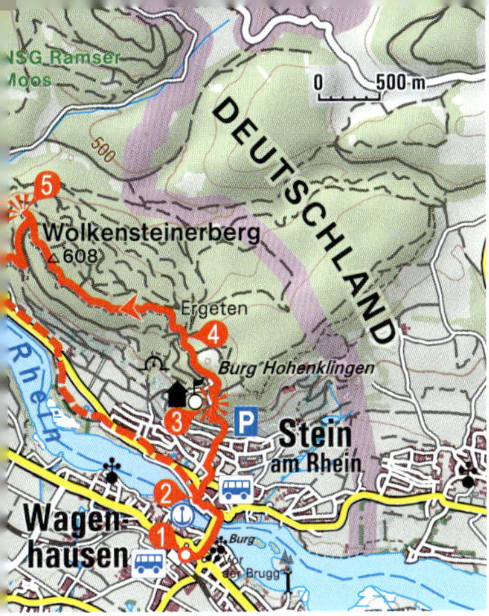

grenze. Wir wenden uns nach links und gehen auf dem bezeichneten Wanderweg weiter. Dann folgen wir wieder einer Waldstraße. Der Wanderweg bleibt längere Zeit auf der Forststraße, bis er schließlich mit einem Pfad nach links durch die Böschung absteigt. Einem Waldrand folgend gelangen wir zur **Kapelle Sankt Niklaus** 8, einer Kostbarkeit aus dem 11. Jahrhundert, die einen Blick durchs Guckloch lohnt.

Danach müssen wir etwas landeinwärts gehen, wo wir gleich ein Fahrsträßchen finden, dem wir nach links folgen. Wer noch zum Schwimmbad und ans Ufer will, bleibt geradeaus auf dem Asphaltsträßchen. Die anderen gehen mit dem Wanderweg am Fuße der Weinberge über eine Flurstraße. Über die überdachte Holzbrücke von **Diessenhofen** gelangen wir ans andere Rheinufer. Nach der Brücke haben wir die Qual der Wahl: entweder entlang der Markierungen des schönen Wanderweges im Bogen via Schifflände und der südlichen Stadtmauer nach, oder hinauf und durchs sehenswerte Städtchen zum **Bahnhof** 9.

Ruine Wolkenstein.

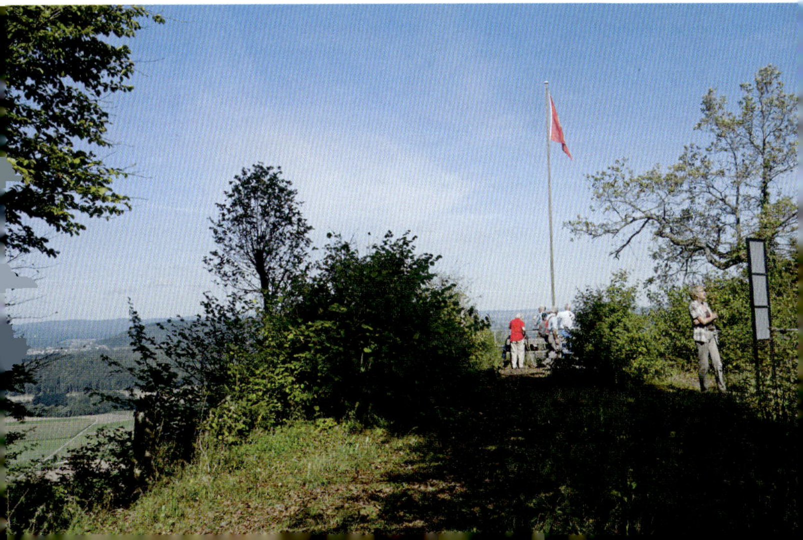

↗ 290 m | ↘ 260 m | 11.7 km

38 Stammerberg

3.00 h

Von Stein am Rhein nach Stammheim – sehenswerte Orte, stiller Wald

Wenn's nach der Sprache ginge, müssten die Stammerinnen und Stammer (die Einwohner von Ober- und Unterstammheim) zu Schaffhausen gehören, allenfalls noch zum Thurgau. Tatsächlich gehören sie zu Zürich, das auf den Höhen des Stammerberges seine äußersten Hochwachten (Ausguckspunkte) platziert hatte. Diese Wanderung steigt von Stein am Rhein gemütlich auf den bewaldeten Moränenhügel, von wo wir weit hinaus in den Hegau und dann weit über das Thurtal blicken. Im Bogen durch gepflegten Wald hinunter nach Oberstammheim besuchen wir noch die Galluskapelle mit ihren wunderschönen mittelalterlichen Fresken und schlendern durch das intakte Riegelhausdorf und entlang der Weinberge nach Unterstammheim.

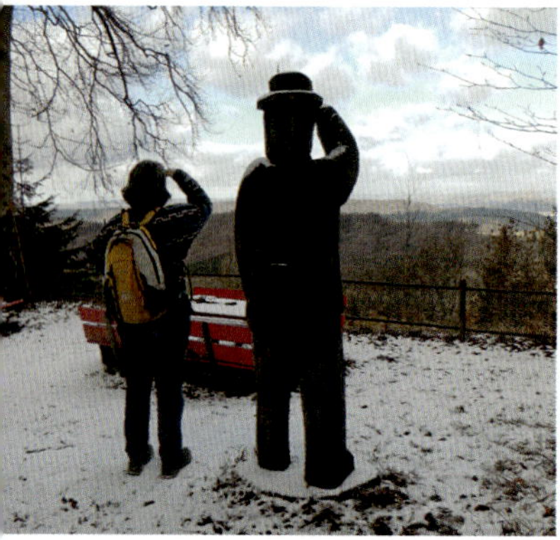

Hegaublick bei Hinterhütten.

Ausgangspunkt: Stein am Rhein, Bahnhof, 414 m. Anfahrt: S 8 (Schaffhausen–St. Gallen), S 29 (Winterthur–Stein a. R.), NFB 33 (Singen Htw.–Stein a. R.), NFB 825 (Frauenfeld–Stein a. R.). – Parkplatz in Wagenhausen oder gebührenpflichtig in Stein a. R.
Endpunkt: Unterstammheim, Haltestelle Adler, 433 m, oder Unterstammheim Station. Rückfahrt: NFB 823 (Frauenfeld–Diessenhofen) und S 8 nach Schaffhausen; S 29 (Winterthur–Stein a. R.).
Anforderungen: In allen Jahreszeiten leichte Wanderung fast durchgehend auf Naturstraßen; die Orientierung auf den vielen Waldstraßen des Stammerberges ist etwas anspruchsvoll.
Einkehr: Unterwegs keine; Restaurants in Stammheim.
Variante: Unmarkierte Runde zum Aussichtspunkt Hinterhütten (Hegaublick): + 40 Min. (Wegbeschreibung im Text).
Hinweise: Propstei Wagenhausen. – Rast- und Feuerstellen. – Alte Säge Stammheim. – Galluskapelle mit Fresken (Beschreibung aufliegend). – Riegelhäuser von Stammheim.

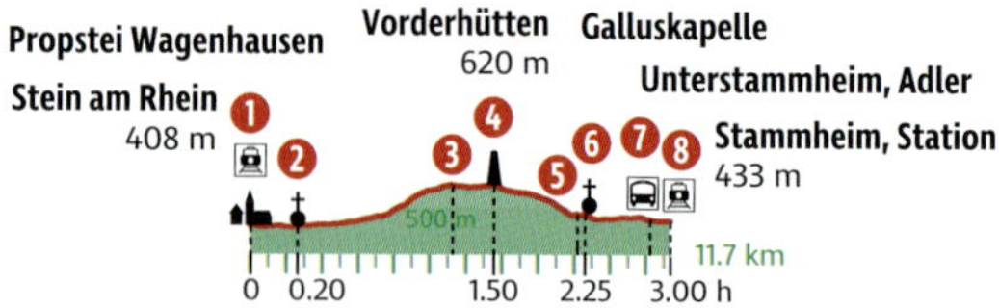

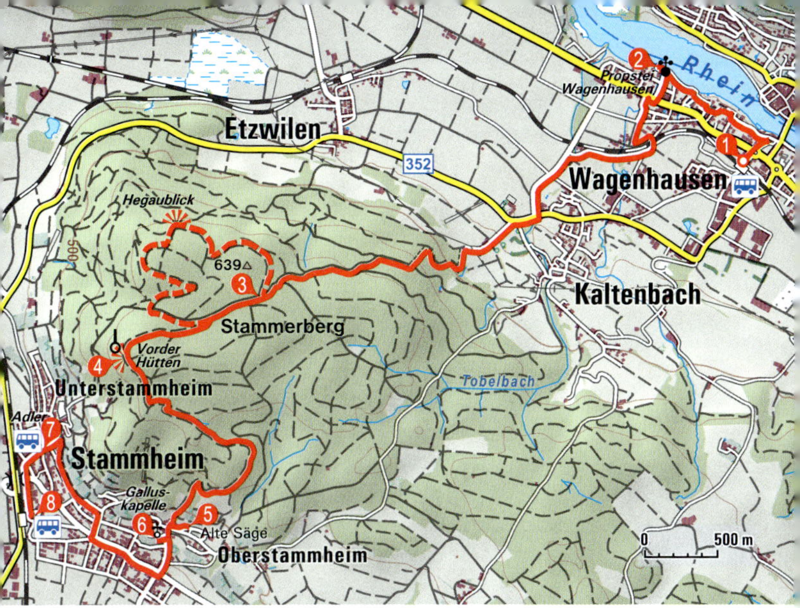

Vom **Bahnhof Stein am Rhein** ❶ gehen wir auf dem markierten Wanderweg zum Rhein und dem Südufer entlang bis zur **Probstei Wagenhausen** ❷, wo wir landeinwärts abschwenken. Die Markierungen des Wanderweges leiten uns zur Bahnunterführung und weiter zum Schulhaus Kaltenbach. Am Waldrand beginnt ein schöner Aufstieg, der uns auf Wegen und Forststraßen auf den breiten Rücken des Stammerberges bringt. Unmittelbar auf der Höhe, wo die Forststraße vor uns lange geradeaus und wieder leicht abwärts führt, beginnt rechts die **Variante** ❸, die uns zum lohnenswerten Aussichtspunkt **Hinterhütten** führt. (Für die Variante geht man stets flach auf Forstpisten weiter, hält einmal rechts und gelangt so zum Aussichtspunkt. Dort nicht absteigen, sondern links auf der Höhe weiter, wieder einmal rechts haltend, bis zur Forststraße im Eschental, einem Geländeeinschnitt. Dort links aufwärts in 5 Min. zum Wanderweg.)
Wer die Variante weglässt, folgt weiter geradeaus der Forststraße. Zur Rechten ist eine lange Sturmlichtung zu bemerken; an deren Ende zweigt der Wanderweg links ab, leicht aufwärts. Knapp 10 Min. später ist der höchste Punkt unserer Wanderung – **Vorderhütten** ❹ – erreicht: Ausgedehnte Rastplätze und der schmucke Holzturm laden zur Rast.
Wir folgen weiter der markierten Route, die nach 1 Min. rechts auf einem Pfad abwärts geht. Wenig tiefer läuft die Route auf einer Forststraße, auf der wir 80 m weiter geradeaus bleiben. (Wir wählen also nicht die erste

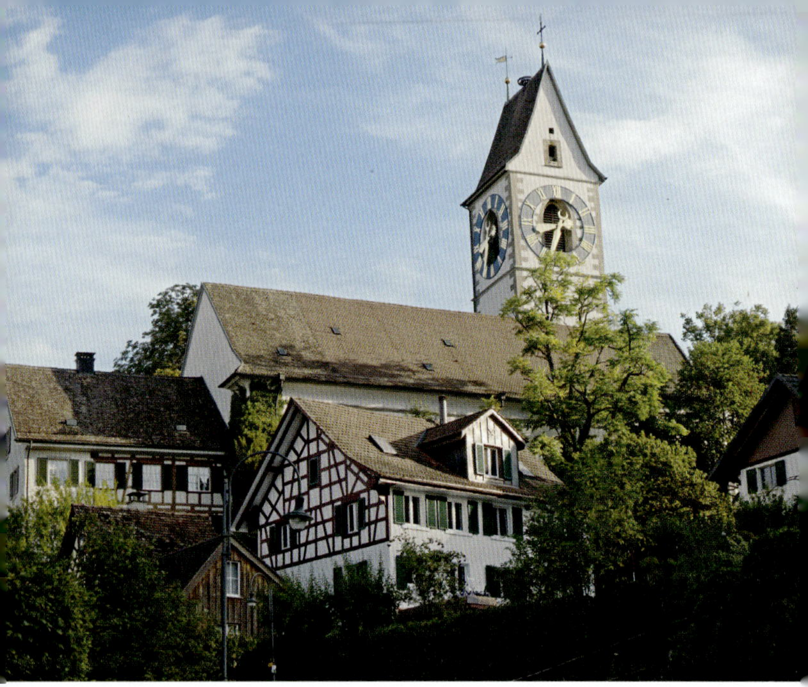

Unterstammheim.

Möglichkeit – mit zwei Zugängen – nach links, sondern erst die vordere!) Hier verlassen wir die markierte Route, gehen links und nach der ersten Kurve gleich wieder rechts. Auf dieser Piste bleiben wir lange geradeaus, wählen bei einer Verzweigung die linke. Wir gelangen an einen Waldrand mit schönem Ausblick, gehen an dessen Ende links in die Tiefe und gleich wieder rechts abwärts. Auf der Talstraße können wir links aufwärts mit wenigen Schritten die alte, noch funktionierende **Säge** 5 besuchen. Sonst steigen wir aus dem Tälchen auf zur **Galluskapelle** 6, deren jahrhundertealte Fresken eine Besichtigung lohnen. Vom Hügel halten wir in der Falllinie hinunter ins Dorf **Oberstammheim**, wo wir nach rechts der Hauptstraße folgen und uns viele stattliche Riegelhäuser beeindrucken. Bei der Post und beim Alters- und Pflegeheim Stammertal steigen wir nochmals kurz hügelan zum Kirchweg, auf dem wir den Weinbergen entlang nach **Unterstammheim** wandern. Beim Wärterhuus gehen wir links über eine Treppe hinunter und zur Ortsmitte (Gemeindehaus, Läden, Restaurant). Hier befindet sich auch die **Postautohaltestelle Adler** 7. Wer zur **Bahnstation** 8 weitergeht, erreicht diese den Schildern folgend in gut 5 Min.

↗ 300 m | ↘ 300 m | 15.6 km

4.00 h

Ramsen – Herblingen

Grenzüberschreitendes Querfeldein – Wald, Weite und Wellen

Viel Wald über dem Rauhenberg, weite Aussichten über Gailingen und bis Dörflingen, verlandende Toteisseen zwischen Dörflingen und Herblingen – diese Tour vom Unteren Kantonsteil zum Rand der Hauptstadt zeigt vielfältige und entdeckenswerte Seiten der Gegend. Es ist eine hüglige, weiche Landschaft im Grenzgebiet zwischen Schaffhausen und dem Hegau, stark bewaldet im Wechsel mit Wiesen und Äckern, geformt von Eis und Wasser.

Ausgangspunkt: Ramsen, Brücke, 410 m. Anfahrt: Regionalbus 25; Südbadenbus 7349 (Singen–Stein a. R.) bis Ramsen, Haltestelle Sonne. – Parkplatz bei Schul- und Sportanlage.
Endpunkt: Schaffhausen-Herblingen, Haltestelle Neutal, 432 m. Rückfahrt: Stadtbus 5.

Anforderungen: Ausdauer und Orientierungssinn, Flurstraßen und Waldpfade ohne Schwierigkeit.
Einkehr: Keine.
Variante: Die Tour kann in Dörflingen abgebrochen werden (Regionalbus 25 nach Schaffhausen oder zurück nach Ramsen).

Wir beginnen nicht in Moskau und auch nicht in Petersburg, wie östliche Ortsteile von **Ramsen** tatsächlich heißen, sondern bei der **Brücke** ❶ über die Biber am westlichen Dorfrand. Bei der Verzweigung im Weiler Vor der Brugg halten wir uns rechts und wandern auf dem Asphaltsträßchen durch die Ebene. Nach dem Schützenhaus leitet uns der Wanderweg links aufwärts. Der befahrbare Flur- und Wiesenweg bringt uns schließlich zur Naturstraße, die von Buch her gegen den Hügel hinaufführt. Wir wenden uns auf ihr scharf links und steigen an. Immer dem Wanderweg folgend, der weit nach Westen ausholt, gelangen wir im Wald über eine Forststraße, dann auf einem Pfad hinauf zum Aussichtspunkt **Bucher Säntis** ❷ und 80 m höher zur Landesgrenze. Wer mag wendet sich hier links und geht in 10 Min. noch zum **Ramser Blick**, einer Aussichtsstelle mit Rastplatz.

Verlandende Toteisseen – der Morgetshofweiher.

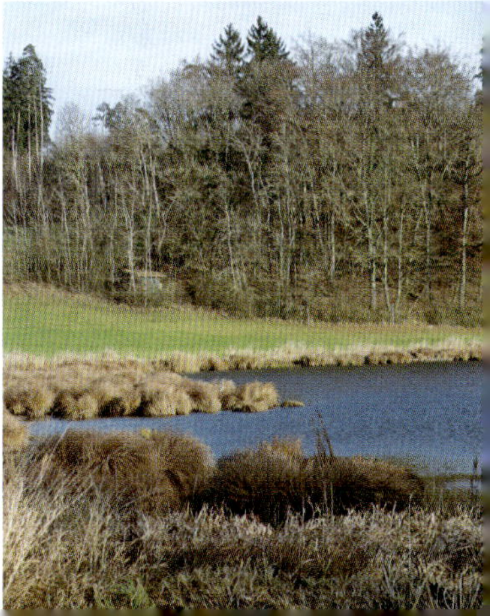

Der Weiterweg folgt über dem Bucher Säntis nun der Forststraße westwärts, bis wir eine Asphaltstraße erreichen, die zu den Kliniken Schmieder führt. Wir überqueren sie und folgen den Wegmarkierungen durch den Wald

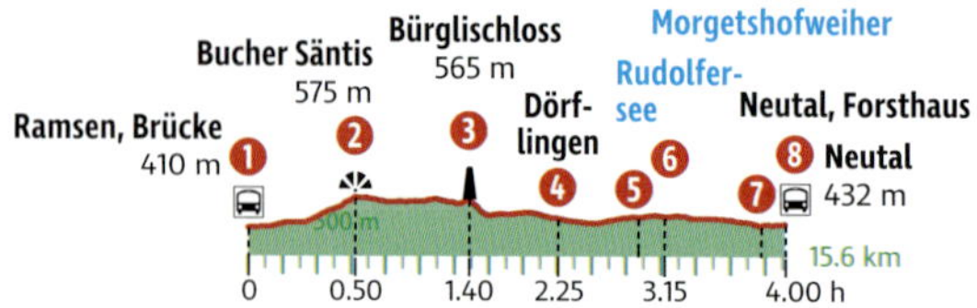

über den Kliniken. 10 Min. nach der Straße gelangen wir im Wald zu einer ebenen Stelle, wo wir links zum **Bürglischloss** ❸ aufsteigen können. Der kleine Holzturm lässt uns weit nach Süden zu den fernen Alpen blicken. Nachher gehen wir ein paar Meter auf dem Weg zurück und wenden uns am Fuße der Holzstufen nun links auf einen schönen schmalen Pfad. Er leitet zunächst eben ein Stück um den Burghügel herum und wendet sich dann abwärts. In angenehmen Schleifen führt er uns hinunter zu einer Kurve der Straße von Gailingen nach Randegg. Links befindet sich der jüdische Friedhof (siehe Tour 42). Wir aber wenden uns nach rechts, überqueren die Straße in der Kurve und finden jenseits eine ebene Flurstraße, die wir einschlagen. Immer geradeaus folgen wir dem aussichtsreichen Waldrand bis über **Dörflingen** ❹, das wir auf unserer Route nur am Rande betreten. Wir überqueren die Hauptstraße geradeaus, gehen weiter vorn mit der Quartierstraße kurz rechts, gleich wieder links und wandern in der gleichen Richtung wie seit Gailingen, alles geradeaus nordwestwärts. Eine halbe Stunde nach Dörflingen läuft der Weg leicht ansteigend in einen Wald. Einige Querwege lassen wir unbeachtet, bis wir zu einer Stelle kommen, wo unser Weg sich gabelt: Etwas nach links läuft der Wanderweg weiter, wir aber gehen auf der etwas mehr befahrenen Straße mehr rechts. Im

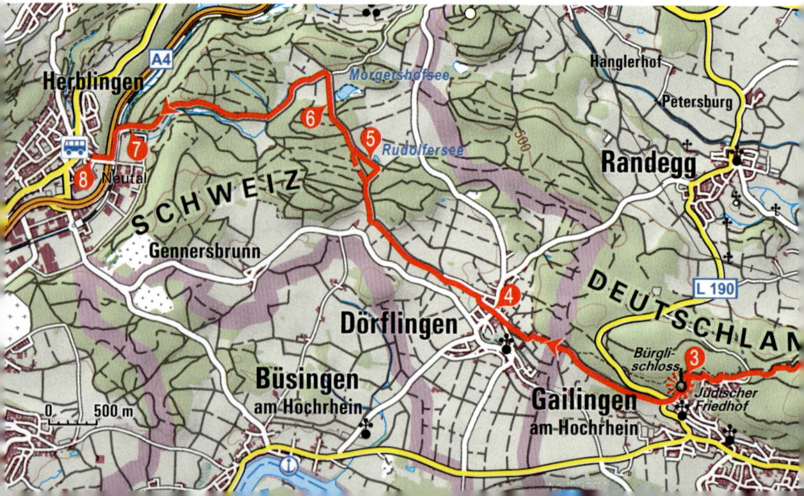

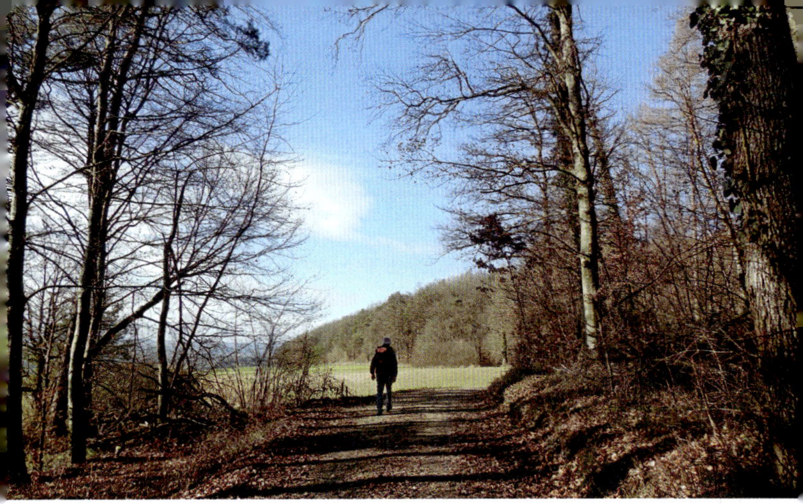

Zwischen Gailingen und Dörflingen.

Wald überqueren wir eine kleine Moräne und gelangen an eine Waldecke. Hier wenden wir uns nach links und erreichen gleich den verlandenden **Rudolfersee** 5: ein herrliches Biotop, wo uns einige Tafeln Informationen vermitteln. Wir gehen geradeaus weiter und gelangen so wieder auf den Wanderweg. Diesem folgend kommen wir zum zweiten der Toteisseen, dem etwas größeren **Morgetshofweiher** 6. Er lässt sich auch umrunden. Dann steigen wir auf dem Wanderweg vom See auf zu einer betonierten Schutzhütte mit Bänkli und Kirschbaum davor. Hier wenden wir uns nach links. Wir laufen auf der Naturstraße durch das Tälchen der Pfaffenwiesen bis zum »Gwölb«, einer Schutzhütte, die uns ihr offenes Gewölbe anbietet. Weiterhin geradeaus wandern wir leicht abwärts durch das Tal. In einer Rechtskurve der Naturstraße bleiben wir geradeaus auf dem Wanderweg, der uns entlang von Schrebergärten, schließlich am Rande einer Finnenbahn zum **Forsthaus Neutal** 7 und seinem großen Vorplatz führt. Wir sind jetzt im Herblingertal; gleich rechts befindet sich ein interessanter, sehenswerter geologischer und botanischer Lehrpfad. Für den Abschluss folgen wir der Straße südwärts, überqueren auf der Brücke Eisenbahn und Schnellstraße (vor Überquerung der Schnellstraße: links Weg zur Bahnstation Herblingen) und gelangen zu einer Straßenverzweigung. Links geht es zu einem großen Einkaufszentrum, geradeaus gleich zur nächsten **Bushaltestelle Neutal** 8.

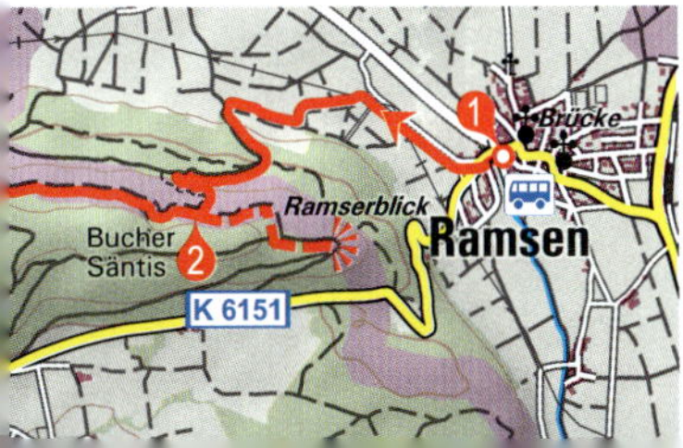

↗ 220 m | ↘ 220 m | 9.2 km

40 Rodäberg

2.20 h

Über den strategischen Berg und dem Hochrhein entlang

Am 1. Mai 1800 ließ General Lecourbe 30.000 Mann der napoleonischen Armee über den Rhein setzen und befehligte die Aktion vom Rodäberg aus, wo er einen hervorragenden Überblick besaß. Unsere Wanderung steigt durch schönen Wald zur Stelle seines Befehlsstandes, wo wir in zum Glück friedlichen Zeiten den Ausblick in den Hegau und über den Hochrhein genießen. Zu diesem wandern wir hinunter und stets seinem Ufer nach bis Diessenhofen mit seiner sehenswerten Holzbrücke und Altstadt.

Ausgangspunkt: Schlattingen, Bahnhof, 419 m. Anfahrt: S 8 (Schaffhausen–St. Gallen), NFB 823 (Diessenhofen-Frauenfeld). – Parkplatz in Schlattingen.
Endpunkt: Diessenhofen, Bahnhof (oder Diessenhofen, Schifflände). Rückfahrt: S 8 (Schaffhausen–Stein a. R. – St. Gallen), NFB 823 (Diessenhofen–Frauenfeld). – Kursschiffe nach Schaffhausen, rsp. nach Stein a. R. und Konstanz.
Anforderungen: Leichte Wanderung auf guten Wegen.
Einkehr: Gasthaus Schupfen (Mo, Di geschlossen), Sommerkioske am Rhein mit Bademöglichkeit, Gastbetriebe in Diessenhofen.
Hinweis: Diessenhofen zeigt eine sehr sehenswerte mittelalterliche Altstadt aus der Kyburgerzeit mit vielen schönen Häusern, Türmen und der Stadtmauer.

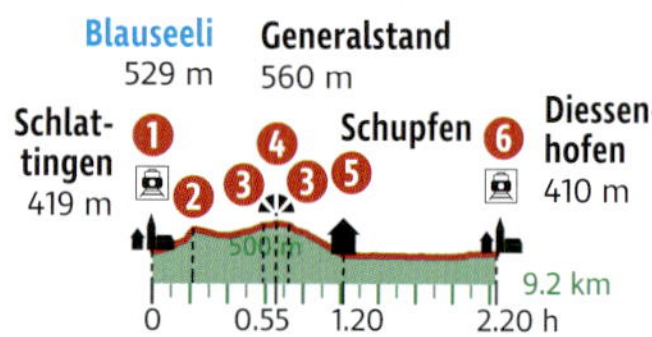

Die Brücke von Diessenhofen.

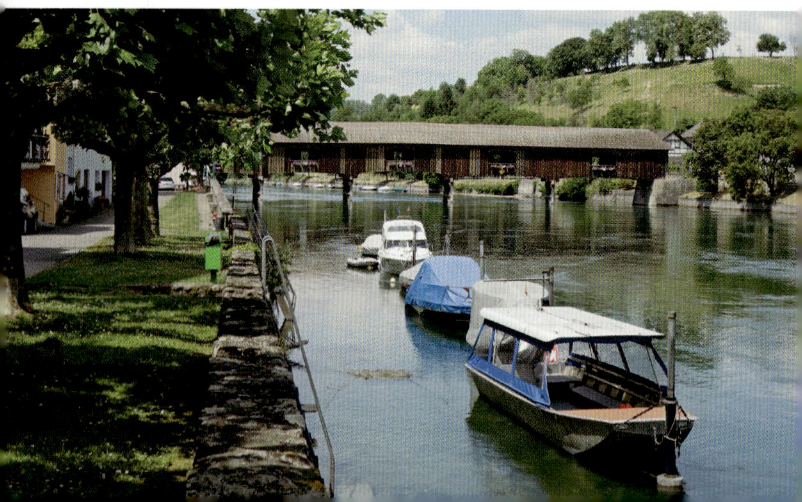

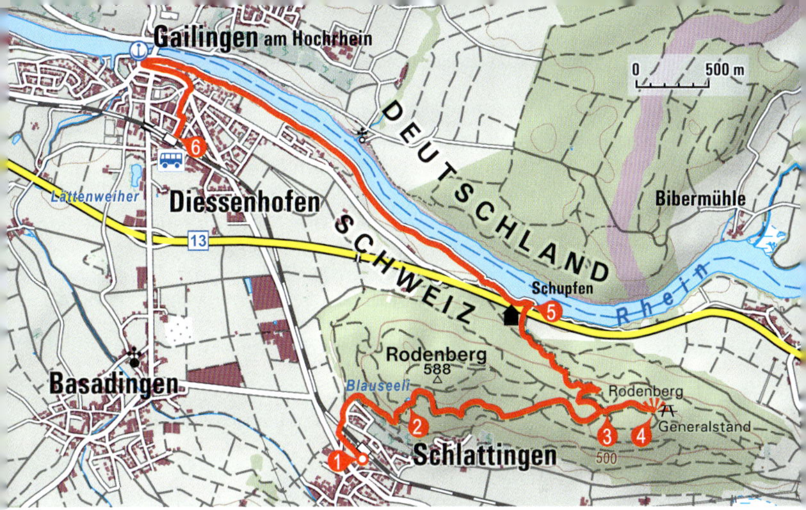

Vom **Bahnhof Schlattingen** ❶ folgen wir nordostwärts den Geleisen und gehen durch die Straßenunterführung. Im Bogen aufsteigend gelangen wir über die Weinberge oberhalb des Dorfes. Ein schöner Weg bringt uns dann hinauf zum idyllischen **Blauseeli** ❷. Wir gehen rechts gut 10 Min. auf einer alten grünen Forststraße, dann auf einer Naturstraße aufwärts. Auf einer Höhe halten wir rechts und steigen auf dem Fahrrütiweg aufwärts bis zum Verzweig **Rodenberg** ❸. Hier wandern wir noch 5 Min. weiter bis zum **Generalstand** ❹.

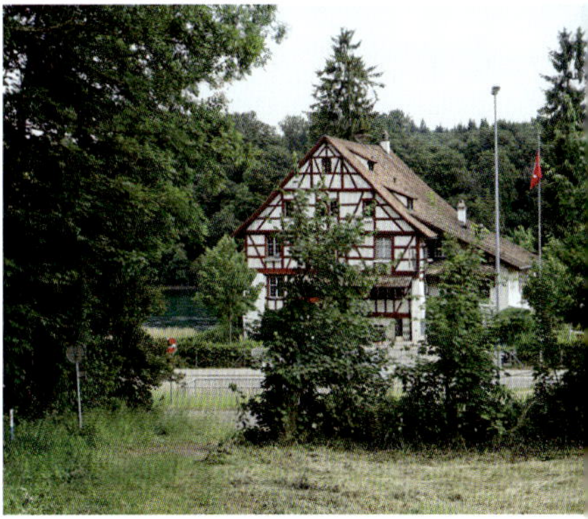
Gasthaus Schupfen.

Nach der Rast kehren wir zurück zum Wegweiser **Rodenberg** ❸ und gehen nun rechts. Der etwas überwachsene Pfad bringt uns zu einer Forststraße, wo wir kurz rechts zu einer Lichtung und dort wieder links abwärts gehen. Ein angenehmer Weg führt uns hinunter zum **Schupfen** ❺ am Rheinufer. Wir wenden uns nach links und folgen immer unmittelbar dem Ufer bis nach **Diessenhofen**. Von der Brücke gehen wir entweder auf dem signalisierten Wanderweg via Schifflände und Stadtmauer oder direkt hinauf durchs Städtchen ostwärts und finden so den Weg zum **Bahnhof** ❻.

TOP

41 Schaarewies

↗ 50 m | ↘ 50 m | 10.3 km

2.30 h

Am Rheinufer von Diessenhofen nach Schaffhausen – ein altes Paradies

Immer dem Ufer des Rheins nach führt diese wunderschöne Wanderung auf angenehmen Naturwegen durch ausgedehnten Wald und die wunderbaren, botanisch reichhaltigen Riedwiesen im Schaaren zur ehemaligen Klosteranlage Alt-Paradies. Hier lässt sich im Sommer mit der Fähre auf die Nordseite des Rheins wechseln und durch den Uferpark des Lindli nach Schaffhausen wandern. Sonst geht man weiter dem Wasser nach auf den Uferbefestigungen nach Feuerthalen und auf der Straße nach Schaffhausen.

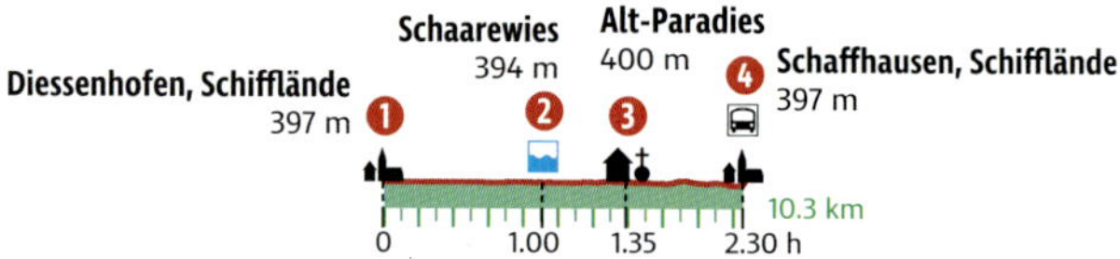

Ausgangspunkt: Diessenhofen, Schifflände, 397 m. Anfahrt: S 8 Schaffhausen–Diessenhofen (vom Bahnhof in 15 Min. auf bezeichnetem Wanderweg zur Schifflände). – Schiff URh Schaffhausen–Diessenhofen. – Diverse ausgeschilderte Parkplätze.
Endpunkt: Schaffhausen, Schifflände, 391 m. Rückfahrt: Entsprechend Anfahrt.
Anforderungen: Einfache Flachwanderung, teils waldwurzelig, schattig im Sommer; bei Hochwasser kann ein etwas höher gelegener markierter Alternativweg begangen werden.
Einkehr: Diessenhofen, Cafeteria St. Katharinental, Speiserestaurant Alt-Paradies, Schaffhausen.
Variante: Im Sommerhalbjahr Fähre beim Alt-Paradies und Fortsetzung der Wanderung auf der anderen Rheinseite.
Hinweise: Sehenswerte Altstadt Diessenhofen. – Barockkirche St. Katharinental (selten geöffnet, Tel. +41 (0)58 345 67 11). – Unterwegs einige Lagerplätze mit Feuerstellen, vielerorts freier Zugang zum Rhein. – Hinweistafeln zu Natur und Militärgeschichte. – Sibirische Schwertlilienblüte im Schaaren (Mai, Juni). – Das Klostergut Alt-Paradies gehört einer Stiftung und lässt sich beim Vorbeiwandern nur beschränkt besichtigen.

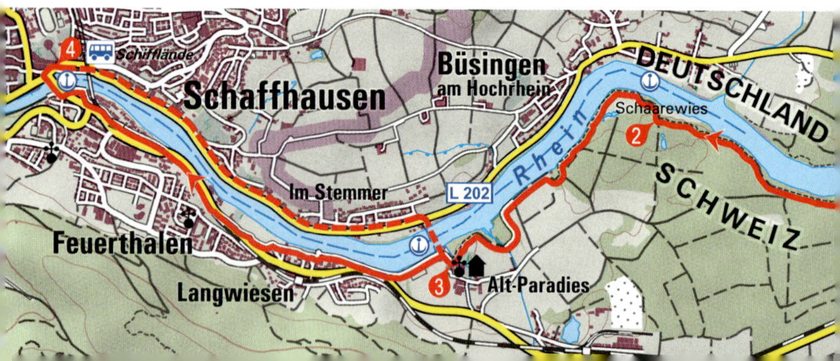

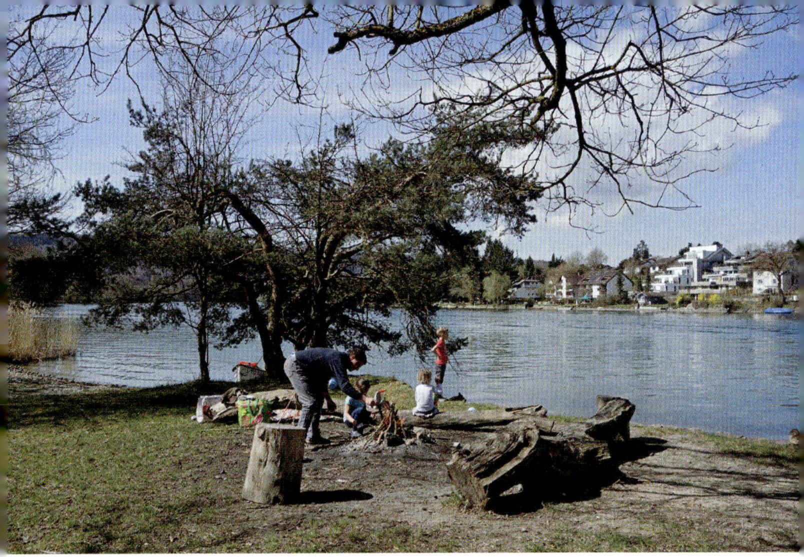

Im Schaaren.

Von der **Schifflände Diessenhofen** ❶ folgen wir stets dem Wanderweg dem Rheinufer nach westwärts und erreichen bald die Anlagen des ehemaligen Klosters Sankt Katharinental, die heute eine Klinik beherbergen. Die hervorragende Barockkirche ist nur an wenigen Nachmittagen und für gelegentliche Konzerte geöffnet. Nach dem kurz darauf folgenden Freibad beginnt der Pfad durch den Uferwald. Meist ebenaus, manchmal in kleinem Auf und Ab leitet er uns bis zu den ausgedehnten Uferwiesen im **Schaaren** ❷ (teils Naturschutzgebiet). Ein kurzes Stück auf einer Feldstraße führt zur Rast- und Badewiese (Petriwiese) von Schlatt. Danach wird ein geschütztes Sumpfgebiet etwas landeinwärts umgangen und so das **Klostergut Alt-Paradies** ❸ erreicht. Gleich nach dem Restaurant trennen sich die beiden Varianten. Wer nicht die Fähre benutzt, folgt ein kurzes Stück der Asphaltstraße und findet dann die Fortsetzung des Uferwegs nach Langwiesen. Nach dem Campingplatz muss auf die Uferstraße aufgestiegen werden. Dieser folgend und über signalisierte Quartierwege gelangt man zur Rheinbrücke und hinüber zur **Schifflände Schaffhausen** ❹.

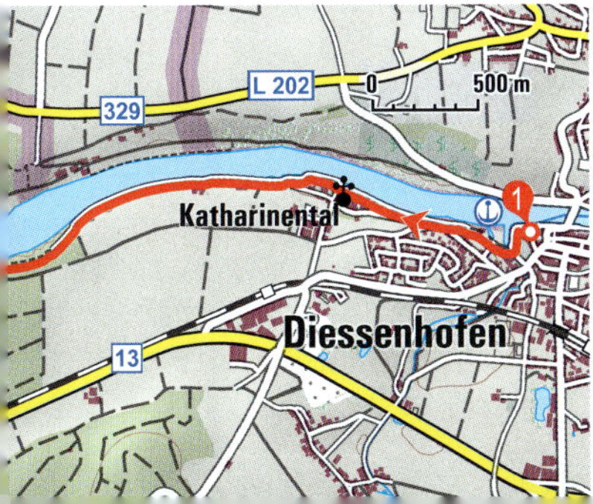

↗ 240 m | ↘ 240 m | 9.9 km

42 Gailingen

2.50 h

Rundtour bei Dörflingen: weitsichtiger Waldrand – stiller Rhein

Das ganze Jahr durch ist das eine schöne Gehrunde, ganz besonders aber an einem klaren Tag im Winterhalbjahr, wo die tiefstehende Sonne die Waldränder wärmt und der Blick so weit und frei über all die Hügelketten hin zu den fernen Bergen schweift. Über Dörflingen und vom Bürglischloss in Gailingen genießen wir Überblick und Fernsicht. Der Ort bewahrt die Erinnerung an die Zeit, in der Gailingen eine lebendige und große jüdische Gemeinde war. Zurück geht's dem Rhein nach, der hier ein paar Hundert Meter weit zu Dörflingen gehört und ein wunderschönes Stück Ufer zeigt. Ein lang gezogener Feldweg bringt uns wieder zum Dorf.

Ausgangs- und Endpunkt: Dörflingen, Kirche, 447 m. Anfahrt: Regionalbus 25 (die Kurse nach und von Ramsen fahren die Haltestelle Kirche nicht an – Haltestelle Post benützen und in 5 Min. der ebenen Straße nach zur Kirche). – Parkplatz vor Kirche.
Anforderungen: Leicht, durchgehend auf schönen Flurstraßen und Pfaden.
Einkehr: Gastbetriebe in Gailingen, Restaurant Waldheim (Mi geschlossen).
Variante: Über die Rheinbrücke nach Diessenhofen (schöne Altstadt, Schiffhaltestelle, Bahnhof).
Hinweise: Zeugen der jüdischen Geschichte von Gailingen: Gedenkstätte bei ehemaliger Synagoge im Ortszentrum, jüdischer Friedhof (Schlüssel und Verhaltenskodex bei der Gemeindeverwaltung).

Dörflingen mit dem Buck.

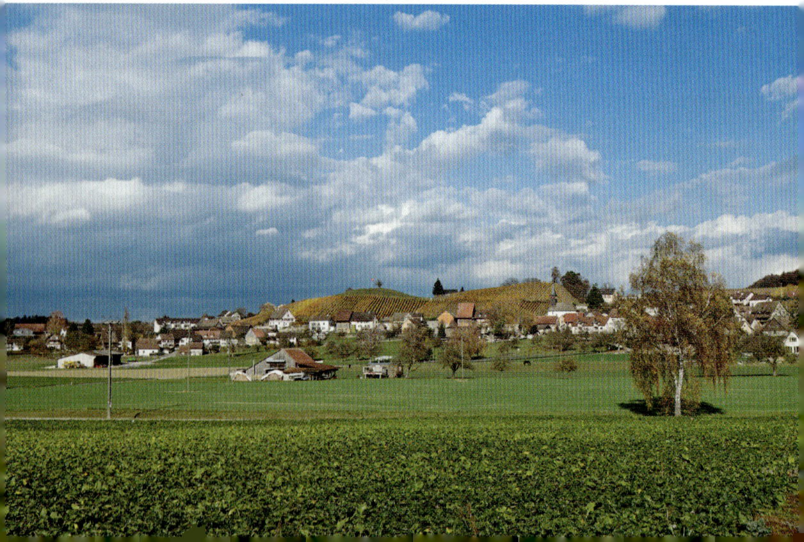

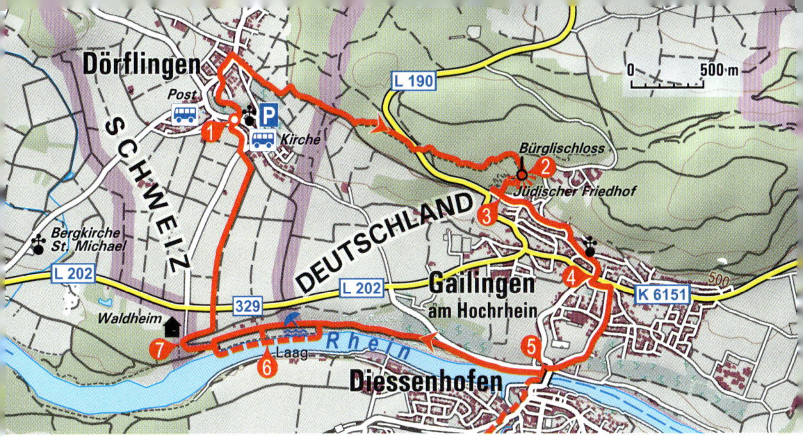

Wir steigen die Treppe neben der **Kirche** von **Dörflingen** ❶ hinauf und gehen gleich bei der ersten Möglichkeit links durch die Rebberge zum Buck, einem Aussichtspunkt, der den kleinen Abstecher lohnt. Der Wanderweg läuft um den Hügel herum und in eine Quartierstraße, wo wir links zur Hauptstraße gehen und dieser für knapp 200 m folgen. Beim Wanderwegweiser halten wir wieder rechts durch eine Quartierstraße südostwärts und am Dorfende geradeaus hügelan.

Wir folgen den Feldstraßen hinauf zum Waldrand, wo wir eben weitergehen. Ein Stück nach der Landesgrenze verläuft der Weg durch eine Waldpartie. Beim nächsten Wegweiser gehen wir links auf einen Waldweg aufwärts. Es folgt ein kurzes mühsames Wegstück, weil Pferde und Wildschweine den Boden schmierig-morastig getreten haben. Wir kommen zur Verbindungsstraße Randegg–Gailingen, wo recht schnell gefahren wird. Wir überqueren sie entsprechend vorsichtig und gehen jenseits weiter durch den Wald aufwärts auf nun angenehmem Weg.

Bald schwenkt der Pfad horizontal nach rechts, dann leicht abwärts und wieder hinauf. Etwa 10 Min. nach der Straße gelangen wir zu einem kleinen ebenen Platz im Wald, wo wir beim Wegweiser rechts gehen. Der Pfad bringt uns geradeaus über Holzstufen hinauf zum **Bürglischloss** ❷ mit seinem Holzturm. Eine grandiose Aussicht und schöne Tiefblicke über den Rhein erwarten uns dort.

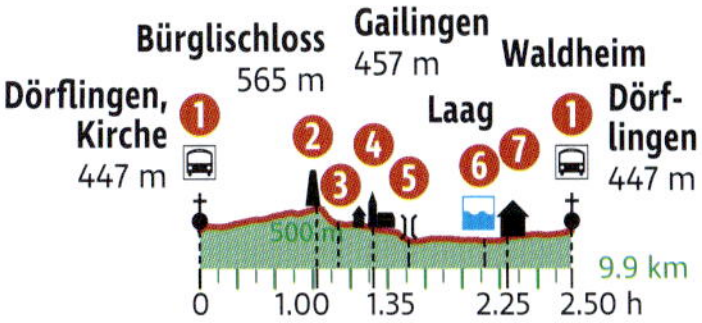

Für den Weiterweg wandern wir zuerst gleichenwegs zurück, am Fuße der Holzstufen aber links. Der Pfad läuft eben halb um den Burghügel und dann in Serpentinen durch den Wald hinunter zu einer Straßenkurve. Dort gehen

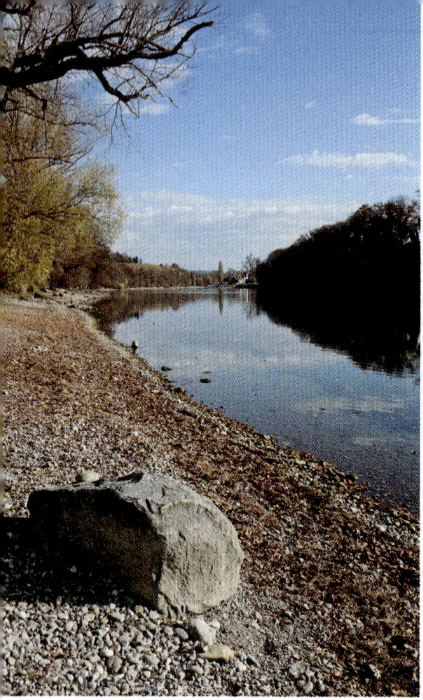

Niedrigwasser am Rheinufer bei Laag.

wir links flach weiter und erreichen gleich den großen **jüdischen Friedhof** ❸ (Schlüssel in der Gemeindeverwaltung in der Ortsmitte).
Wir folgen weiter der ebenen Quartierstraße bis zur Kirche, an der wir vorbeigehen. So gelangen wir zur Hauptkreuzung in der Ortsmitte von **Gailingen** ❹. Wir wandern geradeaus auf der Straße Richtung Diessenhofen, halten aber 25 m später schon wieder nach links und gehen unter dem Parkhaus durch. So gelangen wir zum ehemaligen jüdischen Schulhaus. Gleich daneben liegt die Erinnerungsstätte an die Synagoge, die hier stand.
Dann folgen wir weiter der Straße, achten gut auf die Wandermarkierungen und gehen rechts auf einer Quartierstraße südwärts. An deren Ende beginnt ein asphaltierter Gehweg, der uns zur gedeckten **Holzbrücke** ❺ zwischen Gailingen und Diessenhofen bringt.
Wir bleiben diesseits, gehen rheinabwärts weiter und müssen dabei 600 m weit der Straße folgen und mit dieser ein Stück ansteigen. Dann können wir links auf eine Naturstraße einschwenken. Durch die Bäume sehen wir auf der anderen Rheinseite das Kloster Sankt Katharinental (Tour 41). Schließlich führt der Weg durch ein Waldstück. An dessen Ende oder dann erst auf halbem Weg zum Gehöft, das vor uns liegt, können wir vom Weg nach links zum Rheinufer bei **Laag** ❻ gehen zum Rasten oder Baden oder Steine stellen ... ein ruhiger Ort.
Beim Gehöft verlassen wir das Rheinufer und steigen kurz über das Asphaltsträßchen auf gegen das **Restaurant Waldheim** ❼, wo die Landesgrenze mitten über die Terrasse läuft (Tour 43). Noch vor dem Haus beschreibt die markierte Route eine spitze Kurve nach rechts und geht auf einer Naturstraße vollends auf die Höhe zu einer Baumgruppe. Dort genießen wir nochmals die Blicke über den Hochrhein, bevor wir die erste Feldstraße nach links nehmen. Wir überqueren vorsichtig die Landstraße und gehen immer geradeaus auf einem Feldweg gegen **Dörflingen** ❶. Wir halten links und gelangen so wieder zum Ausgangspunkt bei der **Kirche**. Je nach Busfahrplan können wir noch zur Haltestelle Post gehen.

3.20 h

Büsinger Exklavenweg

Lustige Grenzkuriositäten und gediegene Rheinuferwege

Exklave oder Enklave? Aus Deutschland ausgeschlossen oder aus der Schweiz? In Büsingen ist vieles verwirrlich und speziell: Jedenfalls ist die deutsche Ortschaft durch den wechselhaften Lauf der Geschichte rings von Schaffhausen umgeben und intensiv damit verbunden. Bis vor Kurzem stand die schweizerische Telefonkabine neben der deutschen Sprechstelle, es gibt zwei Postleitzahlen für das gleiche Postamt ... viele Einmaligkeiten prägen diese Staatsinsel. Ein eigens ausgeschilderter »Exklavenweg« lässt die Besonderheiten entlang von elf Posten mit Hinweisschildern erwandern und erleben. Überdies wird auch ein schöner Abschnitt des Hochrheinufers begangen, teils im Hinweg ab Schaffhausen gestaltet als hervorragender Park (»Lindli«), teils naturbelassen mit Möglichkeiten zum direkten Wassererleben (»Rheinhölzle«). Eine abwechslungsreiche Runde! Und wenn Sie unvermittelt einem Kamel oder einem Esel begegnen, sind Sie nicht im falschen Film, sondern eben ... in Büsingen!

Ausgangspunkt: Schaffhausen, Schifflände, 391 m. Anfahrt: Ab Bhf. SH 10 Min. Fußmarsch durch die Altstadt; Stadtbus 5 bis »Schifflände«. – Kostenpflichtiges Parkhaus Schifflände.
Endpunkt: Büsingen Zentrum, Haltestelle Bürgerhaus, 394 m. Rückfahrt: Bus 25 (Ramsen–)Dörflingen–Schaffhausen (bis Schifflände oder direkt bis zum Bahnhof).
Anforderungen: Gebaute Wege und Pfade, im Rheinhölzle beim östlichen Wendepunkt der Tour auch holprigwurzlig und kurzer steiler Anstieg.
Einkehr: Vielfältige Angebote bei der Schaffhauser Schifflände, Sommerkiosk im Lindli, in Büsingen (diverse im Ort, alte Rheinmühle für gehobene Ansprüche, Kiosk beim Schwimmbad), am Wendepunkt: Restaurant Waldheim, wo die Grenze mitten durch die Gartenterrasse läuft (aktuell geschlossen, Wiedereröffnung noch unklar).
Varianten: 1. Mit Bus 25 bis Büsingen Bürgerhaus anfahren. – Tour abbrechen nach Waldheim: 3 Min. nördlich Haltestelle Dörflingen Laag (Fahrplan beachten!). – 2. Rückfahrt mit Rheinschiff ab Büsingen (nur wenige Fahrten im Sommerhalbjahr).
Hinweis: Vielfältige Zugänge zum Rheinufer: Spiel-und Bademöglichkeiten.

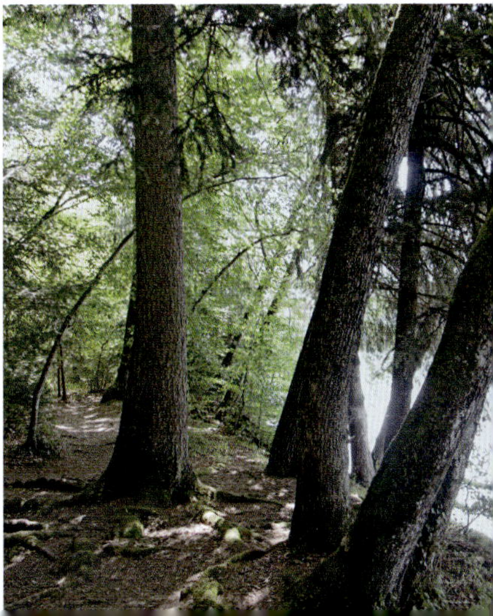

Im Rheinhölzle.

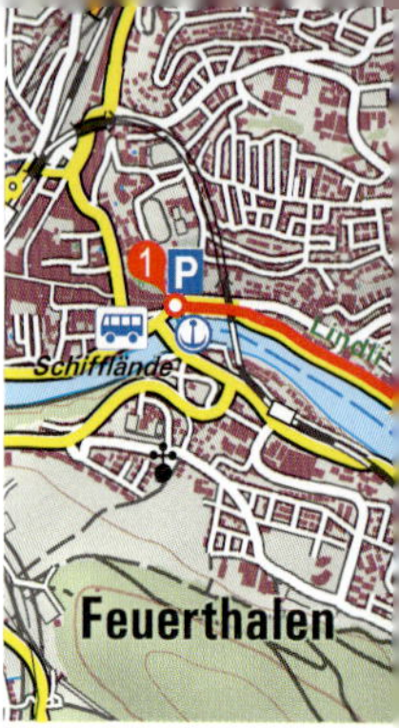

Wir folgen von der **Schifflände Schaffhausen** ❶ der Uferpromenade, passieren den Salzstadel und erreichen bald das wunderbare Arboretum Lindli mit seinem alten und vielfältigen Baumbestand unmittelbar am Rheinufer. Bei der Rhyhalde gelangen wir zur Grenze und folgen kurz dem Gehsteig, dann einem Gehweg entlang der Straße. Rechter Hand führte eine **Fährmöglichkeit** ❷ hinüber zum ehemaligen Kloster Alt-Paradies (vgl. Tour 41).
200 m weiter, noch vor der Kläranlage, überqueren wir vorsichtig die Hauptstraße, steigen hangaufwärts und wenden uns auf dem ersten Querweg 20 m links, um gleich wieder aufzusteigen. Wir erreichen auf der ersten Höhe ein Asphaltsträßchen und folgen ihm nach rechts einem Waldrand nach. Immer geradeaus den Rauten des Wanderwegs folgend gelangen wir so nach **Büsingen** ❸ zum Dorfplatz.
Hier beginnt der ausgeschilderte Exklavenweg. Er führt uns zunächst zur alten Rheinmühle zurück, dann kurz der Hauptstraße nach. Bald können wir nach halb rechts durch eine Dorfstraße weitergehen und so zur Schiffanlegestelle gelangen. Ab hier folgen wir dem schmalen Uferpfad. Die Badeanstalt müssen wir entlang des Zaunes umgehen. Dann leitet uns der Pfad ein Stück landeinwärts, damit wir das Mündungsdelta des Strudelbachs nicht durchwaten müssen. Nach der Brücke bleiben wir kurz auf der Asphaltstraße und gehen dann wieder rechts zum Rheinufer. Wir folgen dem Feldweg entlang des Waldrandes und können dann rechts zum

Restaurant Waldheim mit der Landesgrenze.

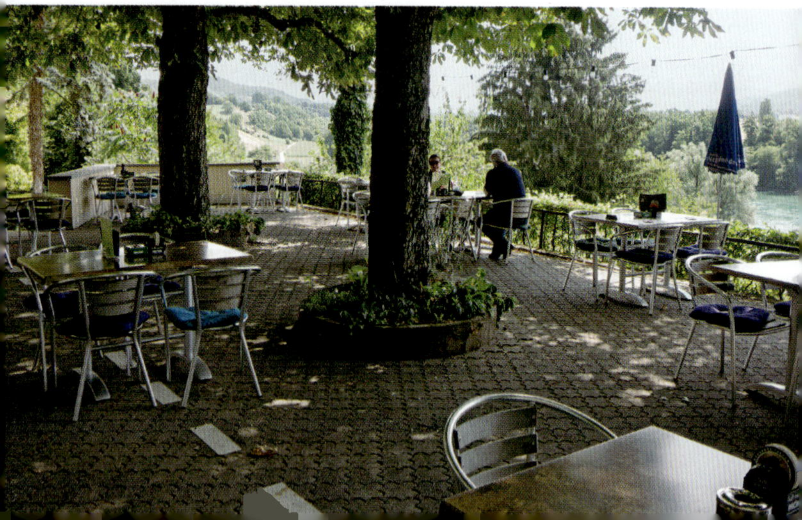

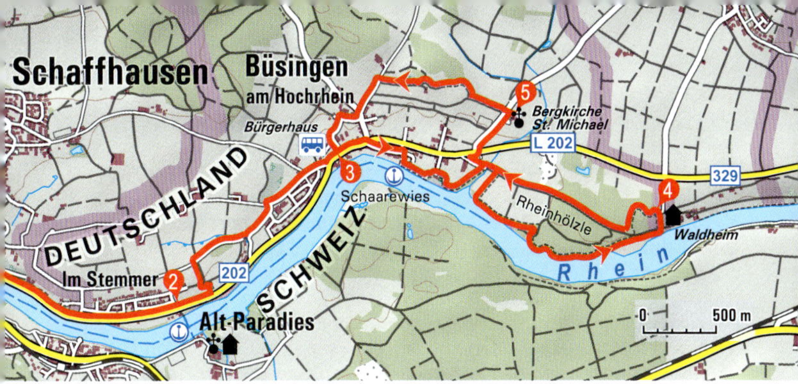

Rhein vorgehen. Jetzt beginnt ein wunderschönes Stück naturbelassenes Rheinufer, wo wir trotz der vielen privaten Einrichtungen immer wieder auch Möglichkeiten finden, ans Wasser zu gelangen. Kurz vor Ende des Waldes gehen wir ein Stück auf dem Veloweg. An der Grenze steigen wir auf schmalem Treppenpfad steil hinauf zum **Restaurant Waldheim** ❹, das auf die Grenze gebaut wurde, die auch mitten durch die Terrasse läuft. So kann man nach Lust und Laune in Deutschland oder der Schweiz einkehren. Wer mag, kann auch noch die ehemalige Zollstelle an der Hauptstraße besuchen. Sonst wenden wir uns wieder westwärts und folgen einem Pfad durch den Wald, der uns zur Forststraße und zum Veloweg führt. Auf diesem wandern wir nun zurück büsingenwärts, asphaltiert durch das Feld bis zur Brücke über den Strudelbach. Kurz darauf wenden wir uns an der Hauptstraße nach rechts, überqueren sie und wandern am Rand der Dörflingerstraße gegen die **Bergkirche St. Michael** ❺. Die über 1000 Jahre alte Kirche lohnt den Besuch.

Über eine Treppe erreichen wir danach den Rand des Parkplatzes, von wo wir den Panoramaweg Richtung **Büsingen** einschlagen. Ein Wiesenpfad führt uns hinauf zum Hippbühl, das uns den Überblick ermöglicht. Weiter steigen wir zu einem Rebberg ab und folgen der Kiesstraße bis zu einer Betonpiste. Auf dieser gehen wir dorfwärts, überqueren dort eine Hauptstraße und biegen auf den folgenden Quartierstraßen zweimal links ab zur **Haltestelle Bürgerhaus** ❸.

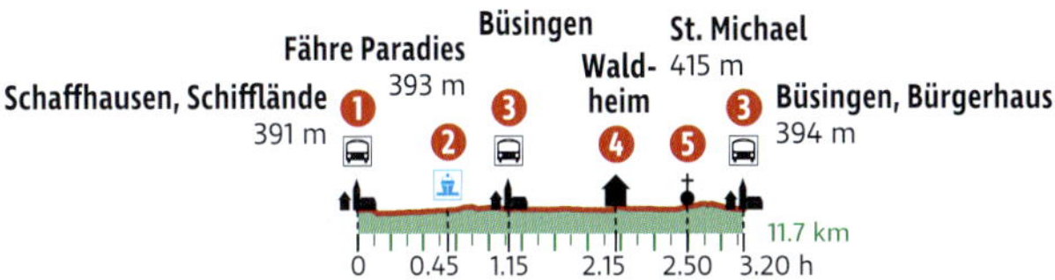

TOP

44

Spuren der Eiszeit

↗ 200 m | ↘ 200 m | 12.9 km

3.00 h

Von Schaffhausen nach Thayngen – Toteisseen, Findlinge und Urbewohner

Gerade etwa bis Schaffhausen reichte der Rheingletscher in der letzten Eiszeit – der Würmeiszeit – vor gut 18.000 Jahren. Die Landschaft trägt viele Spuren seines Rückzugs: Steinbrocken aus den Alpen, die er bis dorthin getragen und dann liegen gelassen hat (Findlinge), Abflussrinnen des Schmelzwassers, moorige Vertiefungen vom langsamen Abschmelzen der Eisbrocken (Toteisseen). Vom Eise befreit, wurde die Gegend von Menschen in Beschlag genommen. Das Kesslerloch zählt zu den bedeutenden Fundstellen des Jungpaläolithikums, die Pfahlbausiedlung im Weier über Thayngen ist UNESCO-Weltkulturerbe. Die auffälligen Findlingsfelsbrocken dienten seit Jahrhunderten als Orientierung und Grenzsteine. Sie haben so die heutige Gestalt des Kantons Schaffhausen wesentlich mitbestimmt. Die archäologischen Funde sind heute in Museen geschützt zu bewundern, doch die Landschaft lässt immer noch über damalige Lebensweisen fantasieren, und in den Biotopen der Moore überlebt viel urtümliche Natur.

Kesslerloch.

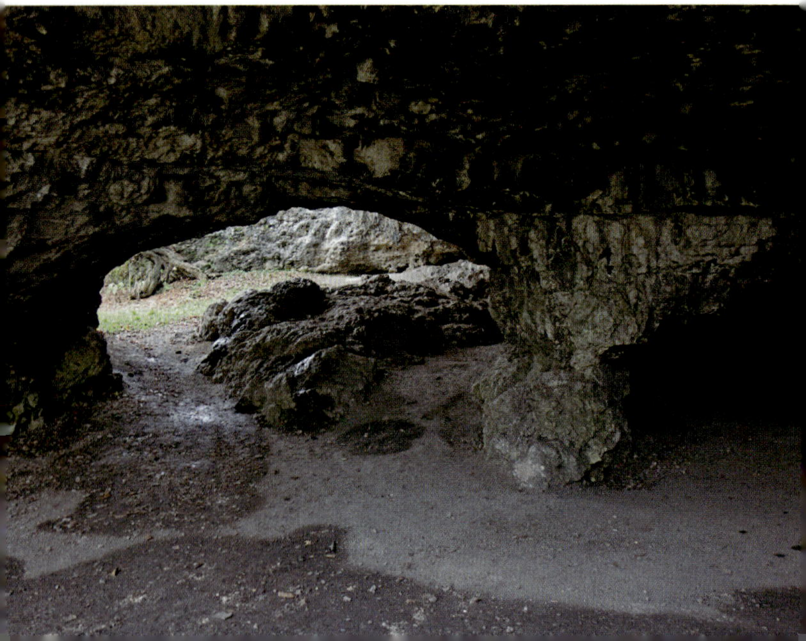

Ausgangspunkt: Schaffhausen-Buchthalen, Haltestelle Post, 438 m. Anfahrt: Stadtbus 5. – Parkplatz am Bahnhof SH oder 100 m nach Haltestelle Post.
Endpunkt: Thayngen, Bahnhof DB, 436 m. Rückfahrt: S 22, S 24, IRE oder RB nach Schaffhausen.
Anforderungen: Durchgehend Flur- und Forststraßen, nur im Findlingsweg schmaler Pfad mit Treppe im Steilstück.
Einkehr: Gastwirtschaft Gennersbrunnerhof (mit Garten; Di, Mi geschlossen).
Hinweise: Passend als Ergänzung zur Wanderung der Besuch der Dauerausstellung Archäologie der Region im Museum zu Allerheiligen in Schaffhausen (Di–So 11–17 Uhr, 12 CHF, Kinder frei). – Gratis-App »Palafittes Guide« mit Audio.

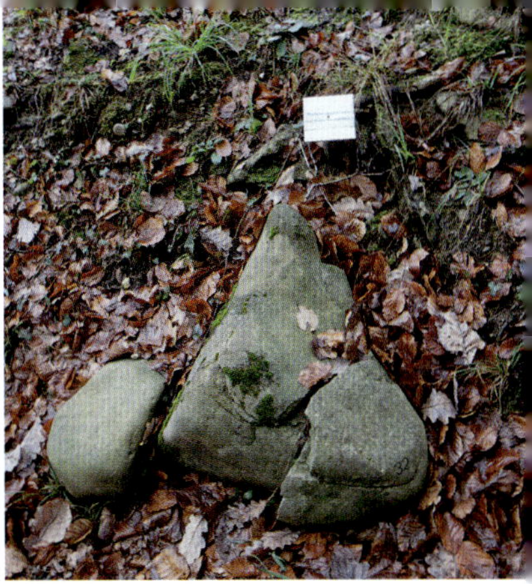

Am Findlingsweg.

Von der **Haltestelle Buchthalen, Post** ❶ gehen wir gleich rechts in die Dorfstraße bis zum ehemaligen Dorfplatz und von dort durch die Kirchgasse aufwärts. Bei der Kirche ist die Höhe erreicht und wir wandern geradeaus. Am Stadtrand folgen wir kurze Zeit der Straße Richtung Büsingen, schwenken dann aber links ab zum Schützenhaus. Nach diesem steigen wir auf der Naturstraße kurz am Waldrand entlang ab und finden im Waldrund den Abzweig auf die Forststraße nach Gennersbrunn. Immer in gleicher Richtung gehen wir durch den Wald. Die Straße zwischen Büsingen und Herblingen überqueren wir vorsichtig und wandern geradeaus weiter. Durch Wiesen und Felder leicht ansteigend gelangen wir zum Weiler **Gennersbrunn** ❷, wo wir links zur Gastwirtschaft abzweigen.
Für den Weiterweg überqueren wir vor dem Gastgarten die Straße, folgen ihr kurz ostwärts und gehen gleich wieder links. Auf einer schönen Feldstraße wandern wir hügelan. An der folgenden Waldecke verlassen wir den Wanderweg für den Abstecher zum Roderichstein: Wir biegen rechts ab und folgen dem Waldrand. In der Waldecke gehen wir nochmals rechts und bleiben am Waldrand bis zur südlichsten Ecke, wo wir weite Ausblicke über Gennersbrunn und das Rheintal bis zu den Alpen genießen können. Weiter

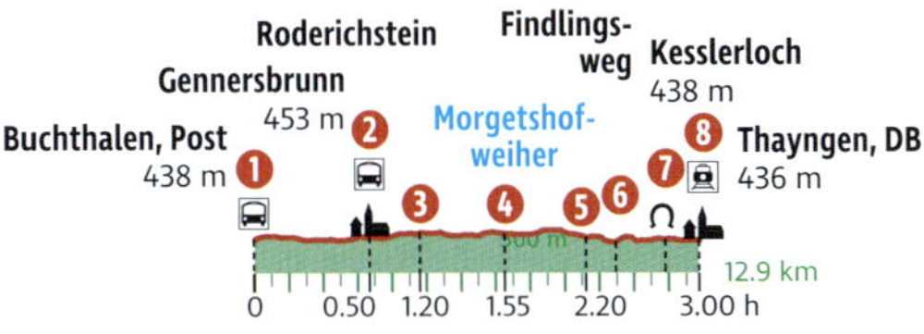

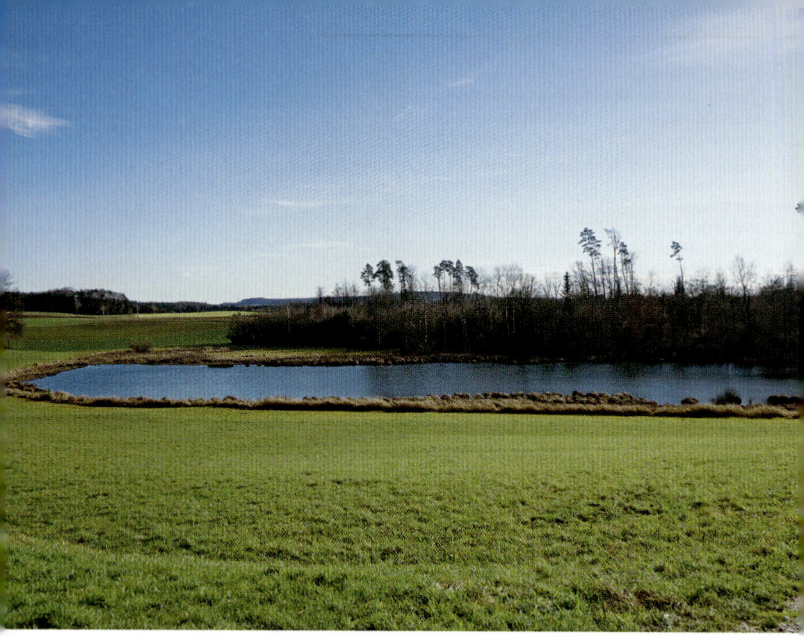

Der Morgetshofweiher.

dem Waldrand nach Osten folgend finden wir gleich eine Feldstraße, die in den Wald hineinführt. Wir betreten auf ihr den Wald und gelangen sogleich zum **Roderichstein** ❸, einem Findling, der die Grenzziehung so nachhaltig beeinflusste. Vom Stein gehen wir direkt durch den Wald westwärts zu unserem Hinweg und darauf zurück zum Wanderweg.

Dieser leitet uns weiter dem Waldrand nach. Geradeaus durch ein Waldstück und über eine Querstraße kommen wir zu einer Wiese, der wir am Ostrand entlang gehen. Beim »Gwölb« bleiben wir rechts und wandern am Rand der Pfaffenwiesen weiter. Schließlich gelangen wir zu einer betonierten Schutzhütte mit einer Bank und einem Kirschbaum davor. Hier gehen wir rechts leicht abwärts zum **Morgetshofweiher** ❹. Einige Tafeln liefern Informationen. Wir umrunden den kleinen schönen See, um die verschiedenen Aspekte des Biotops zu beobachten.

Dann steigen wir wieder auf zur erwähnten Schutzhütte. Hinter ihr folgen wir dem Waldrand nordwestwärts. An seinem Ende steigen wir halb rechts durch einen alten Fahrweg ab. Vor uns liegt das sanfte Tal »**Weier**«, in dessen Mitte ein heute verlandetes Seelein lag, an dessen Ufer eine Pfahlbausiedlung errichtet war. Wir folgen dem oberen Rand der Wiese bis vor eine Schießanlage, wo wir links gehen und das Tal durchqueren. Etwa an der

tiefsten Stelle des Tals ❺ (Hinweistafel UNESCO) führt rechts ein Fahrweg weg und 300 m weiter zu einem Pumphäuschen: Dort befand sich ehedem die Pfahlbausiedlung (Audio aus App »Palafittes Guide« hören!). Heutzutage ist außer Hinweistafeln nichts mehr zu sehen.

Beim Schützenhaus am anderen Waldrand gehen wir links und verlassen das Tal abwärts ins Herblingertal, wo Bahn und Straße verlaufen. Beim Alten Weiher, wo die Rekonstruktion eines Pfahlbaus zu bewundern ist, finden wir zur Rechten den Anfang des **Findlingsweges** ❻. Er beginnt mit einem Phonolith-Brocken vom Hohentwiel bei Singen und leitet uns als schmaler Waldpfad an einer erstaunlich großen Zahl von Findlingen vorbei, die mit dem Gesteinsnamen und dem Herkunftsort angeschrieben sind.

Ein steiler Treppenabstieg bringt uns zu einem Asphaltsträßchen, dem wir rechts folgen. Nach der Straßenunterführung können wir links jenseits der Bahnlinie schon das **Kesslerloch** ❼ sehen, müssen aber noch auf dem Sträßchen bleiben, bis wir eine schmale Unterführung unter den Bahngeleisen finden. Wir folgen der Straße neben dem Bahndamm zurück und gelangen so zur recht geräumigen Höhle.

Nach dem Besuch gehen wir zur Personenunterführung zurück und wieder unter den Geleisen durch. Auf der Werkstraße erreichen wir dem Bahndamm nach bald den **Bahnhof Thayngen DB** ❽.

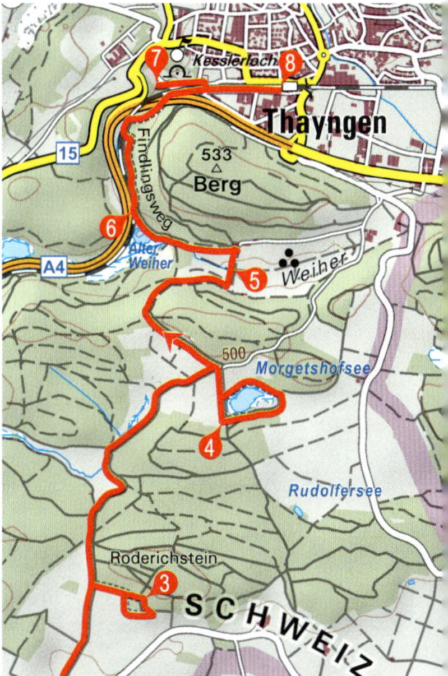
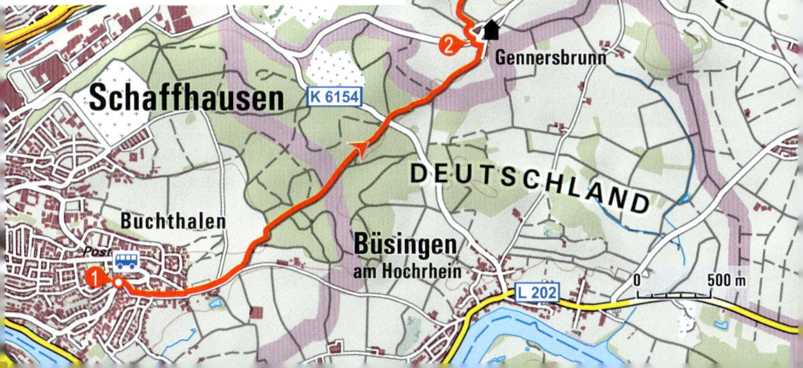

↗ 30 m | ↘ 180 m | 14.8 km

45 Fähre Ellikon

4.15 h

Flachwanderung am Rheinufer und durch die Thurauen

Die manchmal wilde Thur hätte den behäbigen Rhein wohl noch viel weiter nach Westen abgedrängt, wenn nicht der Hügel von Buchberg wie ein Wall dagegengehalten hätte. Um den periodischen Hochwassern zu begegnen, setzte man im vergangenen Jahrhundert auf Kanalisation, inzwischen aber auf Renaturierung. So ist beim Zusammenfluss der beiden Flüsse ein weites, flaches Delta entstanden mit vielen feuchten Auengebieten voller Pflanzen und Tiere. Die Fähre von Ellikon ermöglicht uns im Sommer eine ausgedehnte Rundwanderung durch diese einmalige Flusslandschaft.

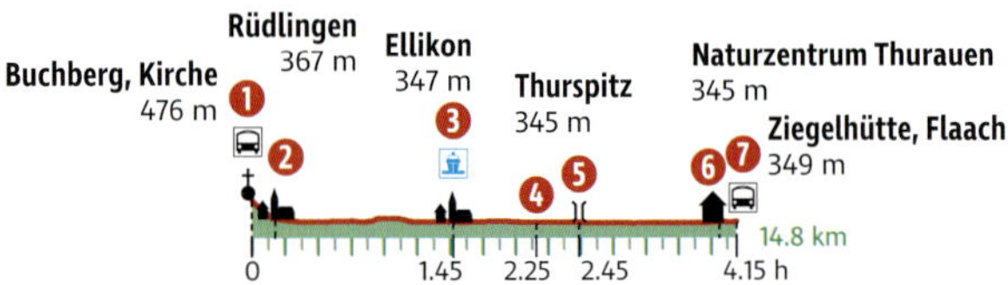

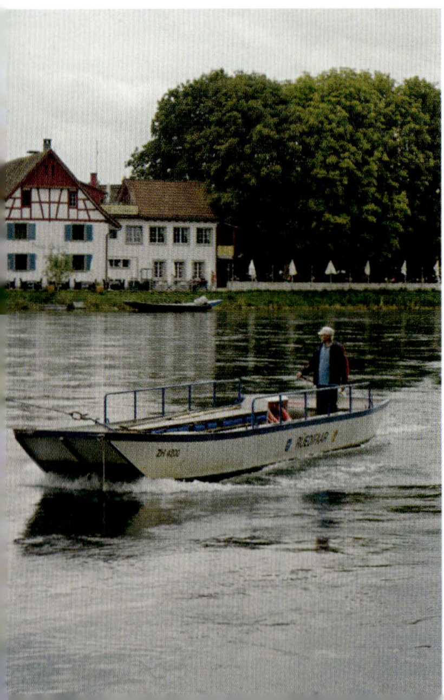

Ausgangspunkt: Buchberg, Kirche, 476 m. Anfahrt: Bus 670 (Rafz–Winterthur). – Parkplatz bei der Rheinbrücke Rüdlingen (und Tour dort beginnen).
Endpunkt: Ziegelhütte, Flaach. Rückfahrt: Bus 670. – Zu Fuß 5 Min. über die Rheinbrücke zum Parkplatz.
Anforderungen: Unschwierig, aber recht lang; schöne Uferpfade und Wege, durch die Thurauen auch Forststraßen.
Einkehr: Gasthaus zum Schiff, Ellikon am Rhein (Mo, Di geschlossen), Naturzentrum Thurauen (Hochsommer täglich geöffnet, sonst Mo, (Di) und Januar bis April geschlossen).
Variante: In fährenlosen Zeiten: bei Rüdlingen über die Rheinbrücke und Wanderung in den Thurauen.
Hinweise: Fähre täglich 1. April–15. Okt. (Mittagspause 12–12.45 Uhr; 3,50 CHF). – Viele Infos zu den Thurauen unter: www.naturzentrum-thurauen.ch.

Fähre Ellikon.

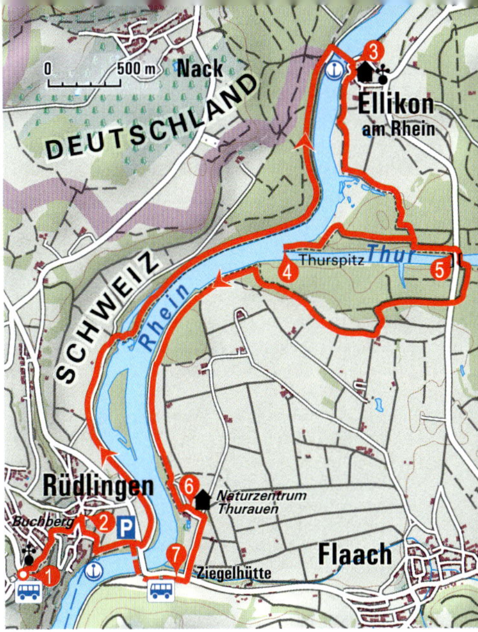

Wir beginnen die Wanderung bei der **Kirche Buchberg-Rüdlingen** ❶, damit wir zuerst einen fantastischen Überblick bekommen. Vor der Kirche führt der markierte Fußweg hinunter nach **Rüdlingen** ❷. Auf der Dorfstraße gehen wir rechts und gleich wieder links hinunter gegen den Rhein. Durch die neu angelegten Auen gelangen wir zum Parkplatz bei der Brücke. Hier beginnt der Uferweg Richtung Ellikon. Wir folgen stets dem Rheinufer, anfänglich auf einem Fahrweg, dann ein Stück auf einem asphaltierten Sträßchen. Später können wir nach rechts auf einen Pfad absteigen, der uns unmittelbar dem Wasser nach führt (bei Hochwasser muss oben auf der Straße weitergegangen werden). Viele Biberspuren und Wasservögel begleiten uns. Wir bleiben auf dem Pfad bis zur Fähre nach **Ellikon** ❸.

Nun auf dem jenseitigen Ufer gehen wir rheinabwärts. Wir folgen dem markierten Weg und finden Beobachtungsstationen, um die Tiere in den Auen ungestört beobachten zu können. Der Weg umgeht das absolute Schutzgebiet durch den Auenwald. Dort im Wald finden wir die Möglichkeit, nach rechts zum **Thurspitz** ❹ vorzugehen, wo weitere Beobachtungshütten stehen und wir ganz auf die Landspitze zwischen Thur und Rhein hinaustreten können. Ein schöner Ort, doch müssen wir den ganzen Weg wieder zurückgehen, weil wir nur bei der **Straßenbrücke** ❺ die Thur überqueren können. Nach der Brücke gehen wir kurz links (!) thuraufwärts, wo wir nach rechts die Fortsetzung des Wanderweges finden. Auf Forststraßen geht es durch den Wald. Wir können weitere Beobachtungsposten an der Thur aufsuchen. Wo der Weg den Wald verlässt, finden wir den Weiterweg auf einem Wall. Schließlich bringt uns ein Pfad nochmals durch Auenwald ans Ufer des Rheins, ganz in die Nähe des Thurspitz. Wir folgen weiter dem schönen Rheinufer abwärts und erreichen so das **Naturzentrum Thurauen** ❻, wo es viel zu entdecken gibt. Die Zufahrtsstraße bringt uns zur Hauptstraße und zur **Haltestelle Ziegelhütte** ❼.

↗ 200 m | ↘ 200 m | 10.4 km

46 Tössegg

3.00 h

Wilde Ufer – träger Fluss: an der südlichsten Ecke Schaffhausens

Schmale, wurzlige Weglein, ein Biberpfad, Turmreste aus der Römerzeit, ein Ausflugsrestaurant, eine Überfahrt auf der Fähre, Rastplätze am Rhein, Weinberge und ein malerisches Städtchen ... all dies hat diese Wanderung für Groß und (nicht zu) Klein zu bieten, mindestens am Wochenende. Einzig das Stück am Waldrand bis Eichhalde kann sich etwas in die Länge ziehen und braucht für Kinder eine gute Geschichte, ein Lied oder ein Spiel. Der Rhein, vereint mit der Thur und der Töss, hat sich hier seinen Weg nach Westen gegraben durch eine Schlucht, an deren steilen Sonnenhängen der Wein gedeiht.

Ausgangspunkt: Rüdlingen, Hst. Gemeindehaus. Anfahrt: Bus 670 ab Rafz oder Winterthur. – Parken beim Bhf. Rafz.
Endpunkt: Eglisau, Bahnhof, 389 m. Rückfahrt: S 9 (Uster–Zürich HB–Schaffhausen), S 41 (Waldshut–Winterthur).
Anforderungen: Schmale, unebene Pfade; Flurstraßen; gut zur Hälfte im Wald.
Einkehr: Restaurant Tössegg mit Garten (kein Ruhetag), Gastbetriebe in Rüdlingen und Eglisau.

Varianten: 1. Wenn die Fähre nicht fährt, kann man auch auf dem Südufer bleiben und auf dem markierten Wanderweg bis Eglisau gehen (etwas gleichförmig). – 2. Mit der Fähre übersetzen und jenseits nach Rüdlingen zurückgehen (durchgehend eine Flurstraße durch schönen Wald, aber ohne Kontakt zum Rhein).
Hinweis: Die Fähre bei der Tössegg (3,50 CHF) ist nur im Sommer (April bis Ende Sept.) an Samstagnachmittagen und am Sonntag in Betrieb (www.szr.ch).

Ein Biberpfad führt dem Rhein entlang.

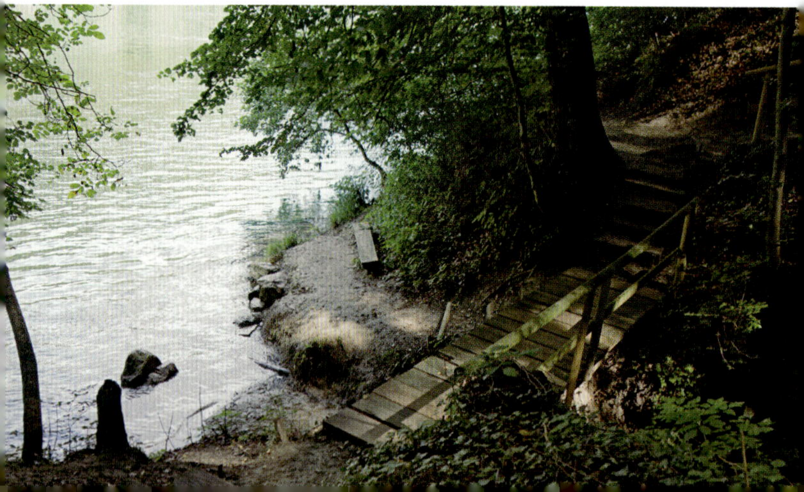

Der Ausgangspunkt der Wanderung befindet sich auf der Bergseite des **Gemeindehauses** von **Rüdlingen** ❶. Wir gehen südwärts durch die Dorfstraße und biegen dann mit dem markierten Wanderweg Richtung Rhein ab. Durch die neu gestaltete Auenlandschaft gehen wir zur Straßenbrücke und gelangen so auf die andere Seite des Rheins. Dort steigen wir auf und gehen rechts. Bald beginnt der Biberpfad dem Rhein entlang. Kurz vor der Tössegg benutzen wir die Gelegenheit, nach links zum **römischen Wachtturm** ❷ aufzusteigen. Dann genießen wir die Rast an der **Tössegg** ❸, wo meist viel Betrieb herrscht. Die Fähre bringt uns schräg hinüber zum bewaldeten Gegenufer. Von der Fährstelle steigt ein schmaler Pfad durch die Halde an den Rand einer weiten Wiese. Dort wenden wir uns nach links und wandern auf der Feldstraße bis zum Rebberg **Eichhalden** ❹. Ein Pfad bringt uns in Schleifen durch Sandsteinfelsen hinunter ans Wasser. Der tolle Pfad folgt nun ein Stück dem Ufer, steigt dann aber nochmals auf, um die Steilhänge zu umgehen. Allmählich wird er breiter und führt uns als Flurstraße unter den Weinbergen bis nach **Eglisau** ❺, wo wir geradeaus durch die Gassen oder unten via Schifflände gehen können: Alle Wege in diesem mittelalterlichen Städtchen haben ihren Reiz. Schlussendlich überschreiten wir die Straßenbrücke, wenden uns danach (hier kommt auch Variante 1) durch die Fußgängerunterführung nach rechts und steigen zum **Bahnhof** ❻ auf.

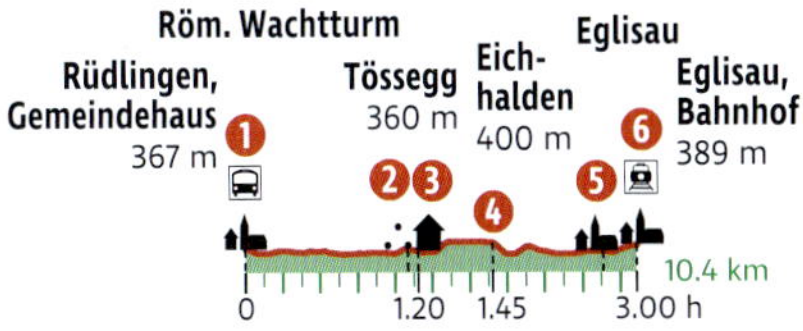

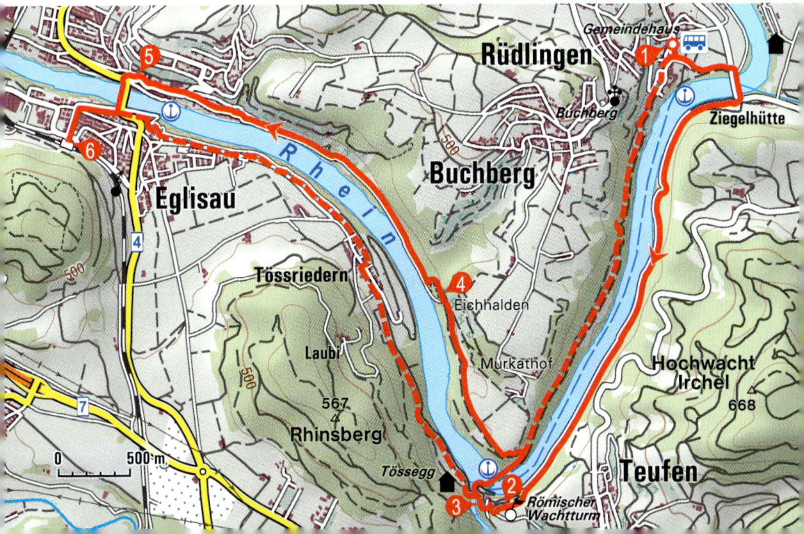

↗ 350 m | ↘ 350 m | 10.9 km

47 Buchberg

3.00 h

Herrlich aussichtsreiche Runde im »Unteren Kantonsteil«

Buchberg und Rüdlingen sind schaffhauserische Exklaven, umringt von deutschem und zürcherischem Gebiet; sie bilden den sogenannten Unteren Kantonsteil. Buchberg liegt auf einer Ebene hoch über dem Rheintal, während sich Rüdlingen unten vor den Hochwassern des mit der Thur vereinigten Rheins an den Rand schmiegt. Gemeinsam haben sie eine Kirche auf die schönste Ecke gebaut: ein fantastischer Aussichtspunkt mit weitem Überblick. Aus dem malerischen Eglisau steigen wir durch Weinberge und steile Tobel hinauf auf die Obstwiesen, besuchen die Aussichtskanzel und kehren über sanfte Hügel im Bogen an den Ausgangspunkt zurück.

Ausgangs- und Endpunkt: Eglisau, Bahnhof, 389 m. Anfahrt: S 9 (Schaffhausen–Zürich HB–Uster), S 36 (Waldshut–Bülach). – Parkplatz am Bahnhof Eglisau.
Anforderungen: Bequeme Flurstraßen, kurz steiler Aufstieg auf Waldpfad mit Stufen.
Einkehr: Restaurants in Buchberg (beide Mo geschlossen).
Variante: Verbinden mit Tour 46 Tössegg: bis Kirche Buchberg ❹ wie beschrieben, von dort auf dem Wanderweg hinunter nach Rüdlingen (10 Min.) und mit Tour 46 zurück nach Eglisau.
Hinweis: Eglisau ist ein sehenswertes mittelalterliches Städtchen.

Vom **Bahnhof Eglisau** ❶ folgen wir dem Wanderweg zur Brücke und hinüber zum **Städtchen** ❷. Wir durchwandern dieses auf der oberen Gasse (oder unten via Schifflände und dann aufsteigend) und verlassen es horizontal. Vor einem ersten Tobel wenden wir uns nach links und steigen auf einem Pfad über eine Brücke und in zwei Schleifen auf bis an den oberen Rand der Weinberge. Wir gehen auf der Höhe weiter durch lichten Föhrenwald und wieder über Weinbergen. Dann endet die Flurstraße und ein steiler Weg mit Stufen bringt uns neben einem Tobel bergauf. Am oberen Waldrand wenden wir uns nach rechts und wandern auf einer Feldstraße nach **Buch-**

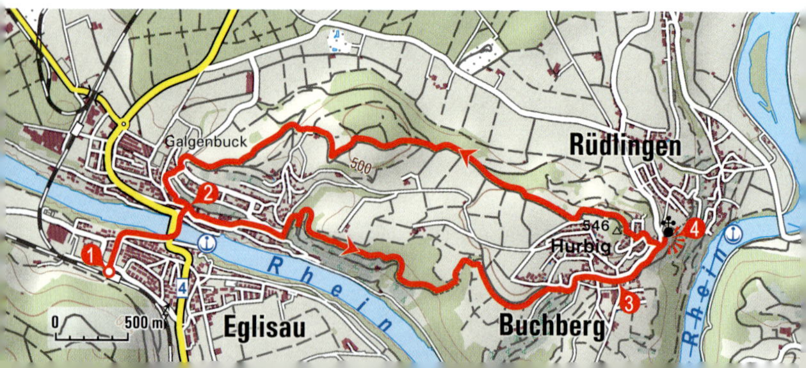

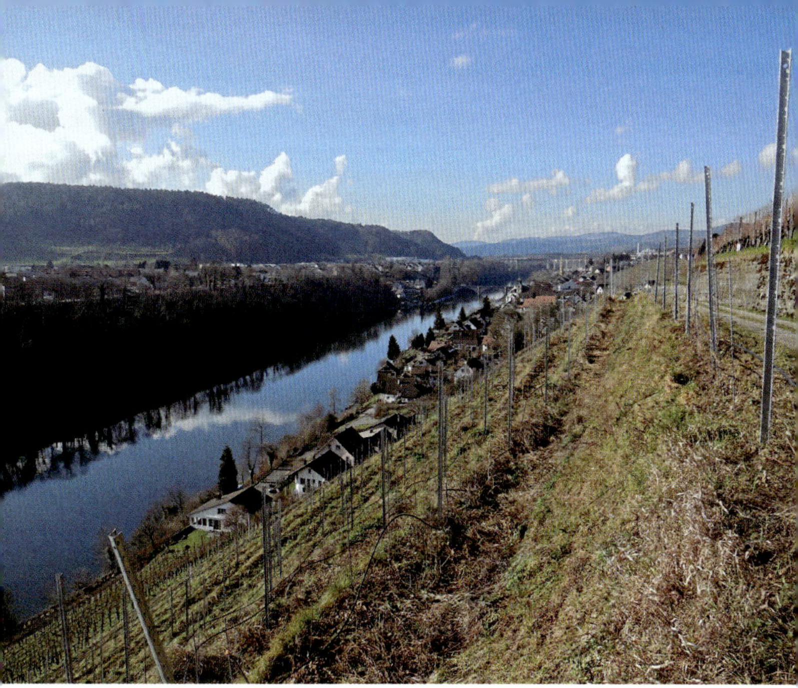

Rückblick auf Eglisau.

berg 3. Beim Wegweiser in der Dorfmitte halten wir geradeaus bis zur **Kirche** 4: Weit geht der Blick über die Thurauen und den Rhein nach Norden! Für den Weiterweg überqueren wir zuerst den Hügel Hurbig: Dazu gehen wir von der Kirche zurück bis zum ersten Fußgängerstreifen, überqueren die Straße und steigen auf. Über dem Friedhof gehen wir rechts und die erste Querstraße wieder links. Bei der nächsten Verzweigung halten wir kurz rechts und können dann zwischen Häusern direkt zum Wald und auf den **Hurbig** hochgehen (Spiel- und Rastplatz). Auf der Nordostseite finden wir den Weiterweg als Feldstraße zum obersten Dorfrand von Buchberg. Wir gehen auf der Höhe weiter westwärts und treffen so auf den unverkennbaren Weg bis zum Galgenbuck. Nach diesem steigen wir entlang dem markierten Weg durch die Außenquartiere von **Eglisau** hinab und zurück zum **Rand** des **Städtchens** 2. Auf bekanntem Weg kommen wir wieder zum **Bahnhof** 1.

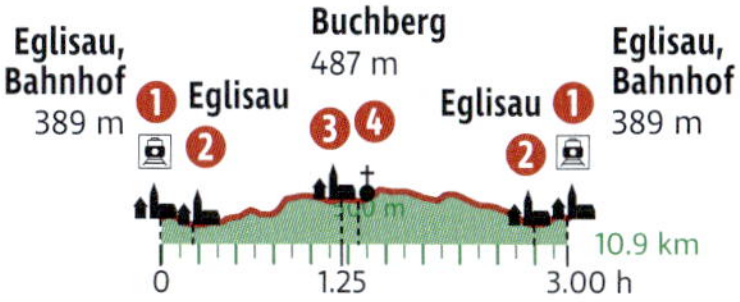

↗ 510 m | ↘ 560 m | 20.3 km

48 Küssaburg

5.45 h

Viel Wald und Weite – Höhenwanderung zwischen Wutach und Rhein

Zwischen dem Wutachtal – wo in Vorzeiten die Uraare nordostwärts floss – und dem Rheintal ist ein Berggrenzland stehen geblieben mit einsamen Höfen, Wäldern und Weiden mit biologischer Vielfalt und auf seinem westlichsten Sporn der Ruine der stolzen Küssaburg. Ein kurzer steiler Anstieg bringt uns auf den Bergrücken, wo wir dann stundenlang fast eben wandern können, aussichtig mal mehr auf dieser, mal mehr auf der anderen Seite.

Ausgangspunkt: Wasterkingen, 393 m. Anfahrt: Bahn S 9 (Schaffhausen–Uster) bis Hüntwangen-Wil, Bus NFB 546 bis Wasterkingen, Ausserdorfstrasse. – Parken am besten in Bülach (gebührenpflichtig), von dort mit Zug S 9 und Bus zum Ausgangspunkt.
Endpunkt: Bad Zurzach, Bahnhof, 340 m. Rückfahrt: S 36 (Waldshut–Bülach) bis Bülach.
Anforderungen: Meist gute Pfade, Wege und Flurstraßen; einige schmale Pfade, Orientierung am Schluss etwas schwierig.
Einkehr: Restaurant Küssaburg (Mo, Di geschlossen); Gastbetriebe in Rheinheim und Bad Zurzach.
Hinweis: Bad Zurzach: römisches Kastell, Verenamünster, Thermalbad.

Von der Haltestelle in **Wasterkingen** ❶ gehen wir noch wenige Schritte in Anfahrtsrichtung (Westen) weiter und finden beim großen Dorfbrunnen den Beginn unserer Wanderung. Sie führt uns nach links durch einen Teil des Dorfes, dann aufwärts am Schützenhaus vorbei. Auf schönen Naturwegen gehen wir mehr oder weniger in der Falllinie hangaufwärts bis zum obersten Hof Bergheim und rechts davon ganz auf die Höhe. Hier wenden wir uns nach links, wo wir gleich erste Ausblicke ins Wutachtal genießen. Der schmale Pfad läuft im Waldrand bis zum Wegkreuz des **Käppeleberges** ❷. Auf der Krete führt uns ein Asphaltsträßchen weiter aufwärts, später als Naturstraße eben durch den Hang. Eine asphaltierte Stichstraße lassen wir unbeachtet, gehen aber dort, wo die ebene Flurstraße nach rechts as-

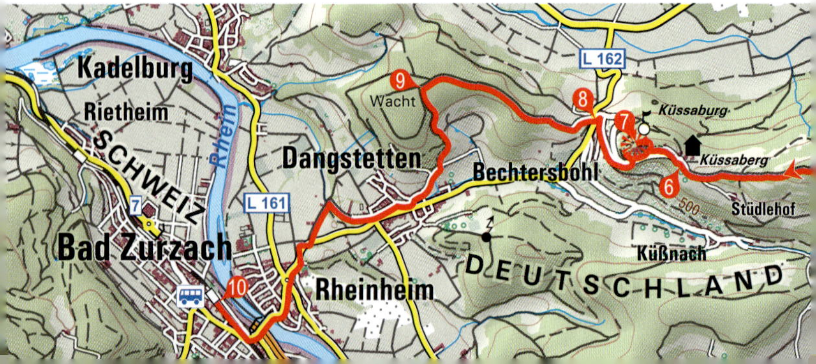

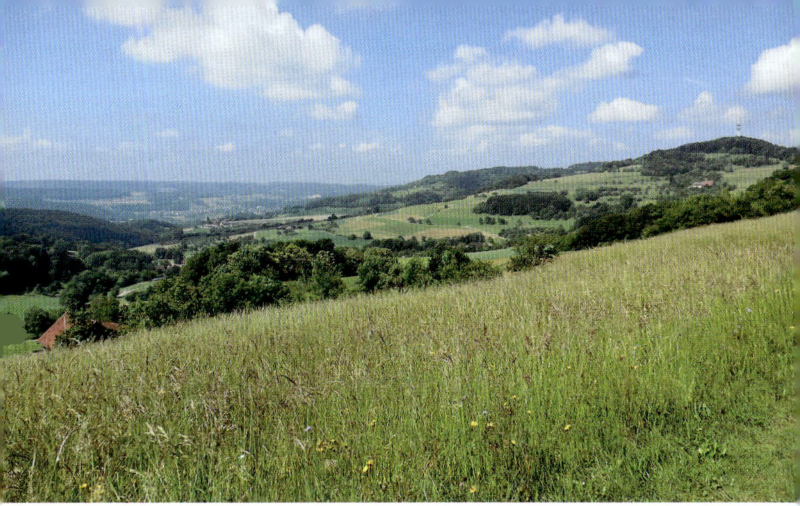

Viel Weite im Berggrenzland.

phaltiert in die Tiefe führt, links auf die Grathöhe **Am Kalten Wangen** **3**. Auf der Passhöhe wenden wir uns nach links (!), gehen also auf der anderen Hügelseite wieder ein Stück zurück. So erreichen wir den Straßenpass **Bergscheuerhof** **4** mit seinem Wanderparkplatz mit Rast- und Feuerstelle. Hier haben wir die Wahl: Wer Schatten bevorzugt, geht gleich beim Wanderparkplatz auf schönem Waldweg weiter und bleibt immer auf der Krete bis zum nächsten Wegpunkt. Wer lieber Weite und Licht hat, benutzt den offiziellen Wanderweg: Dieser folgt vom Wanderparkplatz für 5 Min. der Straße Richtung Südwesten abwärts bis zu einer Waldecke, wo wir scharf rechts abbiegen und an einem Schießstand vorbei einen ebenen Wiesen- und Flurweg erreichen. Immer geradeaus wandern wir so aussichtsreich und prächtig bis zum Passübergang bei **Vieletschen** **5**. Eine Tafel infor-

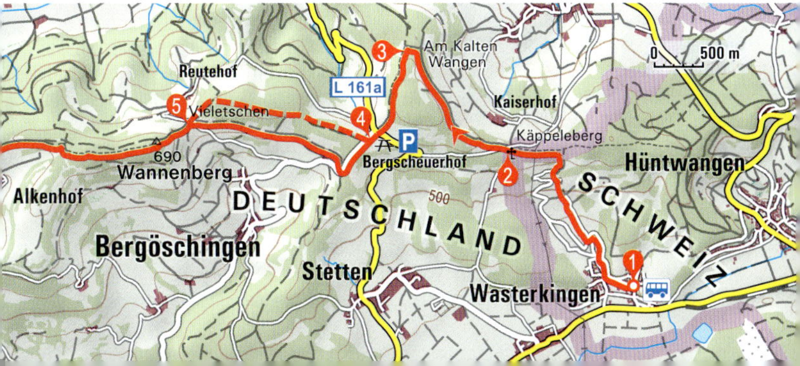

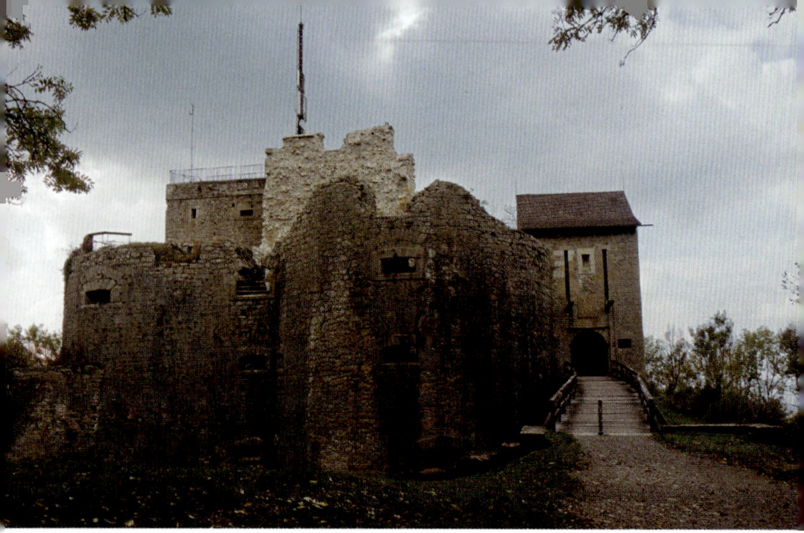

Ruine Küssaburg.

miert über den Zugvogelbeobachtungspunkt, der sich hier befindet. Ein steiles Asphaltsträßchen bringt uns in gut 5 Min. hinauf zum Sendemast des SWR. Nach diesem halten wir links und gewinnen auf einem Pfad die Krete, der wir nun lange Zeit folgen. Nach dem höchsten Punkt des Wannenberges gelangen wir zu einem Waldrand, wo wir rechts gehen – dem rechten Waldrand entlang –, bis der Weg wieder halb rechts durch den Wald sich von der Wiese entfernt. Schließlich beginnt sich der Wald zu lockern und wieder Aussicht zu ermöglichen.
Vor uns taucht zum ersten Mal der Burghügel der Küssaburg auf. Wo der Asphalt beginnt, können botanisch Interessierte links auf dem Weg Richtung Küßnach kurz absteigen und dort ein Naturschutzgebiet von seltener Vielfalt finden. (Überhaupt ist der ganze Hang zwischen dem Dorf Küßnach und der Krete im Frühling Standort von Tausenden von Orchideen.) Geradeaus gelangen wir über das asphaltierte Sträßchen hinunter nach **Küssaberg** 6 mit Gasthaus, Parkplatz und Attraktionen für Kinder. Ein kopfsteingepflasterter breiter Weg führt uns Richtung Burg weiter. Die Ruine **Küssaburg** 7 betreten wir über die ehemalige Zugbrücke und das Tor. Dort gibt es einiges zu sehen: eine tolle Aussicht nach Westen, Mauer- und Schartenreste, einen besteigbaren Turm, eine Feuer- und Raststelle in der Burg ...
Die Fortsetzung unseres Weges finden wir bei der Zugangsbrücke: Wir gehen auf einem Wiesenpfad durch den Burggraben südwärts und stoßen an der Burgecke auf den Beginn eines schmalen Weges, der uns abwärts führt. Aussichtsreich, und dann in einem weiten Bogen nach rechts leitet er uns

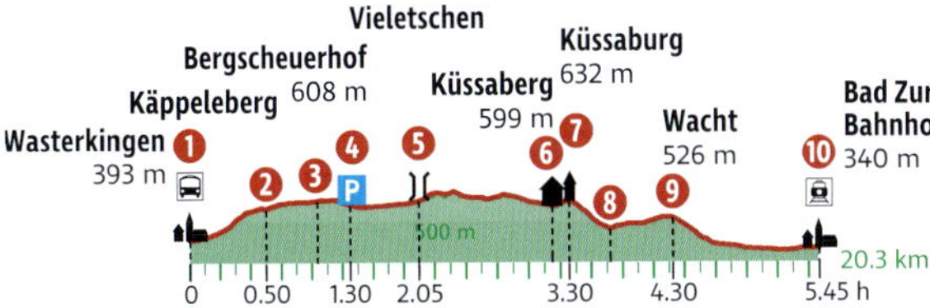

in die Tiefe zur Straße, die wir überqueren und 20 m weiter unten wieder verlassen. Nochmals ein Pfad, dann Quartierstraßen bringen uns abwärts bis zur Straßenkreuzung in **Bechtersbohl** 8. Dort wandern wir in gleicher Richtung weiter, wieder aufwärts auf Asphalt. Vor einem Kreuz und dem Friedhof gehen wir rechts auf einer Flurstraße gegen den Wald. Eine halbe Stunde bleiben wir nun auf dieser Forststraße, die stets leicht steigt. Auf der Höhe lassen wir die erste Verzweigung unbeachtet, gehen aber bei der zweiten – **Wacht** 9 – nach links. Diese Forststraße führt uns abwärts. Bald darauf bei einer Verzweigung bleiben wir links abwärts. Schließlich erreichen wir einen Waldrand, wo wir Rückblicke zur Küssaburg gewinnen. Etwas tiefer geht es bei einer Straßenkurve geradeaus auf einem alten Fahrweg in die Tiefe. Am oberen Rand von **Dangstetten** bringt uns ein Asphaltsträßchen hinunter ins Dorf, wo wir rechts halten und den Wanderwegmarkierungen folgen.
Am Dorfende weiterhin geradeaus, wandern wir immer auf Asphalt noch leicht abwärts und wenden uns dann nach links. Unmittelbar vor der Straße beschreiben wir nochmals einen Schlenker nach rechts, gehen aber gleich wieder links und erreichen so mit der Straße den Ortsrand von Rheinheim. Wir folgen nun der Hauptstraße. Beim gleich anschließenden Kreisverkehr gehen wir geradeaus. So erreichen wir die Zollbrücke über den Rhein. In unserem Rücken ist immer noch die Küssaburg zu sehen. Nach der Brücke in **Bad Zurzach** bleiben wir geradeaus, steigen aber wenige Meter weiter vorn über eine Treppe nach rechts hinauf zum römischen Kastell. Von dort führt der Wanderweg direkt zu den Geleisen der Bahn. Wir bleiben diesseits und folgen der Bahnlinie bis zum **Bahnhof** 10, wo wir eine Unterführung finden. Wer Lust hat, bummelt noch durchs Städtchen oder geht baden …

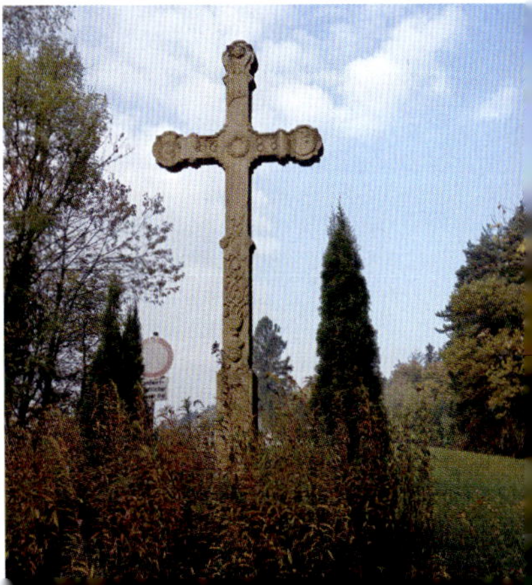

Das Wegkreuz am Käppeleberg.

↗ 360 m | ↘ 420 m | 14.4km

49 Rafzerberg

3.45 h

Wandern auf der grünen Grenze zwischen Klettgau und Rafzerfeld

Weite Flächen und Mulden haben die Urflüsse hier geschaffen, wo sie allmählich ihre Kraft der Berge verloren und Geröll und Geschiebe liegen ließen. Besonders das Rafzerfeld dient bis heute als immenser Speicher von Grundmaterialien für die Bauwirtschaft. Der Rafzerberg dahinter trägt an seinen biswindgeschützten Südhängen Wein und Obstplantagen und bietet eine hervorragende Übersicht. Diese schöne Wanderung weit weg vom Rummel lässt das Gebiet von seiner schönsten Seite erleben: viel abwechslungsreiche Natur.

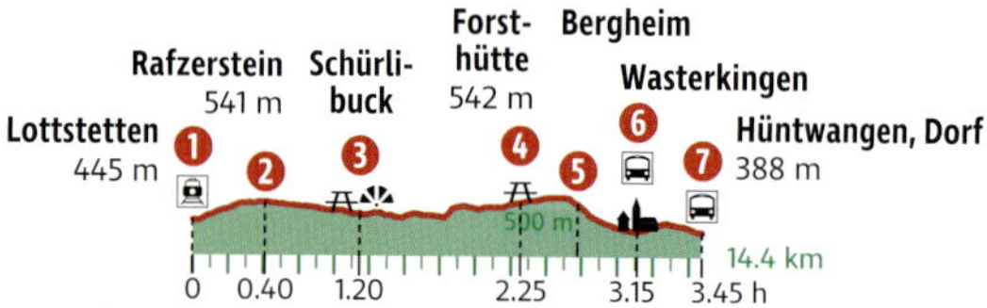

Ausgangspunkt: Lottstetten, Bahnhof 445 m. Anfahrt: Bahn S 9 (Schaffhausen–Uster). – Parkmöglichkeiten gibt es in Lottstetten oder Hüntwangen-Wil (Bahnhof).
Endpunkt: Hüntwangen, Haltestelle Dorf, 388 m. Rückfahrt: Bus NFB 546 nach Hüntwangen-Wil, Bahnhof; S 9.
Anforderungen: Leichte Wanderung auf durchgehend guten Wegen.
Einkehr: Erst gegen Ende der Tour Restaurant in Wasterkingen.
Variante: Schon in Wasterkingen auf den Bus gehen.

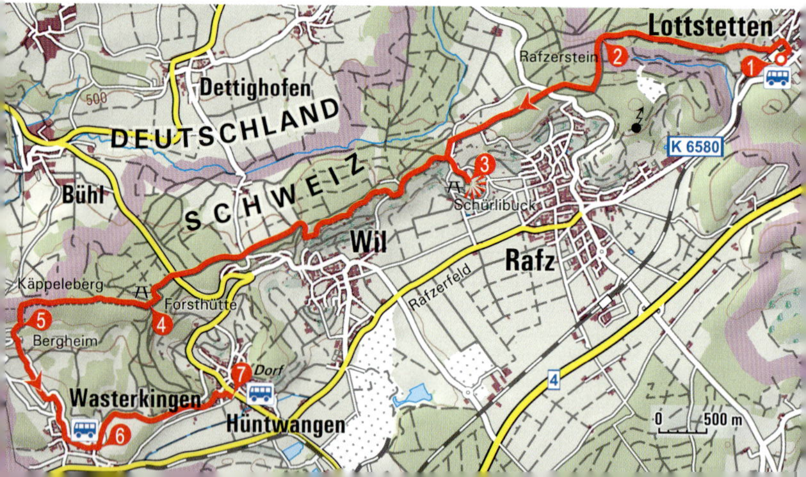

Am **Bahnhof Lottstetten** ❶ unterqueren wir die Geleise und finden gleich den Beginn unseres Weges. In recht konstanter Steigung wandern wir auf schöner Feldstraße aufwärts durch Wiesen und dann durch Wald bis zum **Rafzerstein** ❷, einer alten, bis heute gültigen Grenzmarke. Hier wenden wir uns nach links und gehen 10 Min. südwärts bis zur nächsten Wanderwegverzweigung, wo wir rechts halten. Praktisch eben durch Wald und dann über den aussichtsreichen Gratrücken wandern wir bis zu einem Pferdehof, wo wir auf der Straße links gehen (»Aussichtsweg«). Wir steigen ab zum Sonnenberg und gehen auch noch geradeaus weiter zum Aussichtspunkt **Schürlibuck** ❸.

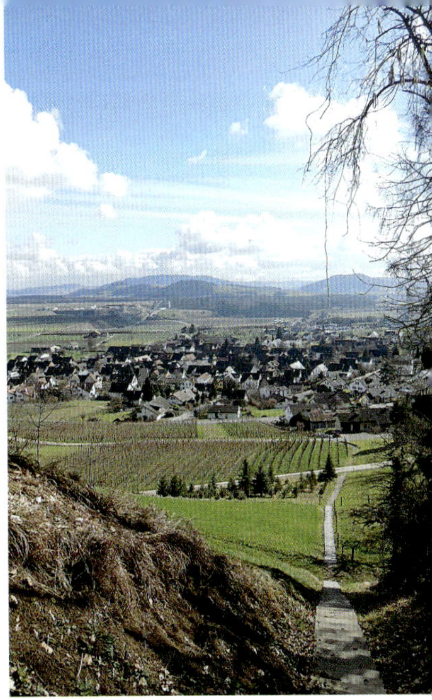

Hoch über Wil.

Von dort kehren wir zur Wegverzweigung beim Sonnenberg zurück und wenden uns jetzt links – südwestwärts. Über den Weinbergen wandern wir stets den Markierungen folgend abwechslungsreich bis zu einer Stelle hoch über Wil, wo wir rechts über eine lange Treppe in der Falllinie aufsteigen können. Auf der Höhe wenden wir uns wieder nach links. Die Aussicht reicht nun weit hinaus gegen Norden über den Schwarzwald. Wir überqueren geradeaus eine Straße und gehen auf einer Forststraße weiter bis zur **Forsthütte** ❹, einem Rast- und Feuerplatz auch bei Schlechtwetter. Für die Fortsetzung unserer Tour wählen wir die Richtung Bergheim und bleiben noch auf der Höhe. Bald verengt sich der Weg zu einem Pfad, der sich wurzlig durch den Wald schlängelt. Bei der nächsten Verzweigung können wir noch aus dem Wald treten und einen letzten Blick nach Norden werfen, dann gehen wir links abwärts zum **Bergheim** ❺, einem einsamen Hof.

Von hier steigen wir mehr oder weniger in der Falllinie ab, vor **Wasterkingen** mit einem kleinen Bogen nach links. Im Dorf gehen wir links durch die schmucken Riegelhäuser zum Platz mit dem großen **Dorfbrunnen** ❻. Hier wenden wir uns nochmals nach links und steigen am Dorfrand bei der Kiesgrube »Im Rain« auf. Eine Feldstraße bringt uns auf eine Anhöhe und von dort dem Hang entlang nach **Hüntwangen** und auf der Hauptstraße nach rechts zur **Haltestelle Dorf** ❼.

↗ 260 m | ↘ 290 m | 12.1 km

50 Grenzweg: Neuhausen – Osterfingen

3.00 h

Naturprächtig und geschichtsträchtig der grünen Grenze nach

Das Bedürfnis war groß, eindeutige Grenzen festzulegen, auch in den abgeschiedenen Wäldern. Sie bestimmten, wer und wann jagen, Holz schlagen, Waldfrüchte ernten durfte und wem dafür Abgaben zu entrichten waren. Und als dann gar noch Bodenschätze entdeckt wurden! Wir begegnen auf dieser urtümlichen Wanderung durch den schattigen Wald vielen interessanten Spuren dieser Zeiten: alten und neueren Grenzsteinen, aufgelassenen Bohnerzgruben, den Ruinen einer veritablen Raubritterburg und eines Bades, aber auch ganz viel Natur und am Ziel einem schmucken Dorf.

Ausgangspunkt: Neuhausen, Herbstäcker, 459 m; Endstation der Stadtbuslinie 1. Anfahrt: Stadtbus 1 ab Schaffhausen Bahnhof via Neuhausen Zentrum. – Auto: in Neuhausen Richtung Zürich, dann der Trolleybusoberleitung folgen, bezeichnete Parkplätze vor und nach der Endhaltestelle.
Endpunkt: Osterfingen, 430 m. Rückfahrt: Regionalbus 27 Osterfingen–Bahnstation Wilchingen-Hallau; von dort weiter mit der S-Bahn nach Schaffhausen Bahnhof.
Anforderungen: Schmale, wurzlige Pfade; nach viel Regen streckenweise morastig.
Einkehr: Rossberghof (Mo, Di geschlossen), Bad Osterfingen, Bergtrotte Osterfingen.
Hinweis: Gartenpfad Osterfingen: die schönsten Bauerngärten entlang des Straßendorfes.

Von der Busendhaltestelle in **Neuhausen** ❶ folgen wir den Wegweisern Richtung Wasenhütte und den Hinweisen »Grenzweg« durch die Schützenstrasse leicht steigend, bald eben dem Waldrand folgend. Nach einer knappen halben Stunde geht's auf Höhe des markanten Aazheimerhofes mit seinem prägnanten Treppengiebel rechts in den Wald und vor der fol-

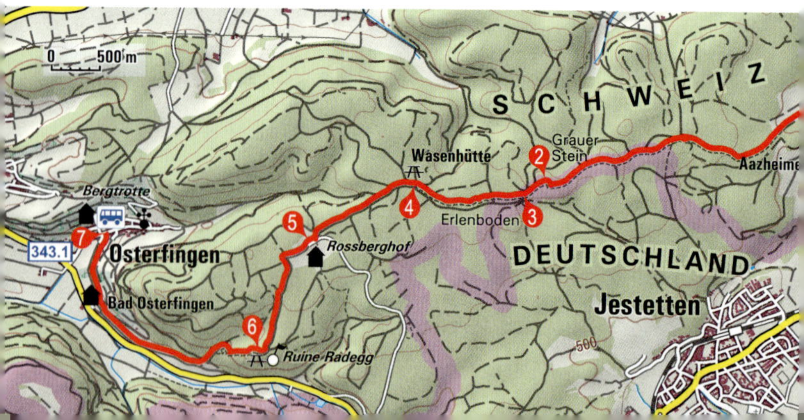

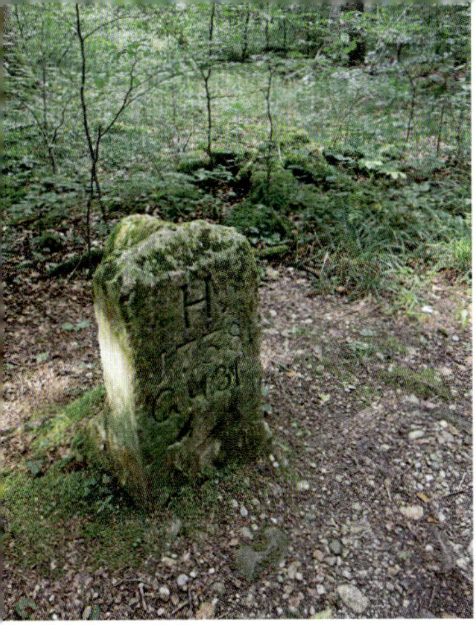

Geschichtsträchtig und …

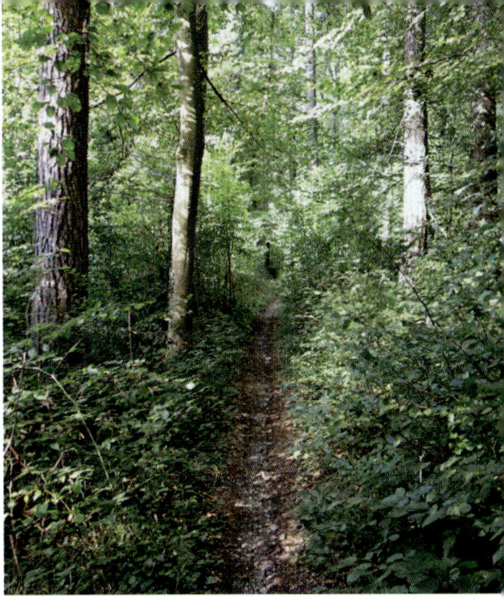

… naturprächtig.

genden Wiese gleich wieder links. An deren Ende finden wir im Wald den Beginn des unverkennbaren Pfades, dem wir aufwärts folgen. Er führt uns entlang verschiedener Grenzsteine immer weiter durch den Wald. Beim Stein 66 verpassen wir den kurzen Schwenker nach rechts zu 67 und dem dabeiliegenden **Grauen Stein** 2 nicht. Beim **Erlenboden** 3 überqueren wir einen Fahrweg. (Bei sehr nassem Wetter folgt man von hier bis zur Wasenhütte besser dieser Naturstraße.) Der schmale Pfad schlängelt sich zwischen den ehemaligen Bohnerzgruben durch den schönen Mischwald. Bei der **Wasenhütte** 4 finden wir Rast- und Feuermöglichkeiten. Nun folgen wir weiter der Naturstraße halb links auf der Höhe zum **Rossberghof** 5. Wir bleiben geradeaus bis zum folgenden Waldrand, wo wir links Richtung Radegg abbiegen. Die sagenumwobene **Ruine Radegg** 6, wo das gute Kätterli die blaue Wunderblume hütete (siehe Tour 51), steht auf einem Felssporn. Auf schmalem, bewaldetem Grat steigen wir ins Wangental ab, wo uns der Wanderweg nach rechts nach **Osterfingen** 7 führt.

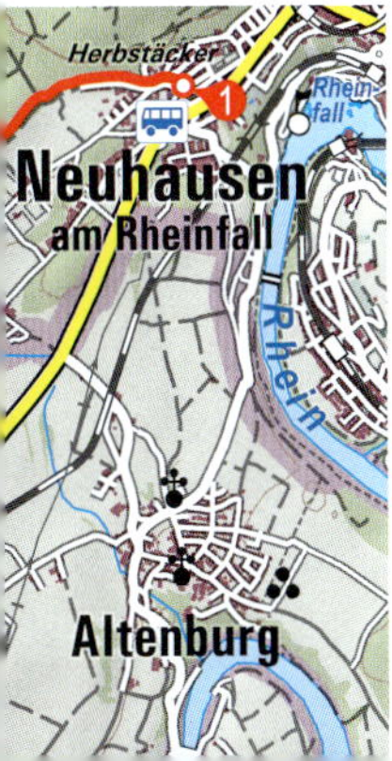

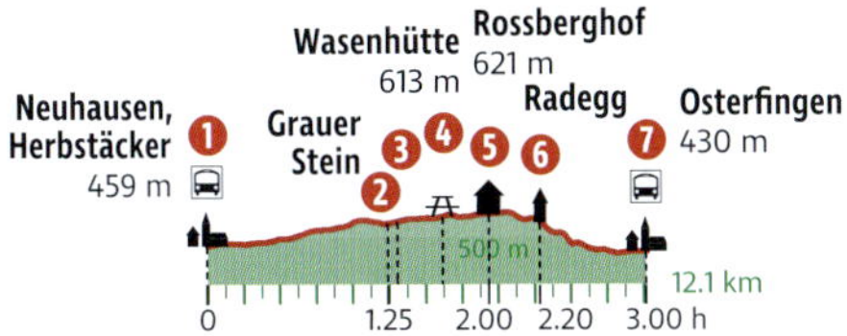

↗ 250 m | ↘ 250 m | 7.1 km

51 Burg Radegg

2.15 h

Steile Pfade zur einsamen Ruine auf dem Felsensporn

Das ist eine ideale Tour mit Kindern im Primarschulalter, die sich für Burgfrauen, Raubritter und romantische Ruinen interessieren. Andere halten sich mehr an den urwüchsigen (Flaum-)Eichenwald und die botanischen Preziosen. So oder so: eine gediegene Runde weitab vom Schuss.

Ausgangs- und Endpunkt: Osterfingen, 430 m. Anfahrt: S-Bahn Schaffhausen bis Station Wilchingen-Hallau, dann Bus 27 bis Osterfingen. – Parkplatz in Osterfingen bei der Bergtrotte.
Anforderungen: Flurstraßen, im Anstieg zur Radegg steiler, wurzliger Pfad.
Einkehr: Restaurant Rossberghof (montags und dienstags geschlossen), Bergtrotte Osterfingen.
Hinweise: Picknickplatz mit Feuerstelle bei der Burg. – Zur Burgruine Radegg gibt's eine spannende Sagengeschichte; »s' Kätterli vo Radegg« (www.wangental.ch; in Schaffhauser Mundart). – Auf dem Rückweg im Haartel im Wald kurz vor dem Dorf: toller Spielplatz. – Vgl. auch Hinweise bei Touren 52 und 53.

Von der Busendhaltestelle **Osterfingen** ❶ gehen wir noch etwas dorfwärts und finden gleich rechts den Abzweig. Auf einer Feldstraße wandern wir südwärts. Wir wandern über dem Bad Osterfingen vorbei, das schon die Römer benutzten, und laufen ins Wangental. Nachdem der Weg an

Burgruine Radegg.

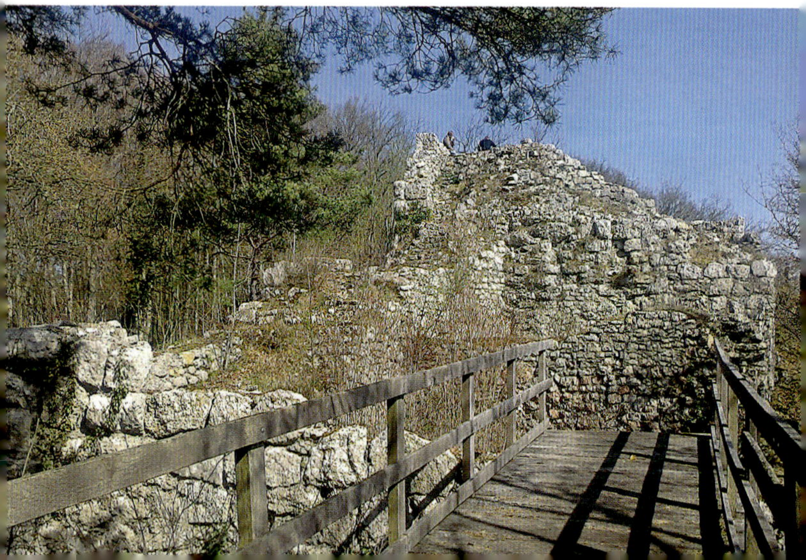

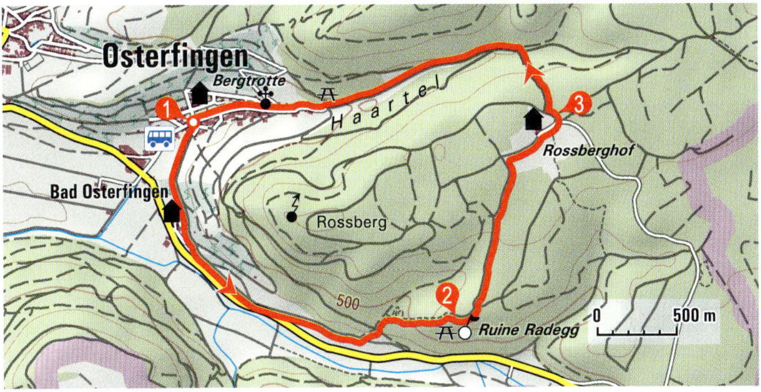

den Waldrand gekommen ist, biegen wir links in ein Seitental ein. Bald beginnt zur Rechten der schmale Pfad, der uns über eine Krete zur **Burgruine Radegg** ❷ hinaufführt. Wir betreten die Ruine über die Holzbrücke und können auf den befestigten Mauern bis zum höchsten Punkt klettern (Vorsicht!). Um zum Rastplatz über der Burg zu gelangen, müssen wir die Ruine wieder über die Brücke verlassen und im Bogen um die Mauern herumgehen. Vom Rastplatz wandern wir eben weiter und bei der ersten Verzweigung links. Immer geradeaus bringt uns die Forststraße zum Waldrand und von dort zum **Rossberghof**.

2 Min. weiter am **Waldrand** ❸ gehen wir links und steigen auf dem unangenehm steilen Fahrweg in der Falllinie des Hanges ab in das Tälchen Haartel. Dort wenden wir uns nach links und folgen der Naturstraße talauswärts. Kurz vor dem Dorf finden wir im Wald rechts einen reichhaltigen Spielplatz. Dann wandern wir geradeaus ins Dorf hinein und durch die breite Dorfstraße mit ihren vielen Gärten und Vorplätzen bis zur **Bushaltestelle** ❶.

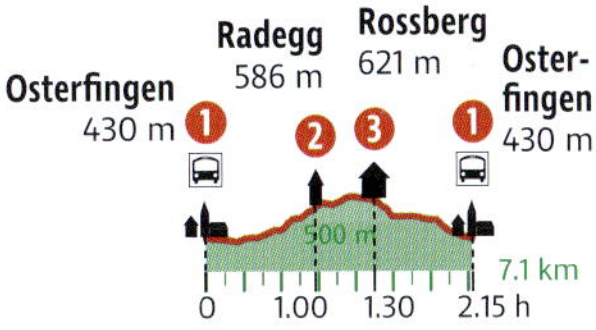

Aufstieg zur Radegg.

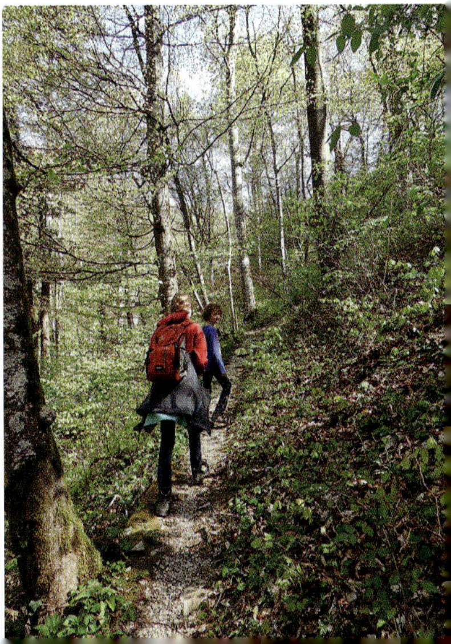

↗ 350 m | ↘ 350 m | 14.4 km

52 Rossberg

3.45 h

Große Runde in der Genussregion Wilchingen und Osterfingen

Zur »Genussregion« haben sich die drei Gemeinden Trasadingen, Wilchingen und Osterfingen zusammengetan. Und sie tun alles, um ihrem Motto gerecht zu werden. Wir wandern auf schönen Wegen durch viel Natur und kommen aus dem staunenden Schauen nicht hinaus: eine reichhaltige Runde voller Erlebnisse – die Bergkirche Wilchingen, der botanische Lehrpfad, der Aussichtspunkt Stuel mit seiner verborgenen Klanginstallation, schöne Waldwege, ein Restaurant auf der Höhe, der Diptam über den Kalkfelsen, die Bank im Himmelreich, das Dorf im sanften Wiesental, die Gärten, die gewaltige Bergtrotte (Weinpresse), die Höhle im Fels, das schmucke Straßendorf mit seinem Museum über dem Bogen ... Schauen Sie selbst!

Ausgangs- und Endpunkt: Bahnhof Wilchingen-Hallau, 413 m. Anfahrt: S-Bahn Schaffhausen (Schaffhausen–Erzingen). – Parkplatz beim Bahnhof oder bei der Bergkirche Wilchingen (Tour dort starten und beenden).
Anforderungen: Durchgehend auf Flurstraßen ohne schwierige Stellen.
Einkehr: Restaurant Rossberghof (Mo, Di geschlossen), Bergtrotte Osterfingen (Mo, Di geschlossen), Gastbetriebe in Wilchingen.

Variante: Mit dem Bus von Wilchingen Dorf bis Wilchingen Station zurückfahren.
Hinweise: Osterfingen ist berühmt für seine Gärten vor den Häusern (ein Augenschmaus!) und für die frischrenovierte Bergtrotte (www.bergtrotte.ch). – Wilchingen ist das Schaffhauser Dichterinnendorf: Bertha Hallauer, Ruth Blum und der Mundartschriftsteller Albert Bächtold stammen von hier; das sehenswerte Ortsmuseum gibt Hinweise (www.wilchingen.ch).

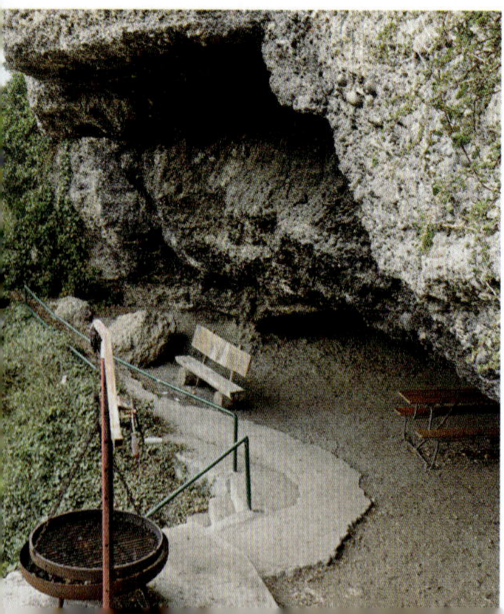

Von der **Station Wilchingen-Hallau** ❶ gehen wir südwärts auf dem Asphaltsträßchen bis auf den Hügel vor Wilchingen, wo wir links gleich zur **Bergkirche** ❷ aufsteigen. Hier gibt's Aussicht, und ein Besuch der großen achteckigen Kirche lohnt sich; in der Friedhofecke beim Turm liegen auch die Dichterinnen und der Dichter begraben.
Auf dem Höhenzug gehen wir nun ostwärts weiter: Ein reichhaltiger Baumlehrpfad begleitet uns. Schließlich betreten wir den Wald

Höhle Winterlislöchli.

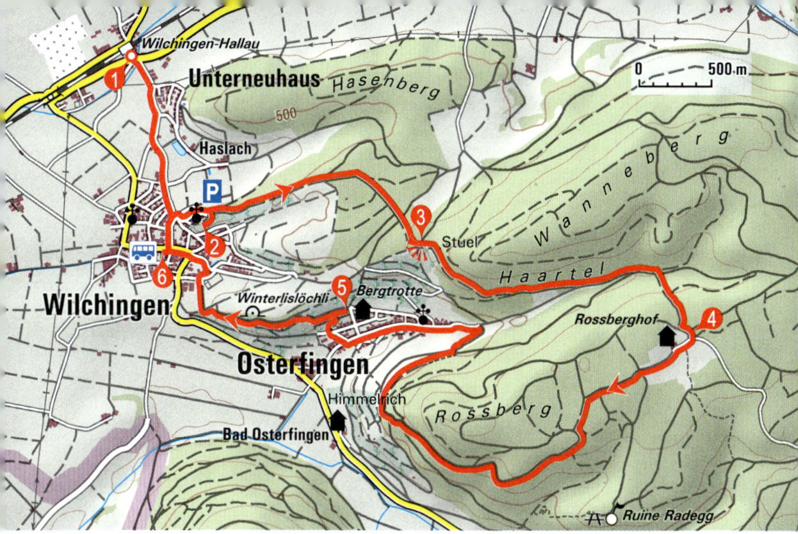

und wählen 3 Min. später die erste Verzweigung nach rechts. Immer geradeaus bringt sie uns zum Aussichtspunkt **Stuel** ❸ hoch über Osterfingen. Das Reservoir birgt in seinem Innern eine Klanginstallation, wo Wasser in Schalen tropft – vielleicht hören wir etwas davon, wenn wir an der Türe lauschen?

Für den Weiterweg steigen wir auf der Krete ostwärts noch ein wenig an und wenden uns im Wald nach rechts. Sanft abwärts leitet uns ein wunderbarer alter Weg durch den Hang hinunter ins Haartel. Wir folgen der Naturstraße nach links, bis wir 500 m weiter im Talsteighau nach rechts einen steilen Fahrweg finden, der uns in der Falllinie hinaufbringt. Nach kurzer Anstrengung erreichen wir die Wegverzweigungen des **Rossberges** ❹ und sehen rechts das Restaurant.

Wir folgen von dort der Naturstraße horizontal südwestwärts. Wo sie auf den Wald trifft, verlassen wir den Wanderweg und gehen geradeaus weiter (nach links der Weg zur Burgruine Radegg, siehe Tour 51). Statt den gelben Rhomben leiten uns nun Staamanndli (Steinmänner). Bei der zweiten

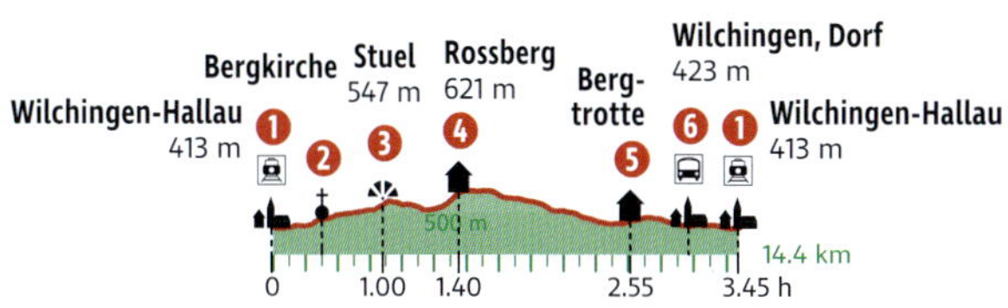

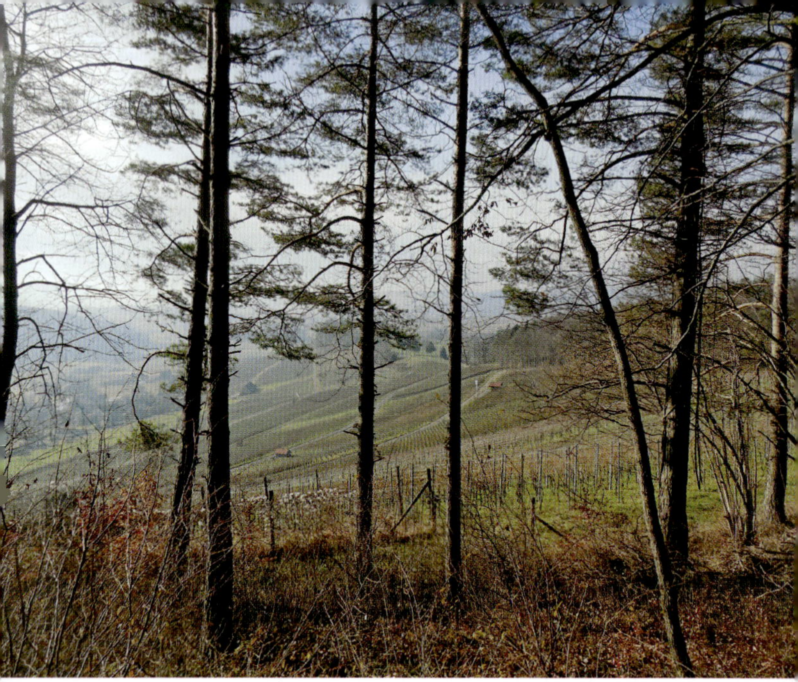

Wald und Wein.

Verzweigung im Wald gehen wir links abwärts. Die Forststraße bringt uns zum Rast- und Feuerplatz Steimüri, wo wir Aussicht ins Wangental haben. Wir folgen weiter der Forststraße abwärts; in der zweiten Hälfte Mai entdecken wir über den Felsen vielleicht die großen Blüten des seltenen Diptams. Nach einem Holzlagerplatz gelangen wir schließlich am Waldrand ins Himmelrich. (Es ist möglich, von hier direkt nach Osterfingen abzusteigen.)
Der Weg wendet sich nach rechts und folgt dem Waldrand. In großem Bogen wandern wir oberhalb von Osterfingen entlang und gelangen hinten wieder ins untere Haartel und von dort ins Dorf. Wir durchschreiten es geradeaus auf der Dorfstraße mit den vielen Gärten bis zur Bushaltestelle. Hier wenden wir uns nach rechts und steigen auf zur **Bergtrotte Osterfingen** 5.
Vor dieser läuft der Weg eben weiter. Wir wandern durch die Weinberge, dann den Felsen des Spitz entlang, wo wir noch zur geräumigen Höhle Winterlislöchli aufsteigen können. Im Bogen durch die Obstwiesen erreichen wir schließlich **Wilchingen** 6. Beim Torbogen unter dem Ortsmuseum durch beginnt der Rückweg zur **Station Wilchingen-Hallau** 1.

↗ 350 m | ↘ 350 m | 11.7 km

3.00 h

Wangental

Preziosen der Natur: Feuchtgebiet »Im See«, Ernstelbach, Bohnerzspur

Ein biberbewohntes Seelein samt Beobachtungsstegen, -hütten und -plätzen ... im Ernstel ein lebendiger Bach, der unvermittelt den Felsschichten entspringt und über die Schichtstufen treppab zwischen den Bäumen murmelt ... eine schön angelegte Bohnerzspur als Rundgang im Wald: ein halb biologischer, halb historischer Lehrpfad ... so viel Wunderbares gibt es im Wangental zu entdecken! Nicht zu vergessen: das römische Bad, die Orchideen unten an der Radeggerhalde, die Weine und übrigen Genussdinge in der Bergtrotte. Und viel abgelegene Natur dazwischen ... eintauchen in eine andere Welt!

Ausgangs- und Endpunkt: Osterfingen, Hst. Lindenhof, 428 m. Anfahrt: S-Bahn Schaffhausen bis Station Wilchingen-Hallau, von dort Regionalbus 27 bis Osterfingen, Lindenhof (Endhaltestelle). – Parkplatz bei der Bergtrotte Osterfingen.
Anforderungen: Durchgehend Flur- und Feldsträßchen, teilweise grasbewachsen und feucht.
Einkehr: Unterwegs Restaurant Rossberghof (Mo, Di geschlossen), am Endpunkt Bergtrotte Osterfingen (Mo, Di geschlossen).
Varianten: 1. Noch den Weg über Burgruine Radegg gehen (+ 20 Min.). – 2. Mit dem Auto ins Wangental fahren, wo sich ein ausgeschilderter kleiner Parkplatz befindet, und von dort aus nur Biotop, Ernstelbach und Bohnerzspur besichtigen. – 3. Auf bezeichnetem Wanderweg über das Käppele (hervorragender Aussichtspunkt) und Baltersweil ins Wangental.
Hinweis: Die 2015 erweiterte und renovierte Bergtrotte Osterfingen (eine alte Weinpresse) lohnt den Besuch (www.genussherz.ch).

Von der Busschleife beim **Lindenhof** in **Osterfingen** ❶ gehen wir wenige Schritte dorfwärts zu einer Kreuzung und dort rechts dorfauswärts. Über eine kleine Anhöhe gelangen wir zum **Bad Osterfingen** ❷, zu dem wir nach rechts absteigen. Wir folgen wenige Meter der Straße südwärts und gehen gleich rechts auf einer Feldstraße durch das Tal zum jenseitigen Waldrand. Hier wenden wir uns nach links und folgen dem Waldrand. Wo die Feldstraße stärker zu steigen beginnt (Variante 3: geradeaus), gehen wir links eben weiter taleinwärts.
Am Ende dieses langen geraden Stücks versetzen wir uns wenig nach links und bleiben geradeaus, nun auf einem grasbewachsenen Feldweg. Er folgt bald dem Waldrand. Bei einem Rastplatz mit Brunnen behalten wir weiterhin unsere Richtung bei und bleiben am Waldrand. Und

Staamanndli.

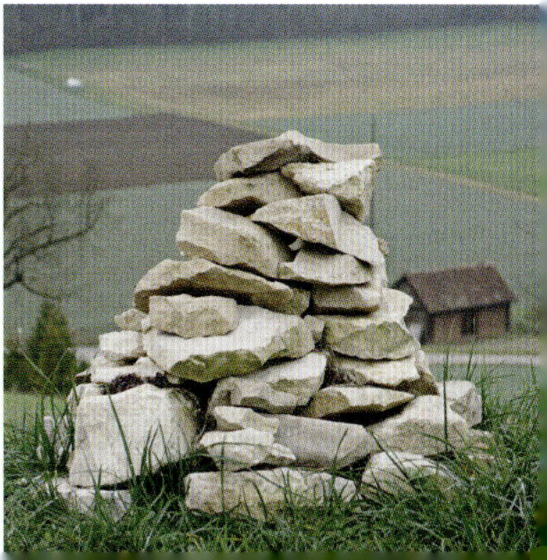

noch einmal versetzen wir uns etwas nach links, halten uns aber weiter geradaus am Waldrand. Von rechts stößt der Hohlgraben zu uns; wir überqueren eine Brücke und finden danach den Fahrweg, auf dem auch der Wanderweg verläuft. Er bringt uns nach Kurzem zum **Biotop** im **Wangental** 3, wo wir nach links abbiegen. Nun gibt es viel zu schauen und zu beobachten. (Dieses Wegstück wird in den kommenden Jahren ausgebaut.) Für den Weiterweg überqueren wir auf der anderen Talseite vorsichtig die Verkehrsstraße. Hier befindet sich die Verzweigung für die Zufahrt zum Rossberghof. Wir aber wenden uns nach links und gehen auf einer Forststraße bis zum **Ernstelbach** 4, den wir auf einer Brücke überqueren. (Wer hier noch weiter talauswärts wieder zur Straße vorgeht, findet dort rechter Hand eine Straßenböschung voller Orchideen; Trampelpfad nicht verlassen!) Wir folgen dem wunderbaren Bach talaufwärts auf der Forststraße oder auf den Pfadspuren dem Bächlein nach. Nur wenig höher verstummt der muntere Bach plötzlich; wir sehen die Felsschichten, denen er entspringt. Weiterhin steigen wir auf der Naturstraße durch das Ernsteltal auf, bis sie sich zweiteilt: Hier gehen wir nun zuerst rechts und steigen auf bis zum **Cholplatz** 5; an der Wand der Forsthütte finden wir allgemeine Informationen zum Bohnerz. Wir überqueren die Straße und gehen leicht nach rechts versetzt auf einer Waldstraße weiter, wo wir nach der ersten Kurve zur Rechten auf die **Bohnerzspur** stoßen. Sie führt uns auf einem schön gestalteten Rundgang durch den Wald und ist ausgesprochen vielfältig und erlebnisreich.

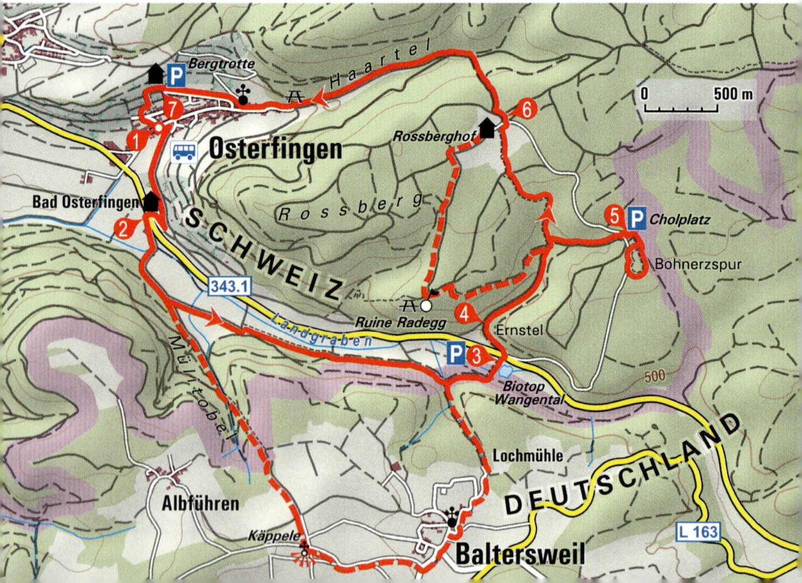

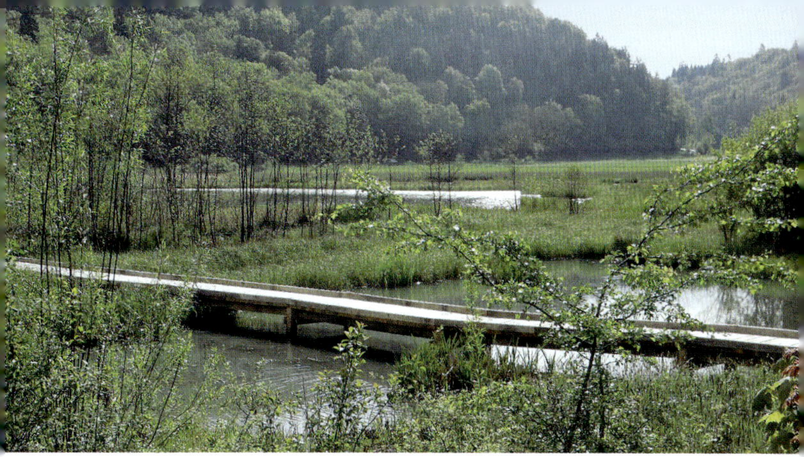

Biotop im Wangental.

Später gehen wir auf dem Hinweg zurück bis zur Wegteilung im Aufstieg. Nun wenden wir uns nach rechts und steigen durch das andere Tälchen auf. (Variante zur Radegg: bei der Wegteilung halb links durch die Bergflanke aufsteigen und bei der Wegkreuzung auf der Höhe links zur Radegg). An den Felsformationen der **Tüfels-Chuchi** (Teufels-Küche) vorbei führt uns der Wanderweg in die Höhe. Beim Brunnen unten an der Rossbergwiese versetzen wir uns nochmals wenig rechts und gehen dem Waldrand nach, dann direkt über die Wiese in der Falllinie hinauf Richtung **Rossberghof** 6. Auf der Höhe geht's links zum Restaurant oder rechts zum Waldrand, vor dem wir einen Bogen beschreiben, um auf der Nordseite durch einen steilen Hohlweg gerade hinunterzugehen. Im Tälchen unten schwenken wir nach links und wandern nun stets in gleicher Richtung talauswärts bis nach **Osterfingen**. Wir bleiben ein Stück auf der Dorfstraße, halten uns dann aber nach der Kirche rechts und folgen dem Sträßchen am oberen Siedlungsrand bis zur **Bergtrotte** 7. Zum Abschluss finden wir westlich des alten Trottengebäudes gleich einen hübsch angelegten Pfad, der uns hinunter zur **Bushaltestelle Lindenhof** 1 bringt.

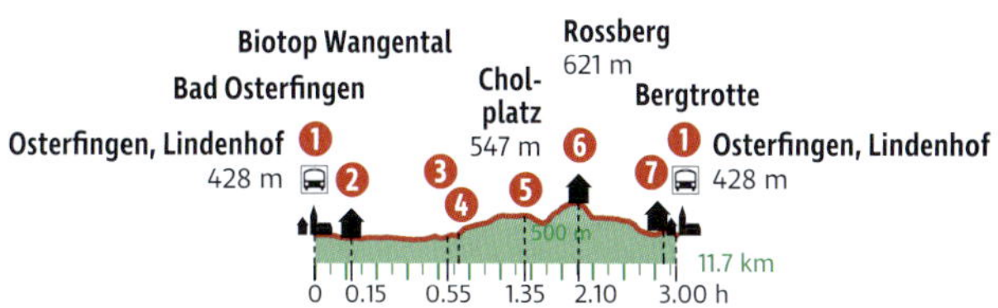

↗ 440 m | ↘ 440 m | 15.4 km

54 Über den Südranden

4.00 h

Auf Spuren des Bohnerzabbaus von Neunkirch nach Neuhausen

Südranden – das sind die Berge südlich des Oberklettgaus: Rossberg, Wannenberg, Häming, Lauferberg und andere mehr. Beim Wandern über die bewaldeten Höhen des Südrandens fällt bald die mondkraterartig verlöcherte Struktur des Bodens auf. Hier wurde früher aus den oberflächlichen Tonschichten (Boluston) das bohnenförmige Erz herausgekratzt und vor Ort ein erstes Mal gewaschen. Bereits im 16., dann vor allem im 18. Jahrhundert und nochmals intensiv von 1802 bis 1850 wurde dieser Erzabbau betrieben und damit der Grundstein zur Schaffhauser Eisenindustrie gelegt. Die Verhüttung im Hochofen fraß allerdings auch gewaltige Mengen Brennholz, sodass die Wälder weitgehend abgeholzt wurden. Die Gemeinden erkannten früh die Tatsache, dass der karge Verdienst aus dem damit verbundenen Fuhrbetrieb den Verlust der wertvollen Wälder nicht aufwog und schützten diese. Heute sind viele der Löcher mit Wasser gefüllt und bilden Biotope. Ein besonders schönes, liebevoll gepflegtes wurde von Markus Üehlinger im Winterihau geschaffen. – Die Wanderung zeigt das schmucke Städtchen Neunkirch, viel schönen Wald, Hunderte von Bohnerzgruben, das fantastische Biotop und viel interessante Botanik, den Hämingsteig mit den Karrengeleisen für die schwer beladenen Erzwagen sowie Ausblicke über den obersten, industriell genutzten und dicht bewohnten Teil des Klettgaus von zwei Massenkalkterrassen im Wald aus.

Armenfeld über Neunkirch.

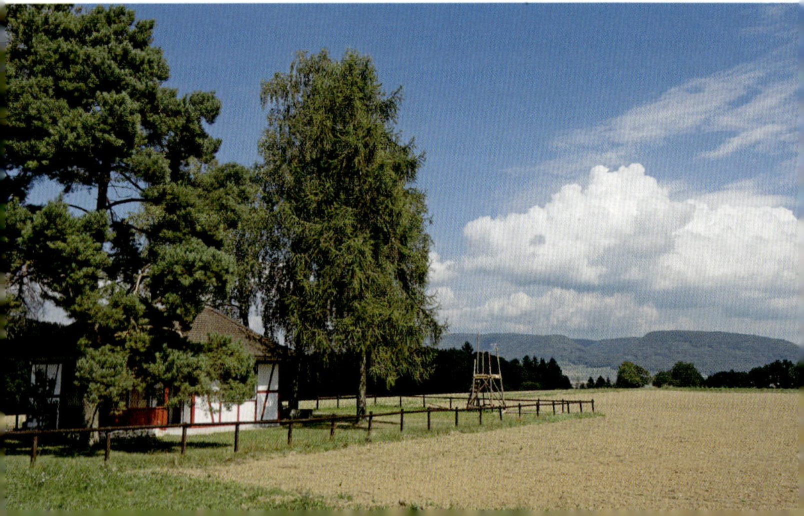

Ausgangspunkt: Neunkirch, Bahnhof, 426 m. Anfahrt: S-Bahn Schaffhausen (Schaffhausen-Erzingen). – Parken in Neunkirch, bei Neuhausen Bad Bhf, oder in Schaffhausen.
Endpunkt: Neuhausen, Bad Bhf, 440 m. Rückfahrt: S-Bahn Schaffhausen.
Anforderungen: Forststraßen und teils unebene, manchmal schlammige Pfade.
Einkehr: Unterwegs keine; Gastbetriebe an den Eckpunkten.
Variante: In Guntmadingen abbrechen, Hst. Regiobus 5 Min. nördlich von WP 7.
Hinweis: Zum Bohnerzabbau vgl. auch Touren 50 und 53.

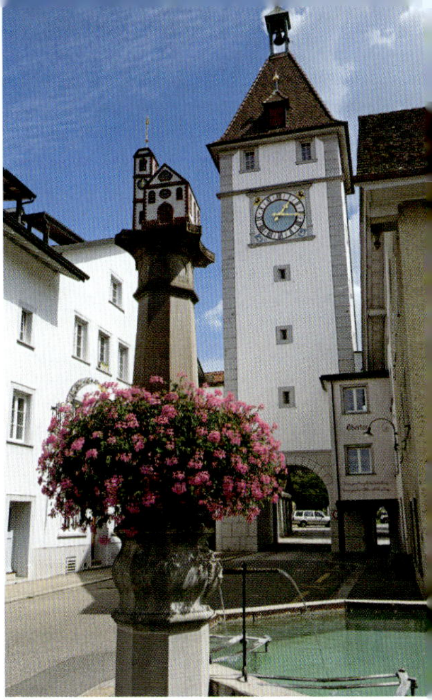
Neunkirch.

Es beginnt mit einer Stadtbesichtigung. Vom **Bahnhof Neunkirch** 1 gehen wir ostwärts durch das sehenswerte Städtchen und verlassen es dann durch den Torturm. Wir wenden uns nach rechts und folgen südwärts dem Wanderweg unter der Straße und der Eisenbahn durch. Immer geradeaus überschreiten wir den Hügel, wo links die »neue« Kirche thront. Durch eine Ebene halten wir gegen den Wald zu und folgen dem linken Waldrand auf einer Fahrstraße. Nach einem Bauernhof gehen wir im Bogen rechts aufwärts und auf einer Naturstraße zur Hütte im **Armenfeld** 2. Dort wenden wir uns nach links und bei der gleich folgenden Verzweigung halb links. Auf der Naturstraße steigen wir durch die Halde auf. Bei den Verzweigungen auf der Höhe bleiben wir geradeaus und wandern durch den Wald. Nach einer knappen Viertelstunde dürfen wir den Abzweig beim **Winterihau** 3 nicht verpassen. Ein etwas überwachsener Forstweg geht links ab, wo wir nach Kurzem den Beginn eines Pfades finden, der sich durch das Biotop schlängelt. Wir folgen ihm bis zu einer alten Hütte an einem Seelein. Danach gehen wir links auf dem Pfad zu dessen Anfang zurück.
Wieder auf der Forststraße setzen wir die Wanderung fort bis zur **Wasenhütte** 4 und ihrem Rastplatz.
Der Weiterweg verläuft als sehr schöner Waldpfad ostwärts. (Er ist bei sehr nassem Wetter schlecht zu begehen, sodass man besser auf die parallel verlaufende Naturstraße ausweicht bis zum Erlenboden, wo die Straße nach Norden abzweigt.) Der Pfad überquert die Straße und zieht nordostwärts. 250 m später verpassen wir auf der Höhe links nicht den **Grauen**

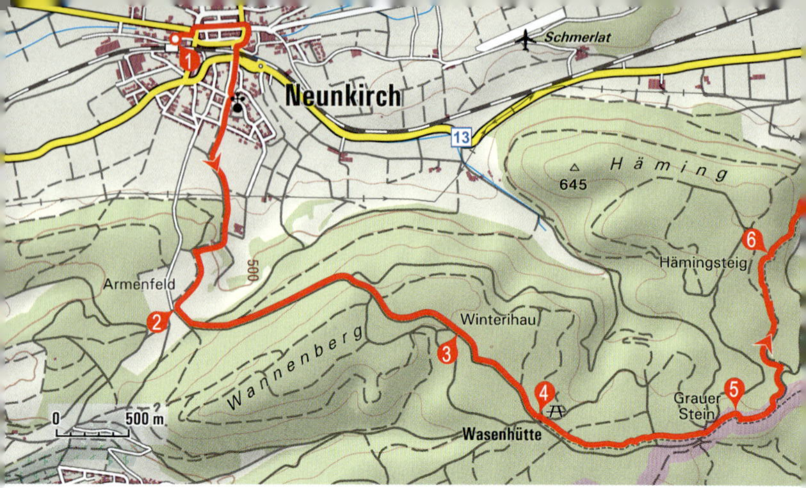

Stein 5, einen Findling, der seit alters die Grenze markiert. Dieser folgen wir anschließend noch knapp 400 m weiter und biegen dann vor Grenzstein 63 nach links ab. Auf Pfadspuren durch den Wald gelangen wir gleich zu einem breiten Forstweg. Dieser mündet etwas tiefer in eine deutliche Forststraße und wir gehen scharf links. Immer der Waldstraße folgend, eine Querstraße gerade überquerend, gelangen wir nach einem kurzen Aufstieg

Biotop Winterihau.

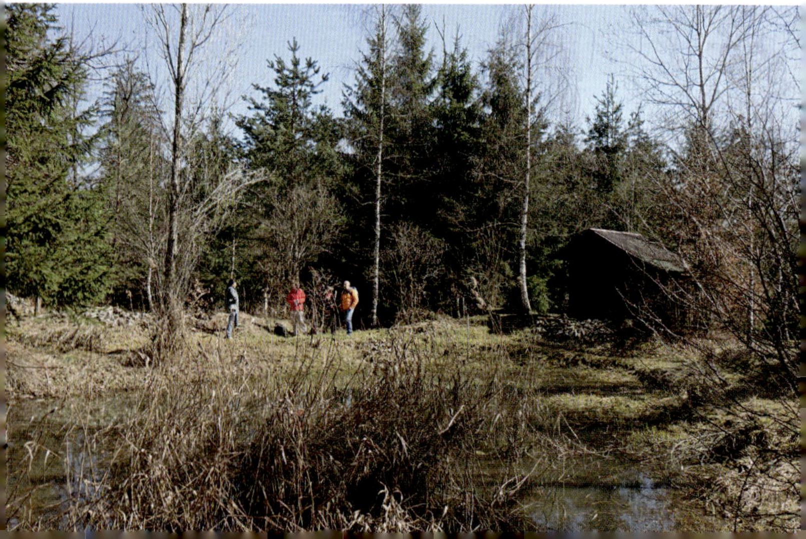

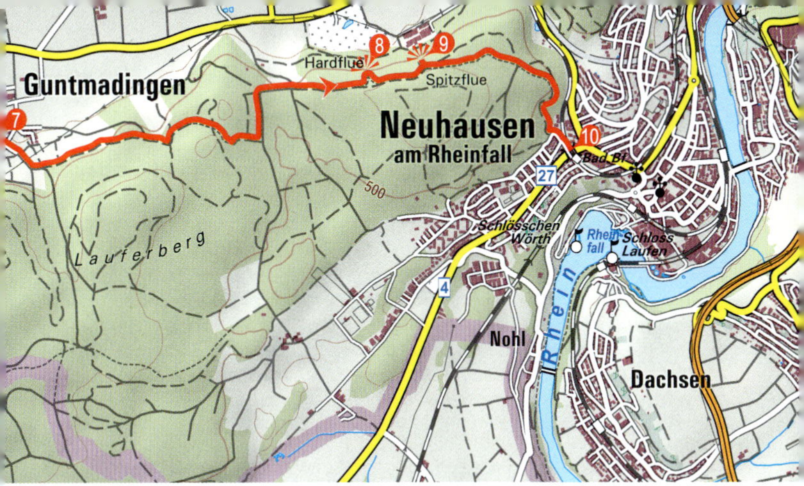

zum Abzweig des **Hämingsteigs** ❻. Wir folgen dem alten, teilweise tief eingegrabenen Fahrweg durch die Flanke hinunter. Am Waldrand wandern wir durch das Wiesental abwärts nach **Guntmadingen** ❼.

Am oberen Dorfrand gehen wir gleich wieder aufwärts zum Waldrand und folgen diesem ostwärts. Eine Viertelstunde später geht der Wanderweg auf einem rauen Forstweg kurz steil aufwärts, überquert die Hügelkuppe und läuft als Pfad jenseits wieder hinunter. Wir folgen stets den Markierungen, die uns wieder nach links leiten, und kommen so zu einer Wiese auf der Krete über Beringen. Ostwärts bleiben wir auf der Forststraße auf der Krete, bis wir auf der Höhe nach links auf einem Pfad zur **Hardflue** ❽ und wenige Minuten später noch zur **Spitzflue** ❾ hinaustreten können. Im Tal unten schnauft und dröhnt mindestens werktags das industrielle Leben, während wir hier bei den Felsformationen romantische Natur erfahren.

Schließlich folgen wir der markierten Route weiter, die uns auf einer Forststraße direkt zum **Badischen Bahnhof** von **Neuhausen** ❿ bringt. Wer noch zum Rheinfall will (rund 15 Min.), geht hier rechts und folgt den Wanderwegmarkierungen.

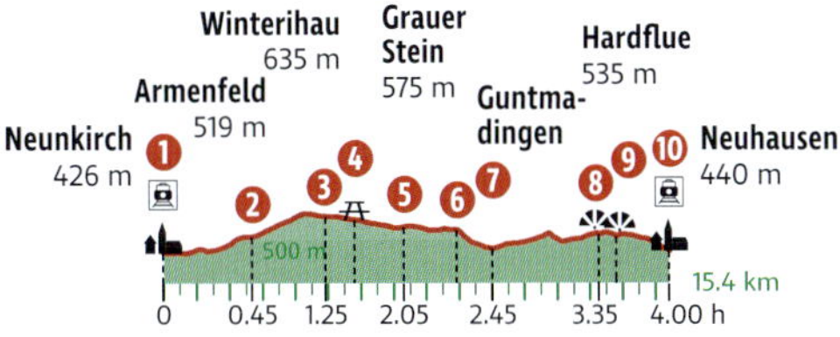

TOP

↗ 200 m | ↘ 350 m | 14.1 km

55 Hallauerberg

3.30 h

Höhenwanderung über den nördlichen Schüsselrand des Klettgaus

Das (auch »der«) Klettgau ist eine teils zu Schaffhausen, teils zu Deutschland gehörige weite Mulde, die gegen Nordwesten von einer Hügelkette begrenzt wird, die bei der Siblingerhöhe dem Randen entspringt: Oberhallauerberg, Hallauerberg und Wilchingerberg sind ihre Abschnitte. Ihre Südhänge sind hervorragende Reblagen und lassen gepflegte Weine gedeihen. Die freie Lage des lang gestreckten Hügelzuges vermittelt viel Weite und Aussicht in die Ferne. Weil die Krete ein Stück weit von einer Fahrstraße belegt ist, folgt die Wanderung in diesem Teil den Flurstraßen durch die Rebberge. Die ganze Strecke wird von SchweizMobil als »Blauburgunderland Panoramaweg« ausgeschildert.

Ausgangspunkt: Siblingerhöhe, 555 m, Bushaltestelle. Anfahrt: Regionalbus 21. – Parkplatz: 200 m von der Siblingerhöhe Richtung Gächlingen.
Endpunkt: Trasadingen, Station DB, 405 m. Rückfahrt: S-Bahn Schaffhausen (für die Rückfahrt zum Auto auf der Siblingerhöhe wechselt man am besten bei der Station Neunkirch oder Beringerfeld auf den Regionalbus 21).
Anforderungen: Praktisch durchgehend Flurstraßen mit Naturbelag, keine steilen Wegabschnitte, schattenlos.
Einkehr: Unterwegs keine (ein Abstecher von der Bergkirche St. Moritz 3 hinunter nach Hallau braucht 10 Min. Abstieg und 15 Min. Aufstieg); Gastbetriebe in Trasadingen.
Hinweis: Schöner und informativer Wein-Lehrpfad in Trasadingen (ca. 1 Std. Gehzeit, 22 Infotafeln, Start beim Schulhaus).

Die weite Mulde des Klettgaus, im Hintergrund der Randen.

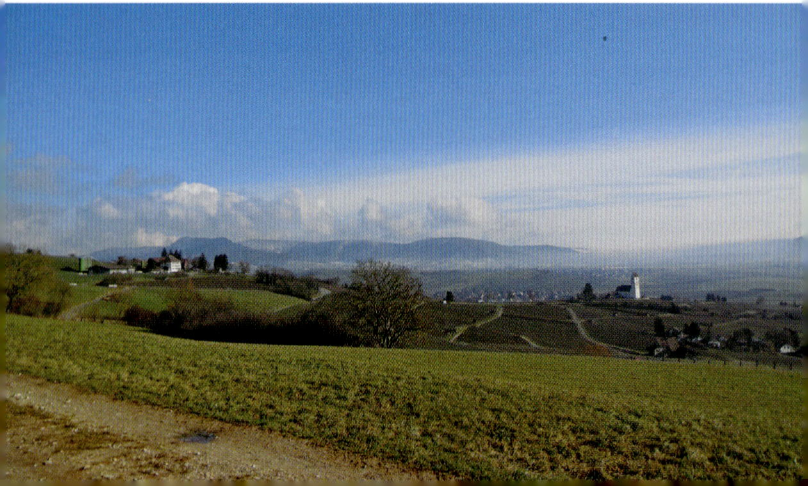

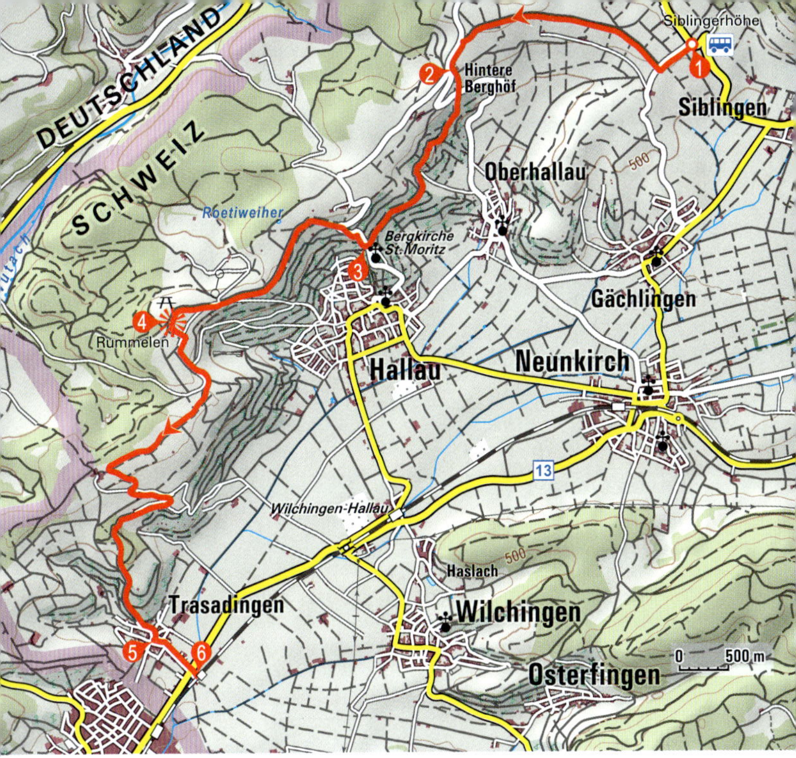

Von der **Siblingerhöhe** ❶ gehen wir südwestwärts am Straßenrand ganz auf die Höhe. Dort finden wir gleich rechts einen Parkplatz und den Abzweig auf die Flurstraße nach Nordwesten. Am Ende der langen Geraden, beim alten Grenzstein Chüetel, biegen wir links ab und beim Aussichtsbänkli über das Klettgau wieder halb rechts. Wir folgen nun der Flurstraße am oberen Rand der Klettgauschüssel. Immer geradeaus überschreiten wir den Hammel und müssen 500 m der Straße folgen bis zu den **Hinteren**

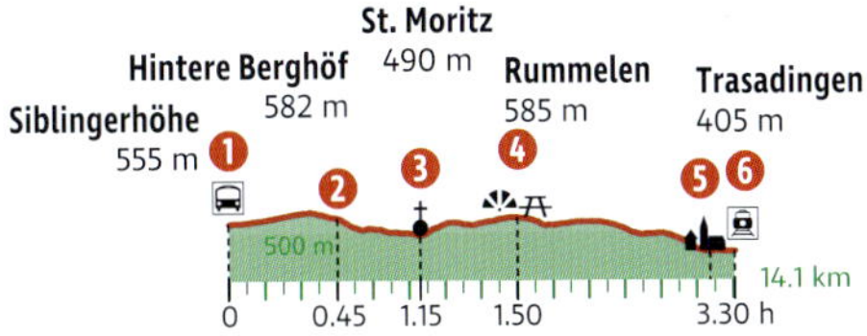

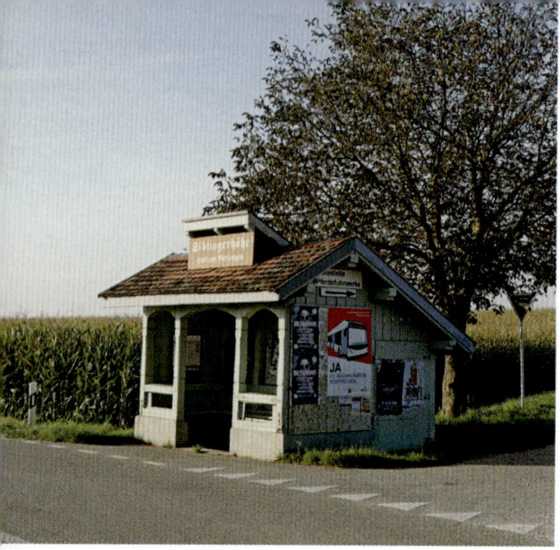

Siblingerhöhe: Wartehäuschen der ehemaligen Straßenbahn.

Berghöf ❷. (Wer Lust hat kann hier auf der Krete bleiben und der Straße nach wandern und auch nach den Hallauer Berghöf geradeaus auf der Höhe bleiben bis Rummelen.) Hier wenden wir uns nach links und steigen ab Richtung Oberhallau. Etwas tiefer quert unser Weg die Fahrstraße und läuft in einem Hohlweg abwärts. Bei der ersten Möglichkeit verlassen wir diesen Hohlweg nach rechts und wandern nun immer eben bis zur **Bergkirche Sankt Moritz ❸**. Dort schwenken wir nach rechts und steigen auf dem asphaltierten Gehweg auf, bis wir die Straße queren können (Rastplatz, Feuerstelle, Brunnen, Beginn eines Baumlehrpfades). Wir folgen nach links dem aufwärts führenden Sträßchen. Bald haben wir darauf die Höhe erreicht und folgen nach links der Flurstraße am oberen Schüsselrand. Immer geradeaus auf der Höhe gelangen wir zum Rast- und Aussichtsplatz beim Wasserreservoir **Uf Rummelen ❹**.

Vom Rastplatz Uf Rummelen gehen wir nur noch 100 m in der gleichen Richtung weiter und dann ganz links in Richtung des sichtbaren Bauerngehöfts. Links an ihm vorbei gehen wir abwärts zu einer Straße. Dort gehen wir rechts bis zur aussichtsreichen Kurve, wo wir gleich die Straße wieder verlassen und gegen eine auffällige Radaranlage aufsteigen. Bei dieser gehen wir immer auf der Krete des Wilchingerberges bis zum Berghof. Vor dem Gehöft schwenken wir links in einen Wiesenpfad, gehen abwärts und folgen dann der Straße weiter abwärts. Erst bei der zweiten Kreuzung wenden wir uns nach rechts, westwärts. Wir folgen den Markierungen durch einen Wald, dann wieder abwärts, einem schönen Waldrand entlang.

Schließlich wandern wir auf dem Asphaltsträßchen durch die Weinberge hinunter nach Trasadingen, wo wir auf dem ersten Platz mit einem Brunnen nach rechts gehen. So gelangen wir gleich zum Schulhaus und zum **Hauptwegweiser ❺**. Hier gehen wir wieder links und gelangen geradeaus zur **Station Trasadingen DB ❻**. Für die Bahn Richtung Schaffhausen müssen wir die Geleise beim Bahnübergang überschreiten.

Auf dem Hallauerberg.

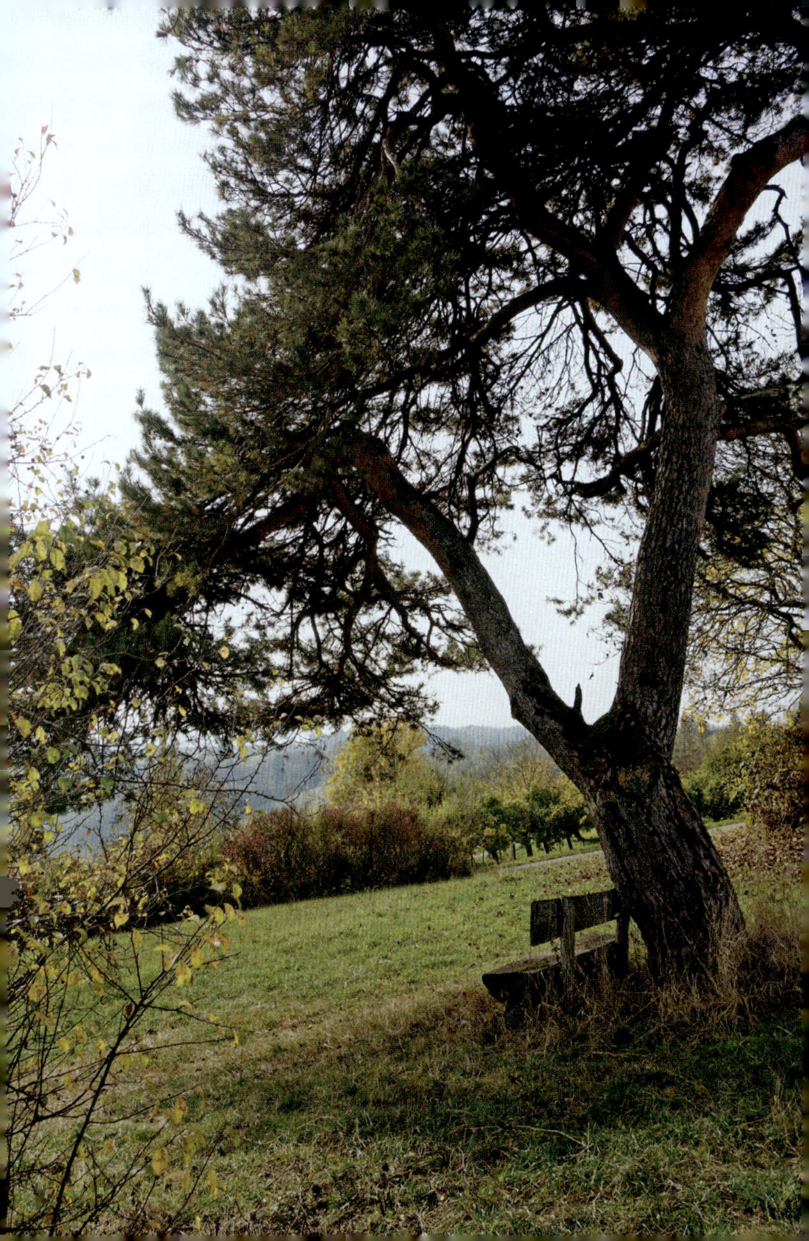

↗ 120 m | ↘ 120 m | 4.1 km

56 Meditationsweg Hallau

1.15 h

Bummel durch die Rebberge nebst Anregungen zum Sinnieren

Die südexponierten Hänge des Hallauerberges sind eine hervorragende milde Reblage. Viele Wirtschaftswege durchziehen sie. Die Stützmäuerchen und einzelne Hecken geben allerlei Pflanzen und mancherlei Getier Lebensraum. An prominenter Stelle thront die Bergkirche St. Moritz Hallau. Von der Kirche aus ist ein Meditationsweg ausgeschildert, der anhand von 15 ansprechenden Tafeln über Gott und die Welt, speziell aber über den eigenen Lebensweg nachdenken lässt. Wer will, macht sich seine oder ihre Gedanken oder genießt ganz einfach den angenehmen Spaziergang durch die Reben.

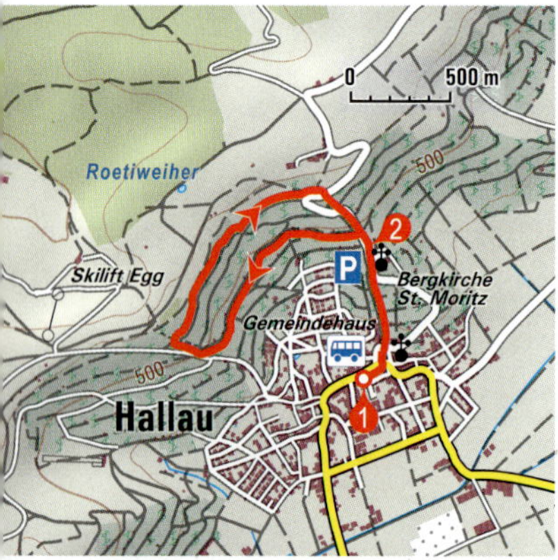

Ausgangs- und Endpunkt: Hallau, Haltestelle Gemeindehaus, 428 m. Anfahrt: S-Bahn Schaffhausen bis Station Wilchingen-Hallau; Bus 27 (Oberhallau–Osterfingen). – Parkplatz bei der Bergkirche Sankt Moritz.
Anforderungen: Leicht, Naturstraßen, ein Stück asphaltierter Weg.
Einkehr: Am Weg keine; Gastbetriebe in Hallau.
Hinweise: Fast am Schluss der Runde, am höchsten Punkt vor dem Wiederabstieg, befindet sich ein Rastplatz mit Feuerstelle und Brunnen (und der Beginn eines ausgedehnten Naturlehrpfades). – Hallau ist ein schmuckes Städtchen mit erstaunlich vielen kleinen Geschäften und lohnt den Besuch.

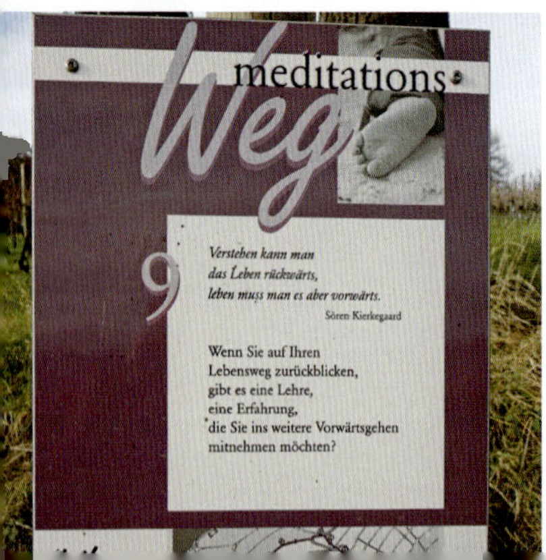

Meditationsweg.

Von der Haltestelle in **Hallau ❶** gehen wir auf der Hauptstraße ostwärts und bei der nächsten Kreuzung links aufwärts. Immer gerade auf dem Asphaltweg durch das Tälchen aufsteigend, gelangen wir zum Wegverzweig bei der **Kirche St. Moritz ❷** und zum Parkplatz. Oberhalb des Parkplatzes finden wir den Beginn des Meditationsweges, der ausgeschildert ist. Wir spazieren

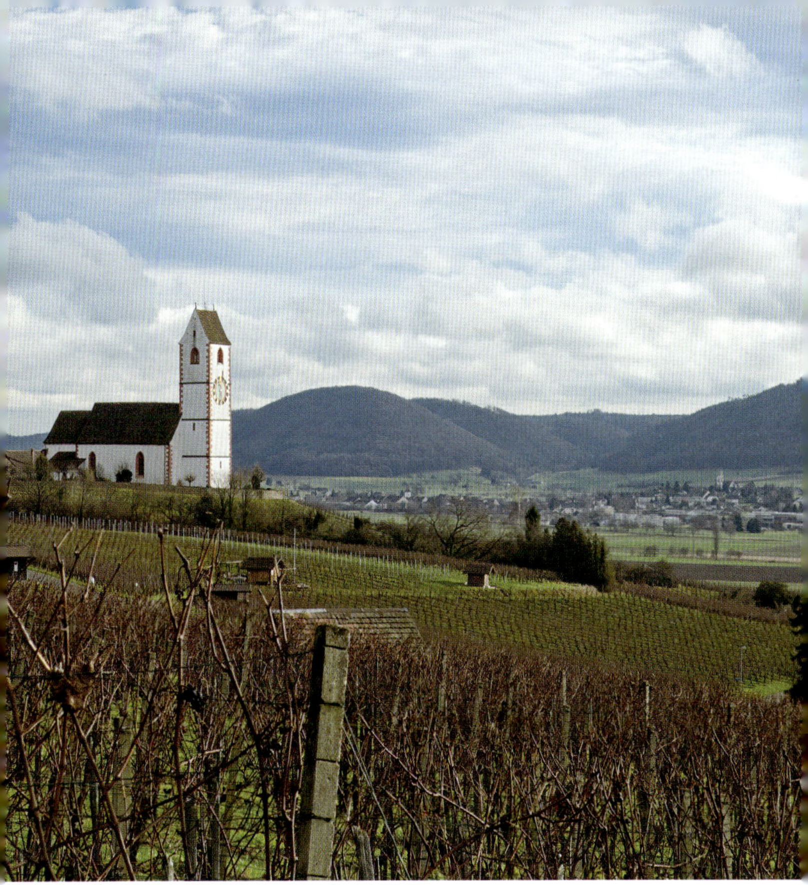

Bergkirche Sankt Moritz Hallau.

horizontal westwärts durch die Weinberge, steigen dann etwas ab und erreichen einen größeren Fahrweg. Vor einer Kreuzung steigen wir bei einem Wasserreservoir entlang einer Hecke auf und wählen die obere Naturstraße, um wieder nach rechts zu gehen. Bei einer Verzweigung gehen wir links aufwärts, an einem Tiergehege vorbei. So gelangen wir zur Kurve der Fahrstraße. Wir folgen dieser 100 m weit aufwärts bis zum Rastplatz. Von dort führt uns ein Weg nach rechts wieder zum **Ausgangspunkt** ❶ zurück.

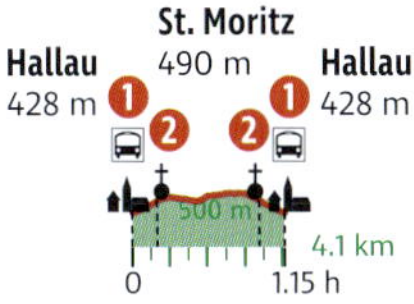

↗ 200 m | ↘ 280 m | 8.9 km

57 Silstig und Santiergen

2.15 h

Höhenwege nach Schleitheim – viel Himmel und grüne Täler

Klettgau und Schleitheimertal sind getrennt durch den lang gezogenen Hallauerberg, der bei der Siblingerhöhe aus dem Randen entspringt. Das Gehen auf den Höhen vermittelt viel Weite zum Durchatmen; Weiden, Äcker und Wälder beruhigen: eine wunderbar erholsame Tour!

Ausgangspunkt: Siblingerhöhe, 555 m, Bushaltestelle. Anfahrt: Regionalbus 21, Parkplatz, 200 m von Siblingerhöhe Richtung Gächlingen.
Endpunkt: Schleitheim, Haltestelle Adlerstrasse, 473 m (oder Gemeindehaus, 473 m). Rückfahrt: Regionalbus 21.
Anforderungen: Leichte Wanderung auf Flurstraßen.
Einkehr: Restaurant Hohbrugg (dienstags und mittwochs geschlossen), Gastbetriebe in Schleitheim.
Variante: Von Hohbrugg via Juliomagus (Thermenmuseum) nach Schleitheim wandern (vgl. Tour 20).
Hinweis: Im ganzen Kanton Schaffhausen sind Tafeln des Schaffhauser Dichterpfades aufgestellt. Einigen begegnen wir auch auf dieser Wanderung, so dem ergreifenden Gedicht »Ich bin gewandert einen langen Weg« von Bertha Hallauer aus Wilchingen.

Klettgaublick.

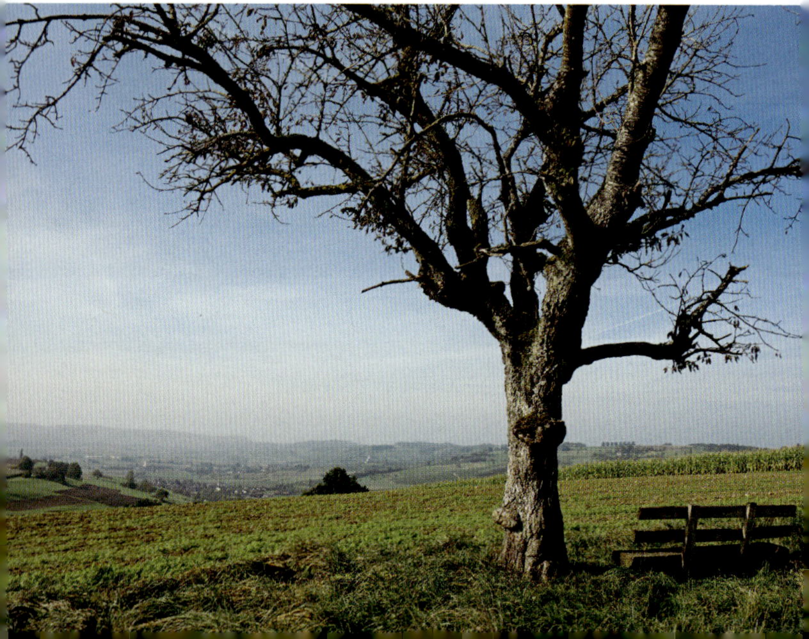

Vom altehrwürdigen Wartehäuschen (hier fuhr bis 1964 die Straßenbahn Schaffhausen–Schleitheim) auf der **Siblingerhöhe** ❶ gehen wir am Rande der Straße südwestwärts ganz auf die Höhe. Dort finden wir gleich rechts einen Parkplatz und den Abzweig auf die Flurstraße nach Nordwesten. Am Ende der langen Geraden, beim alten Grenzstein **Chüetel**, biegen wir links ab und beim Aussichtsbänkli über das Klettgau wieder halb rechts. Wir folgen nun der Flurstraße am oberen Rand der Klettgauschüssel, bis wir auf der Höhe den Abzweig nach rechts finden. (Hier steht das Gedicht von Bertha Hallauer.)

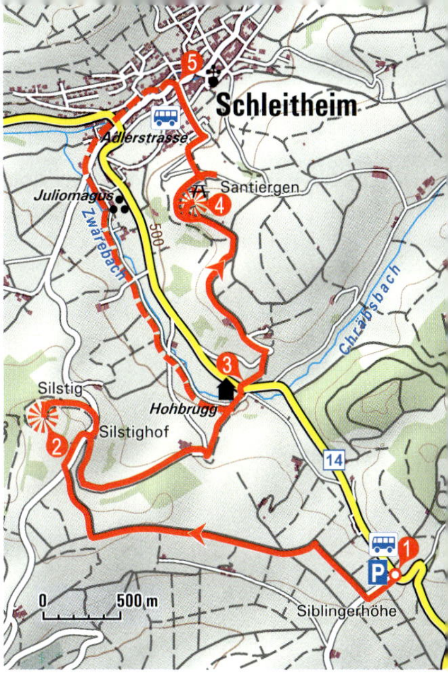

Wir wandern nordwärts bis zur Straße und folgen dieser nach rechts bis zu einem Gehöft. Dort finden wir den Feldweg, der uns im Bogen hinauf zum **Silstig** ❷ führt, einem Aussichtspunkt mit einer Terrasse auf dem Wasserreservoir. Von dort gehen wir zurück zum Gehöft und auf der Straße wieder kurz bergauf. Auf dem markierten Wanderweg gehen wir nun im Bogen durch ein Wiesenrund. Beim nächsten Gehöft bleiben wir nur kurz auf der Straße, halten dann mehr rechts und hinter einem Waldstreifen hinunter nach **Hohbrugg** ❸.

Mit äußerster Vorsicht überqueren wir die Straße und finden gleich jenseits den Aufstieg. Wir wandern im Bogen bergauf und zwischen den beiden Gehöften wieder nordostwärts. Immer dem Wanderweg folgend gelangen wir so nach **Santiergen** ❹ (Sankt Jörg / Georg steckt in dem eigenartigen Namen). Der Aussichts- und Rastplatz befindet sich rechts im Wäldchen und zeigt schöne Tiefblicke über Schleitheim. Dieses erreichen wir im Bogen über die Flurstraße oder dann auch durch den bezeichneten Wiesenweg.

Von der **Haltestelle Adlerstrasse** ❺ können wir geradeaus zum Dorfbach und nach rechts zur Haltestelle Gemeindehaus gehen oder überhaupt noch **Schleitheim** erkunden, das den Besuch wirklich lohnt.

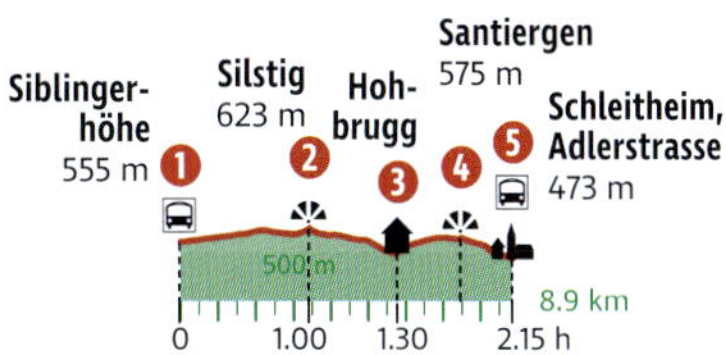

58 Merkedel

3.30 h

Grenzwege im Niemandsland – von Gächlingen nach Schleitheim

Das ist wohl eine der abgelegensten Touren in Schaffhausen. Ein abseitiges Dorf – ein einsamer Hof – hinter dem Hallauerberg – noch nicht im Wutachtal unten ... einfach irgendwo dazwischen verläuft diese Route auf Forstwegen und Pfaden, weite Stücke aber auch einfach dem Waldrand nach, entlang von weiten Feldern ... bis wir in Oberwiesen dann tatsächlich die Grenze erreichen.

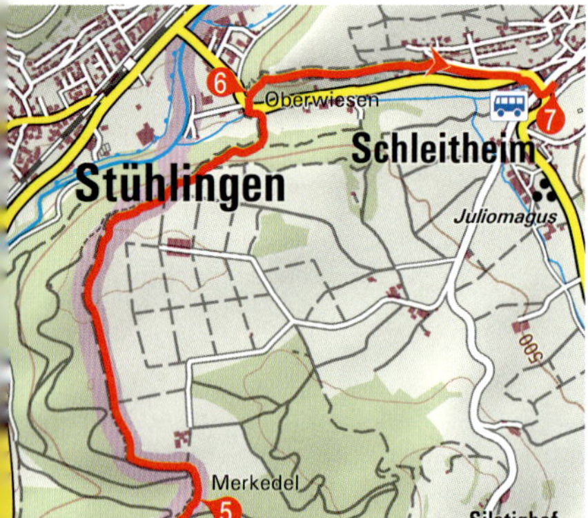

Ausgangspunkt: Gächlingen, 445 m. Anfahrt: Regionalbus 21. –Parkplatz in Gächlingen.
Endpunkt: Schleitheim, Haltestelle Bahnhofstrasse, 465 m. Rückfahrt: Regionalbus 21.
Anforderungen: Leicht; Flurstraßen und wiesenbewachsene Pfade; Orientierungssinn.
Einkehr: Unterwegs keine; Gastbetriebe in Schleitheim.
Hinweis: Passend zu dieser Tour die Lektüre der Schaffhauser Autorin Brigitte Schoch (1934–2006): Reiher am Himmel – Flüchtling im Tal (vergriffen).

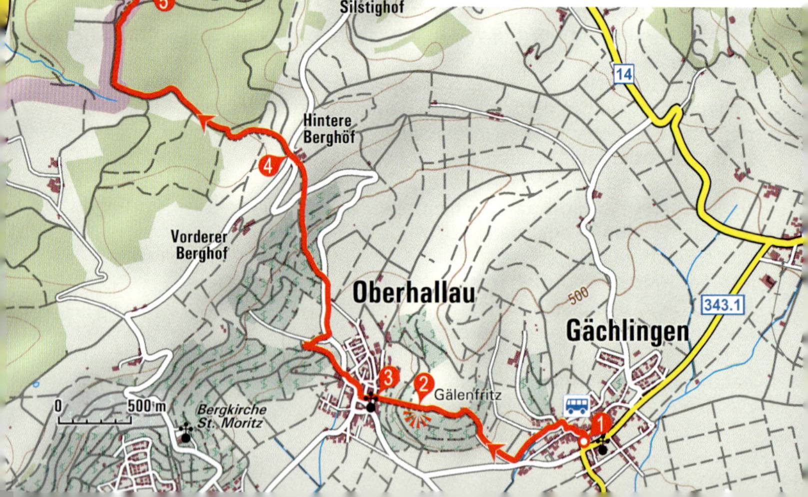

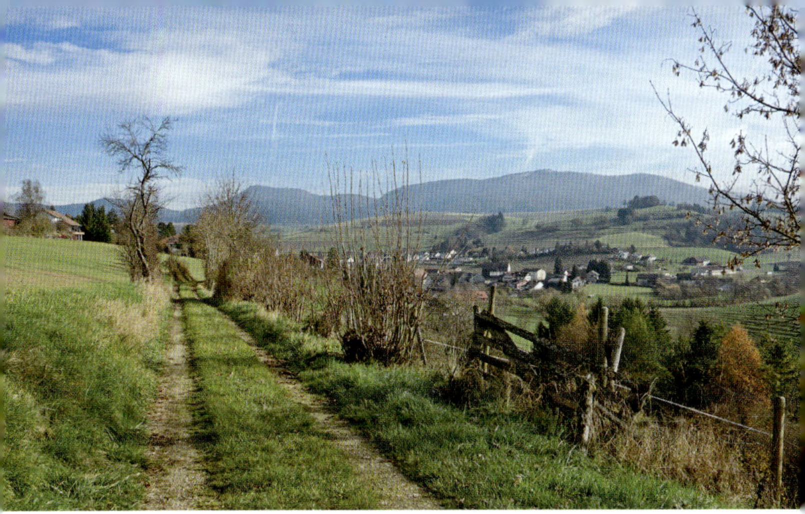

Rückweg nach Schleitheim.

Von der Bushaltestelle in **Gächlingen** ❶ gehen wir nordwärts um das Restaurant »Gemeindehaus« herum. Wir folgen dem markierten Wanderweg beim Verzweig links Richtung Oberhallau. Er leitet uns auf den Hügel hinauf und bietet beim **Gälenfritz** ❷ wunderbare Aussichten aufs Klettgau. In der Falllinie steigen wir über die Wiese hinunter zur **Kirche** von **Oberhallau** ❸, an der wir geradeaus vorbei ins Dorf gehen. Wir folgen nach rechts und wieder links der Straße Richtung Schleitheim, gehen am Dorfrand bei der Entsorgungsstelle aber geradeaus auf einer Flurstraße hügelwärts. Beim zweiten Querweg zweigt der Wanderweg zur Bergkirche Hallau ab; wir gehen noch 150 m weiter aufwärts und dann nach rechts. In einem leichten Bogen steigen wir wieder ab auf einem Asphaltsträßchen, dann nach links durch einen Hohlweg. So gelangen wir erneut zur Straße nach Schleitheim. Wir folgen ihr, bis wir nach einem langen Stück Leitplanke nach links abzweigen können. Wir wandern dem Bächlein entlang durch einen schönen Hohlweg aufwärts, überqueren die Straße und gelangen auf die Krete zum Gehöft **Hintere Berghöf** ❹.

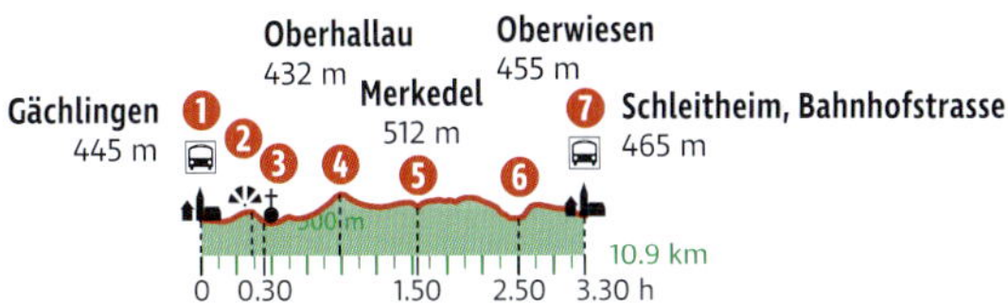

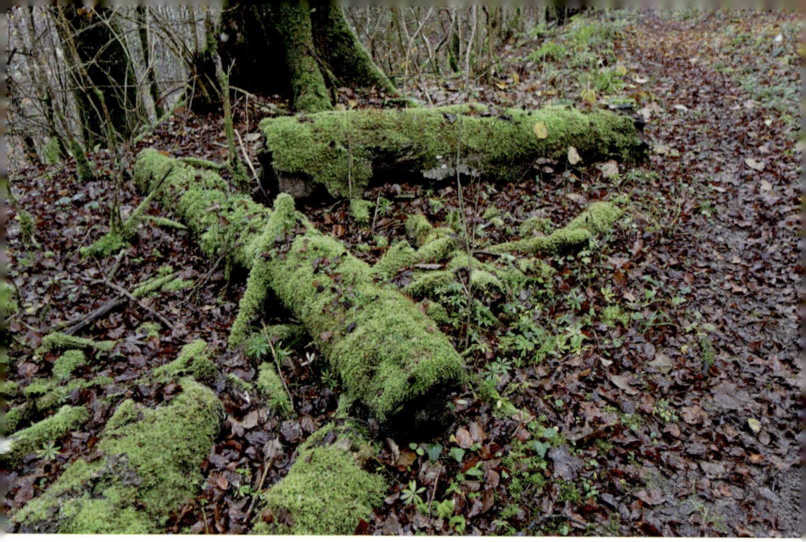

Bei Merkedel.

Auf der anderen Seite der Krete steigen wir sofort wieder ab, achten gut auf die Wegzeichen und gehen bald links dem Waldrand nach in ein Tal hinunter. Dort folgen wir der Forststraße und den Markierungen und kommen zur Landesgrenze; die Straße folgt der Grenze nach rechts. Nach einer Anhöhe bleiben wir weiter entlang der Grenze auf einem Pfad. So gelangen wir hinunter zum kleinen Tobel **Merkedel** 5, wo wir auf einem Brücklein den Bach überschreiten und jenseits wieder ansteigen. Wir gehen bis ganz zum Waldrand, wo über uns ein Hof sichtbar ist, und folgen nach links dem Waldrand (nicht dem Pfad, der noch weiter nach links läuft). Eine halbe Stunde wandern wir nun am Waldrand entlang. Schließlich finden wir den Weg, der nach links durch die Halde abwärts läuft. Wo er flacher wird, folgen wir den Markierungen weiter abwärts auf einem Pfad zum Waldrand im Talgrund. Wir halten kurz links und überqueren dann die Wiese. So stoßen wir auf die Brücke über den Schleitheimer Bach und jenseits auf den Zugang zur Straße bei **Oberwiesen** 6.

Wir überqueren die Straße, folgen nur wenige Meter dem asphaltierten Gehweg, um gleich wieder nach links in den Wald einzutreten. Hier finden wir den Pfad durch die Flüelihalde aufwärts. Wo wir oben einen Fahrweg erreichen, beschreiben wir mit diesem noch die Kurve aufwärts und gehen dann eben ostwärts. Der »Müliweg« bringt uns aussichtsreich und angenehm nach Schleitheim, wo wir auf einer Quartierstraße absteigen. Bei der Verkehrsstraße folgen wir dieser bis über die Brücke des Baches und finden bei der folgenden Kreuzung nach links die **Haltestelle Schleitheim, Bahnhofstrasse** 7.

Steile Felsen über lebendigem Wasser – eine Schluchtenwanderung

Fast wie ein Burggraben zieht sich das Wutachtal im Nordosten vor Schaffhausens Grenze hin, ein tief eingeschnittener Graben mit faszinierenden Schluchten. Das Herzstück davon ist die Wutachschlucht, die wir hier auf schmalem Pfad durchwandern. Wir kommen dabei auch am Wutachaustritt vorbei, wo der Fluss unmittelbar aus dem Felsen strömt. Ein großartiges Naturerlebnis!

Ausgangspunkt: Wutachmühle, 570 m. Anfahrt: via Singen und Donaueschingen und Bus 7277. – Parkplatz bei Wutachmühle (zwischen Bonndorf und Blumberg).
Endpunkt: Schattenmühle, 655 m. Rückfahrt: Wanderbus 7344 zurück zur Schattenmühle; auch via Bahnhof Döggingen und Zug nach Donaueschingen möglich.
Anforderungen: Trittsicherheit; nicht bei Eis und Schnee! (Beste Zeit: Anfang Mai bis Ende September.)
Einkehr: Unterwegs keine; Kioskbetrieb an der Wutachmühle, Restaurant Schattenmühle.
Variante: Vom Wanderparkplatz Schattenmühle noch durch die steile romantische Lotenbachklamm hinaufgehen; toller Weg! (30 Min.). Achtung: Die Haltestelle zum Wanderbus befindet sich oben beim Ausstieg aus der Klamm links nach der Straßenkurve bei der Verzweigung!
Hinweise: Viele Infos unter www.schluchtensteig.de. – Fahrplanauskünfte unter www.efa-bw.de.

Von der Infostelle bei der **Wutachmühle ❶** gehen wir über die Brücke und rechts durch ein Sägewerk. Dahinter am Waldrand beginnt der Schluchtenweg. Anfangs noch breit und gepflästert zieht er sich über eine kleine Anhöhe, bis wir beim **Kanadiersteg ❷** wirklich an den Fluss kommen. Vor dem Steg gehen wir links dem ruhigen Wasser entlang. 10 Min. später verliert sich der breite

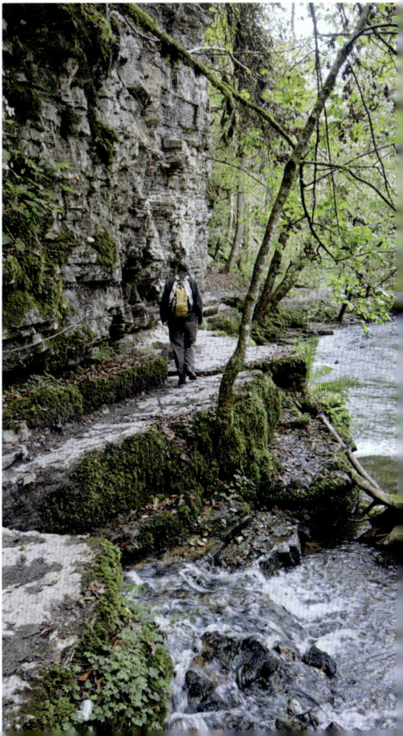

Wutachaustritt.

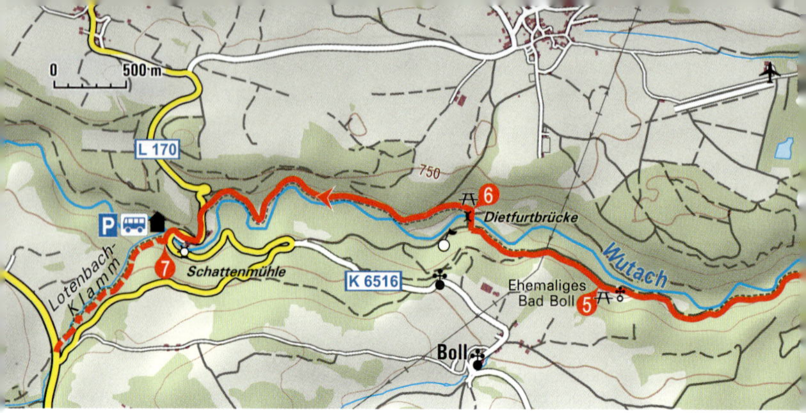

Weg in einer Furt. Auf schmalem Pfad folgen wir dem Wasserlauf, bald schon an Felswänden entlang. Nochmals folgt ein gemütliches Flachufer auf der Kurveninnenseite. Dann beim Wutachaustritt strömt das Wasser mit Wucht aus den Felsen unter unseren Füßen: eine magische Stelle, die wir dank der angebrachten Stahlseile gefahrlos passieren können.

Dann führt der Weg über eine Brücke auf die andere Seite und umgeht in der Höhe eine unpassierbare Stelle. Über den **Rümmelesteg** ❸ wechseln wir wieder zurück. Immer wieder ändert der Weg seine Beschaffenheit; man kommt nur langsam vorwärts, weil man gut auf die Tritte achten muss und weil man an vielen Stellen nicht mit anderen Wandernden kreuzen kann. Und die vielen malerischen Orte verleiten natürlich auch zum Schauen und Innehalten. An der **Schurhammerhütte** ❹ vorbei gehen wir weiter auf dem schmalen Pfad, der nun hoch über dem Fluss durch die Flanke läuft, gesichert mit zwei Stahlseilen gegen den Abgrund. Nach einem versinterten Wasserfall bringt uns ein Steg über einen Seitenarm, Wiesen tauchen auf, eine Feldstraße …

Wir gelangen zum ehemaligen **Bad Boll** ❺, wo sich die Schlucht ein bisschen weitet. Nur noch das halbverfallene Kirchlein zeugt von damals. Nach dem Infopavillon steigen wir nicht einmal 10 Min. auf einer Naturstraße an, bis wir wieder rechts auf den Pfad einschwenken können. Er führt uns wieder hinunter und zur **Dietfurtbrücke** ❻, wo wir nochmals die Seite

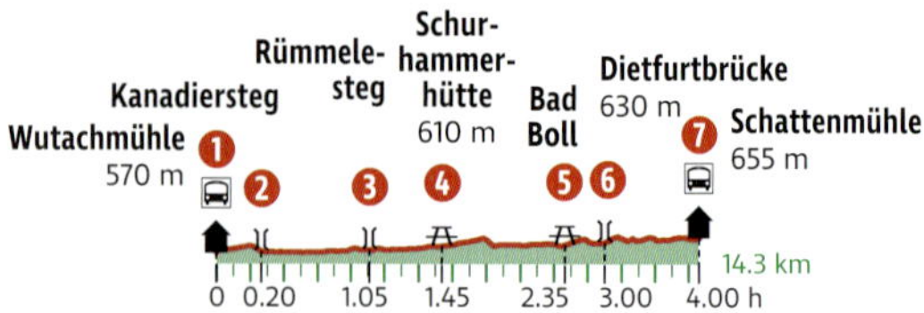

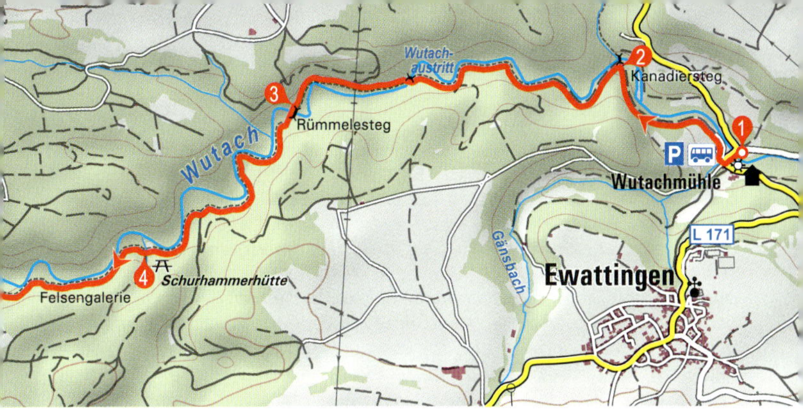

wechseln, aber weiter in der Schlucht bleiben. Wir müssen ein Stück ansteigen, bis wir bei einer Verzweigung geradeaus wieder den hier breiten Schluchtpfad finden. Die Schlucht ist hier etwas lieblicher, doch der Pfad bald wurzlig-holprig, aber sehr schön zu gehen. Und dann ist sie erreicht, die **Schattenmühle** 7: ein großes Ausflugsrestaurant und jenseits der Brücke der Wanderparkplatz mit der Haltestelle des Wanderbusses.
Wer Lust auf mehr hat, klettert von dort noch durch die Lotenbachklamm hinauf zur nächsten Haltestelle (siehe Variante).

Versinterter Quellaustritt.

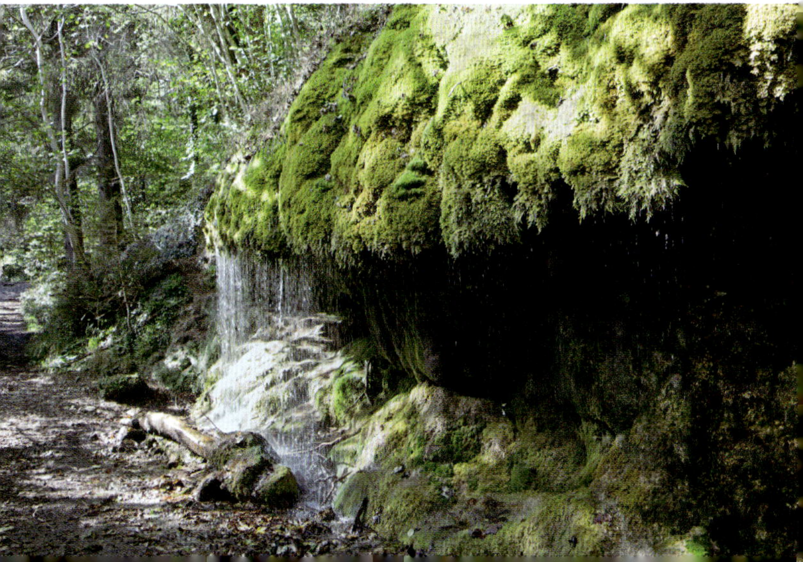

TOP

↗ 640 m | ↘ 780 m | 21.0 km

60 Wutachflühen

6.30 h

Schaffhauser Grenzrand Nordwest – lange Tour mit Schluchtensteig

Die Wutach mit ihren diversen tief eingegrabenen Schluchten bildet den Ostrand des Schwarzwaldes, bevor sie bei Waldshut in den Rhein mündet. Nur über ein kurzes Stück bildet sie auch die Landesgrenze zu Schaffhausen. Unsere weite Tour durchs Grenzland steigt über den Hohen Randen hinüber und hinab zu den Wutachflühen, dem untersten Teil des Schluchtensteiges. Wir durchqueren diese unwegsame Schlucht auf schmalen Pfaden, folgen dem Wutachtal weiter abwärts und durch ein Stück Urwald, bis wir über den Staufenberg wieder zurück ins schaffhausische Schleitheim gelangen.

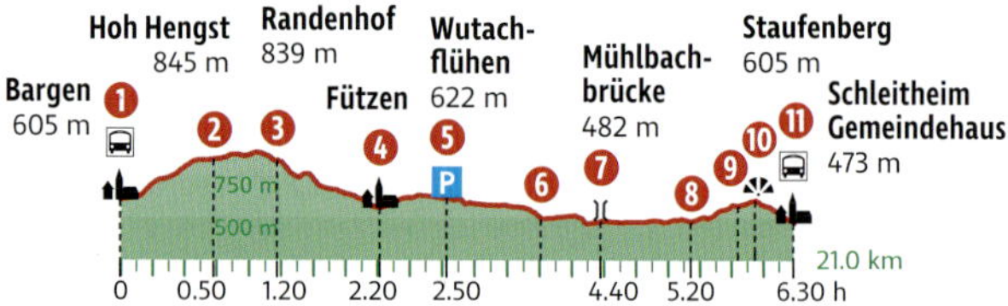

Ausgangspunkt: Bargen, 605 m. Anfahrt: Regionalbus 23 (ab »Bahnhof Nord«). – Parkplatz in Schaffhausen.
Endpunkt: Schleitheim, Hst. Gemeindehaus, 473 m. Rückfahrt: Regionalbus 21.
Anforderungen: Trittsicherheit und Orientierungssinn; in den Wutachflühen schmaler ausgesetzter Pfad durch Steilhänge: bei Nässe sehr gefährlich! Dann unbedingt Schlechtwetter-Variante benützen! Diese ist nicht so spektakulär, aber auch sehr schön zu gehen, eine gute Alternative auch für Leute mit Höhenschwindel! Lange Tour mit Asphaltstrecken in Fützen und Grimmelshofen.
Einkehr: Restaurants in Fützen.
Varianten: 1. Umgehung der Steilhänge in den Wutachflühen, Beschreibung siehe Schlechtwettervariante Text. – 2. Der gesamte Schluchtensteig als sechstägige Tour ist beschrieben im Rother Wanderführer Schwarzwald Süd/Mitte – Mehrtagestouren von Martin Kuhnle.
Hinweis: Zwischen Weizen und Blumberg verkehrt eine Museumsbahn, häufig auch mit Dampfbetrieb (Sauschwänzlebahn). Auch der nahe der Bahnstrecke ausgeschilderte Sauschwänzleweg führt durch die Wutachflühen (www.sauschwaenzlebahn.de).

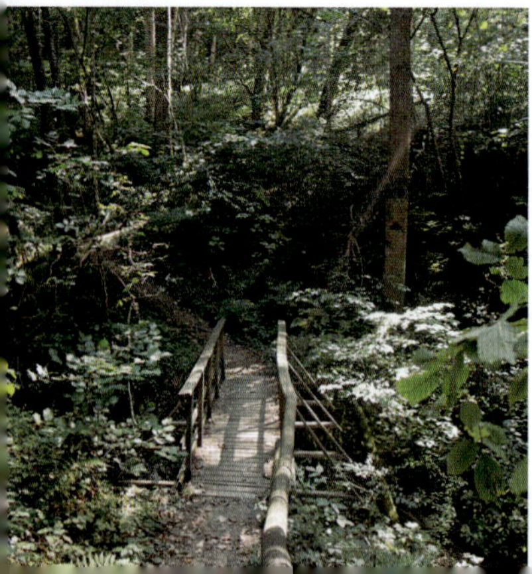

Das Grenzbrücklein vor der Seldenhalde.

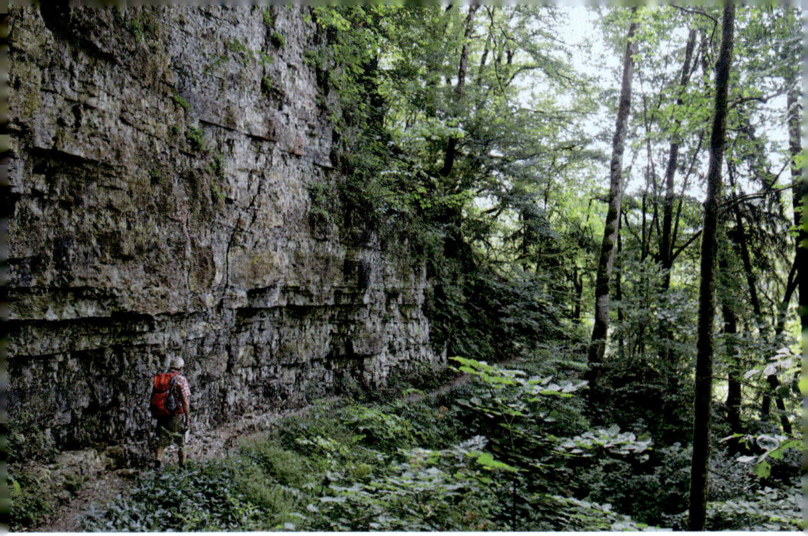

In den Wutachflühen.

Von **Bargen** ❶ gehen wir westwärts ein Stück ins Mülital hinein, halten dann rechts hinauf und steigen auf markierten Wanderwegen über den **Hoh Hengst** ❷ bis zum **Randenhof** ❸. Beim Wegweiser hinter dem Haus gehen wir scharf links auf überwachsenem Pfad durch Wald abwärts. Einen ersten Querweg überqueren wir weiter abwärts und biegen erst beim zweiten nach rechts ab (Markierung) auf einen ebenen alten Weg. Er leitet uns in 10 Min. hinüber zur Schneise, in der die Stromleitung zum Randenhof verläuft. In dieser Schneise steigen wir auf Pfadspuren ab. Am unteren Waldrand gehen wir geradeaus durch die Wiese noch ein Stück weiter abwärts, bis wir nach rechts auf Fahrspuren den Hochsitzen der Jäger folgend weggehen können. Immer geradeaus durch schöne Natur wandern wir auf dem bald deutlichen Flurweg bis vor **Fützen**. Ein asphaltiertes Sträßchen unter vielen Hochspannungsleitungen hindurch bringt uns zum Dorf hinunter und durch die Bahnunterführung zur **Ortsmitte** ❹.
Nach der Brücke gehen wir halb links (Richtung Achdorf, Parkplatz Wutachflühen) am Rathaus vorbei, überqueren dann die Hauptstraße geradeaus und steigen auf der nächsten Quartierstraße rechts auf. Wir überqueren die Umfahrungsstraße auf einer Überführung und halten darüber auf einer ebenen Straße rechts. Sie bringt uns zu einem Bahnübergang der Museumsbahn, wo wir links aufwärts gehen. Indem wir immer diesem Sträßchen folgen, gelangen wir zum Parkplatz **Wutachflühen** ❺. Hier gehen wir links und finden am Ende des Parkplatzes den Beginn des Steigs durch die Wutachflühen. Achtung: Bei Schlechtwetter, nach starken Regenfällen, bei

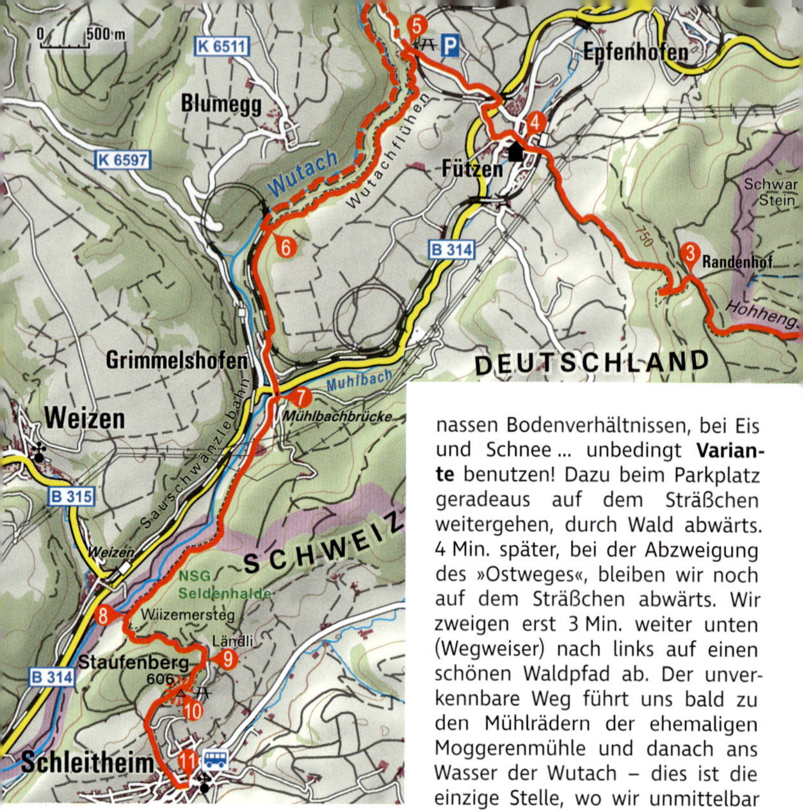

nassen Bodenverhältnissen, bei Eis und Schnee … unbedingt **Variante** benutzen! Dazu beim Parkplatz geradeaus auf dem Sträßchen weitergehen, durch Wald abwärts. 4 Min. später, bei der Abzweigung des »Ostweges«, bleiben wir noch auf dem Sträßchen abwärts. Wir zweigen erst 3 Min. weiter unten (Wegweiser) nach links auf einen schönen Waldpfad ab. Der unverkennbare Weg führt uns bald zu den Mühlrädern der ehemaligen Moggerenmühle und danach ans Wasser der Wutach – dies ist die einzige Stelle, wo wir unmittelbar am Fluss sein können – bis erst wieder bei der **Eisenbahnbrücke** 6, zu der uns der unverkennbare Weg durch die Schlucht hinführt.

Die **Hauptroute** führt uns vom Parkplatz **Wutachflühen** 5 auf dem Pfad zu einer Aussichtskanzel, wo wir die vollständig bewaldete Schlucht überblicken können. Von dort läuft der schmale Pfad eben durch den Abhang, bevor er auf einen tiefer liegenden Weg absteigt. Dort wenden wir uns nach links und folgen nun eine Stunde lang stets dem Pfad durch die Hänge und entlang von Felswänden. Schließlich senkt sich der Weg ins Tal hinunter.

Beim **Wegweiser Eisenbahnbrücke** 6 kommen Hauptweg und Variantenweg wieder zusammen. Es besteht die Möglichkeit, hier zur Wutach abzusteigen, wo auch ein Fußgängersteg neben der Eisenbahnbrücke über den Fluss führt. Der Weiterweg läuft aber vom Wegweiser auf der breiten Forststraße Richtung Grimmelshofen: eingeklemmt zwischen Abhang und

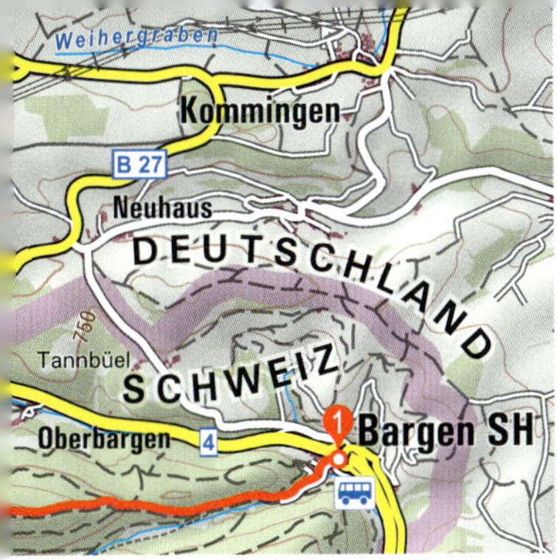

Bahndamm. Bei einem Rastplatz gehen wir rechts durch die Bahnunterführung und auf Asphalt zu den ersten Häusern von **Grimmelshofen**. Wir steigen ab gegen Wutach und Dorf und bleiben bei einer Wanderwegverzweigung geradeaus bis zur großen Kreuzung mit der Hauptstraße. Diese überqueren wir vorsichtig geradeaus, überschreiten gleich danach die **Mühlbachbrücke** 7 und gehen danach rechts auf einer ebenen Straße südwärts aus dem Dorf hinaus. Eine gute Viertelstunde müssen wir auf dieser Asphaltpiste trotten, bis wir – noch vor dem Sportplatz – eine Verzweigung links aufwärts nehmen. Eine schöne Forststraße bringt uns zu einem romantischen Pfad, der uns auf einem Holzbrücklein über ein Tobel führt. Bei der Verzweigung jenseits bleiben wir geradeaus; wir durchschreiten nun auf sehr schönem Weg die Seldenhalde, wo der Auenwald über der Wutach als Urwald sich selbst überlassen wird. Überwachsene Felsbrocken, Baumtrümmer und eine reiche Vegetation säumen unseren Weg.

Am Ende der Halde erreichen wir die Verzweigung **Wiizemersteg** 8, wo man rechts auf einer Fußgängerbrücke hinüber zum Bahnhof Weizen gehen könnte. Hier wenden wir uns nach links, bergwärts. 150 m weiter, nach einer Bachrunse, gehen wir links auf schmalem Pfad aufwärts bis zu einem Forstweg. Dort wenden wir uns nach rechts und folgen der Forststraße immer geradeaus bis zum **Ländli** 9 auf der Krete. Ein paar Meter geht es auf dem Asphaltsträßchen nach rechts, dann gleich wieder rechts auf einem Weg hinauf zum **Staufenberg** 10 mit seiner schönen Aussicht über Schleitheim und seine Umgebung. Südwestwärts über die Krete steigen wir ab in den nächsten Sattel und von dort steil in der Falllinie durch den schönen alten Hohlweg in kurzer Zeit ab nach **Schleitheim**. Wenn wir dort nicht mehr einkehren und verweilen mögen, befindet sich die **Haltestelle Gemeindehaus** 11 unmittelbar links.

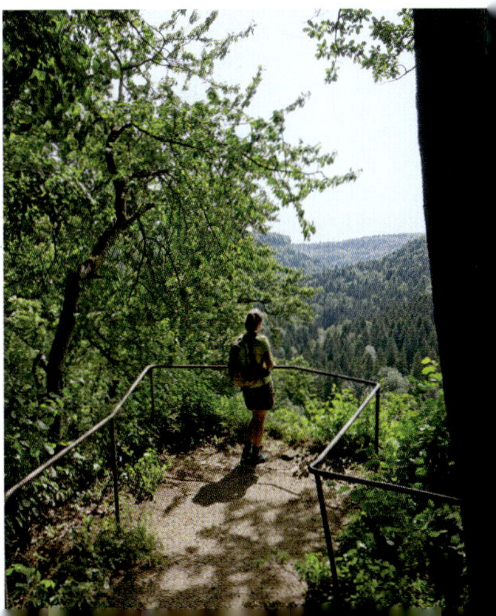

In den Wutachflühen.

STICHWORTVERZEICHNIS

Umschlagbild: Der Rhein bei Rüdlingen und Buchberg.

Bild im Innentitel: Merishausen im Durachtal.

Bild auf den Seiten 38/39: Mündung des Bibertals zum Hochrhein.

Alle 143 Fotos stammen von den Autoren.
Die Grafik auf S. 23 ist von Laura Aguilar.

Kartografie:
60 Wanderkärtchen im Maßstab 1:50.000/1:75.000
Geodaten © OpenStreetMap und Mitwirkende
Kartografisches Design: Freytag & Berndt, www.freytagberndt.cz
sowie 2 Übersichtskärtchen im Maßstab 1:225.000 und 1:500.000
© Freytag & Berndt, Wien

Die Ausarbeitung aller in diesem Führer beschriebenen Wanderungen erfolgte nach bestem Wissen und Gewissen der Autoren. Die Benützung dieses Führers geschieht auf eigenes Risiko. Soweit gesetzlich zulässig, wird eine Haftung für etwaige Unfälle und Schäden jeder Art aus keinem Rechtsgrund übernommen.

2., aktualisierte Auflage 2022

ISBN 978-3-7633-4488-8

Wir freuen uns über jeden Korrekturhinweis zu diesem Wanderführer!
Bitte per E-Mail an: leserzuschrift@rother.de

ROTHER BERGVERLAG · Keltenring 17 · D-82041 Oberhaching
Tel. +49 89 608669-0 · www.rother.de